信息经济崛起

——"物联网+"时代产业转型路径、模式与趋势

中国信息化百人会课题组　著

电子工业出版社

Publishing House of Electronics Industry

北京 · BEIJING

图书在版编目（CIP）数据

信息经济崛起："物联网+"时代产业转型路径、模式与趋势 / 中国信息化百人会课题组著.
—北京：电子工业出版社，2017.5
ISBN 978-7-121-31272-4

Ⅰ. ①信⋯　Ⅱ. ①中⋯　Ⅲ. ①信息经济－经济发展－研究－中国　Ⅳ. ①F492

中国版本图书馆 CIP 数据核字（2017）第 070039 号

责任编辑：董亚峰　　特约编辑：王　纲
印　　刷：北京虎彩文化传播有限公司
装　　订：北京虎彩文化传播有限公司
出版发行：电子工业出版社
　　　　　北京市海淀区万寿路 173 信箱　邮编　100036
开　　本：720×1 000　1/16　印张：18.25　字数：323 千字
版　　次：2017 年 5 月第 1 版
印　　次：2022 年 4 月第 3 次印刷
定　　价：73.00 元

凡所购买电子工业出版社图书有缺损问题，请向购买书店调换。若书店售缺，请与本社发行部联系，联系及邮购电话：（010）88254888，88258888。

质量投诉请发邮件至 zlts@phei.com.cn，盗版侵权举报请发邮件至 dbqq@phei.com.cn。

本书咨询联系方式：（010）88254694。

中国信息化百人会信息经济发展研究课题组

组　　长：安筱鹏

副组长：何　伟　陈　杰　董伟龙

主要成员：孙　克　汪明珠　王超贤　李　君　窦克勤

付宇涵　姚　磊　袁晓庆　高太山　张天兵

薛梓源　屈倩如　马飞骏

Preface

序言

中国信息经济发展报告已持续到第三年，殊为不易。从 2014 年重点介绍信息经济基本概念和测算办法，2015 年主要研究信息经济区域发展模式、动力和路径，到 2016 年将关注重心落到物联网等网络信息技术促进产业转型的机制、模式和趋势上，可谓恰逢其时。

中国经济在经历了 30 多年的高速增长以后，过去 6 年处于一个回调的过程。这是一个"转型再平衡"的过程，也是中国经济由过去 10% 左右的高速增长阶段转入中速增长阶段的转换期。经济增长进入中速增长平台后，能否稳得住，有质量、有效益、可持续的新增长动能至关重要。这个新增长动能来自哪里？我认为主要靠"老经济"加上新体制、新机制、新技术、新商业模式。做好这个加法的关键，是实质性地深化供给侧结构性改革，推动生产要素市场的开放、流动和优化配置，全面提高要素生产率。

近年来，随着新一代信息技术的广泛应用，互联网正在向越来越多的产业加速渗透，基于互联网技术的创新层出不穷。互联网具有提高信息密度、减少信息不对称、降低交易成本、促进分工深化和提高劳动生产率等特点，为各行各业转型升级提供了重要的平台和机遇。近年来，我国相继出台"互联网+"行动、中国制造 2025、信息化发展战略等一系列相关政策文件，目的是为了把握和抓住历史机遇，推动移动互联网、云计算、大数据、物联网等网络信息技术与实体经济融合，促进工业、服务业和农业转型升级和创新发展，培育壮大新动能，改造升级旧动能，实现新旧动能接续转换。

互联网对传统产业或者实体经济的深度融合和改造，目前尚集中在消费环节，这仅仅是互联网对实体经济改造的一个序幕。重头戏在什么地方？我以为应在互联网对整个产业链特别是生产过程的深度融合和改造。事实上，物联网已迅速崛起，我们正进入一个万物互联的新时代，全球数字经济竞争的焦点也正从互联网、移动互联网，加速向物联网延伸。这个领域抢占先机、争夺高地的竞争日益激烈。

中国发展以物联网等网络信息技术为基础的产业互联网很有优势，可以大有作为。中国正处在高速增长向中速增长的转换期，产业分化加剧，传统产业转型重组是当务之急，融合发展需求巨大；中国具有世界上规模最大的制造业，产业体系较为完整，配套条件优势突出；同时也拥有世界上规模最大的处在升级过程中的消费市场，为产业互联网发展提供强劲市场需求动力；中国已经有了一批处在世界前列的互联网企业，技术和其他资源储备有一定基础；更为重要的是，这个领域传统体制的制约较小，民营经济为主，技术、体制机制和商业模式创新都很活跃。如果以上这些元素能够有机组合，产业互联网很有可能成为今后相当长一个时期经济增长的重要动力来源，中国也将涌现出一批引领性先进技术和世界级企业。

《信息经济崛起——"物联网+"时代产业转型路径、模式与趋势》就网络信息技术推动产业转型的路径、模式与趋势进行了多方面的研究，既有理论高度和实证分析，也有实践总结和趋势展望；既保留和更新了前两年报告中的精华部分，也针对分享经济、工业电子商务等产业发展新模式、新业态做了专题分析。本书可读性强、受众面广，无论是政策制定者、理论研究者，还是产业实践者，通过阅读本书，都应从中受益。

网络信息技术推动产业转型并非一朝一夕之功，而是一项需要战略远见和定力的系统工程，任重而道远。希望本书的出版能够为官员、学者、企业家带来帮助，对我国信息经济的健康快速发展有所贡献。

刘世锦

Preface

前言

中国信息化百人会（以下简称"百人会"）是由关注中国信息化发展的一批中青年专家学者共同发起成立的非官方、非营利性的学术研究平台。百人会致力于研判全球信息化趋势、挑战与机遇，研究中国信息化发展的重大前沿和战略问题，深度解析信息化发展对中国经济体制改革、发展方式转变、社会转型的支撑和引领作用，为探索信息化时代的中国实现现代化的新路径贡献智慧。

以互联网为依托，数据资源为核心要素，信息技术为内生动力，融合创新为典型特征的信息经济革故鼎新、大势已现，自身发展及其对经济辐射带动作用均呈现爆发式增长态势。信息经济作为一种新的经济形态，正成为转型升级的重要驱动力，也是全球新一轮产业竞争的制高点。当前，物联网正在飞速发展，全球信息经济竞争的焦点正从互联网、移动互联网，加速向物联网延伸，我们正进入一个万物互联的新时代。在"物联网+"时代，产业互联网正在深刻改变着人类社会的生产方式，将为信息产业开辟经济增长新空间、产业投资新方向和信息消费新市场。推动万物互联、发展数字经济，已经成为全球产业变革的新方向。

《信息经济崛起——"物联网+"时代产业转型的路径、模式与趋势》由百人会联合德勤公司共同发布,是对信息经济研究连续发布的第三个年度报告。2016 年报告继承了 2014 年和 2015 年的研究成果,对全球、中国及省域信息经济发展态势进行了持续跟踪,并重点聚焦于产业转型发展,剖析了信息通信技术与产业融合的机制和路径,研究了中国产业信息经济的发展水平、特点、规律和趋势,并围绕"物联网+"时代到来引发的新变革,探索了分享经济、服务型制造等新业态的内涵、特征、机制和趋势,力求为推动物联网应用普及、促进产业转型升级提供决策参考依据。

本书研究团队由中国信息化百人会执委领导安筱鹏负责组织研究工作,中国信息通信研究院何伟、孙克、汪明珠、王超贤,工业和信息化部电子科学技术情报研究所陈杰、李君、窦克勤、付宇涵,中国电子信息产业发展研究院姚磊、袁晓庆,国家信息中心高太山,德勤公司董伟龙、张天兵、薛梓源、屈倩如、马飞骏等作为课题组成员承担了本课题的专题调研、数据整理、研究分析和报告撰写工作。

在近一年的研究过程中,百人会徐愈、高新民、张新红、余晓晖、吴君青、刘希俭等先后参加了讨论和指导,并提出了重要意见和建议。我们也广泛征求并吸收了中国信息化百人会成员的意见和建议。

中国信息通信研究院政策与经济研究所鲁春丛、辛勇飞、韦柳融、刘铁志、张丽、张春飞、郑安琪、尹昊智、施羽暇、杨思维、左铠瑞、屠晓杰、金夏夏、王锐、王远桂,工业和信息化部电子科学技术情报研究所李蓓、邱君降、万伦、胡铂,为本书的研究方法、数据收集、案例分析等做了大量工作,百人会秘书处金建中、于凤霞、曾明、隋伟等对课题研究提供了全面支持并承担了后期编辑整理工作,在此一并致谢。

信息经济浪潮正在席卷全球,我国也正在向着"积极拓展网络经济空间"的目标不断前进。信息经济的研究,对于今天的中国有着非常重大、紧迫而现实的意义,百人会将不断致力于信息经济前沿理论和现实问题的思考和探索。

　　受限于研究水平及数据缺失等原因，本书所采用的测算模式及测算精度仍有很大提升空间，相关结论也是一家之言。尤其是部分数据源于第三方或企业级数据，难以全面反映各地真实水平，如存偏误，敬请批评指正。欢迎广大读者和研究人员对本书改进提出宝贵意见。

摘 要

当前，以互联网为依托，数据资源为核心要素，信息技术为内生动力，融合创新为典型特征的信息经济革故鼎新、大势已现，自身发展及其对经济辐射带动作用均呈现爆发式增长态势。社会生产效率和交易效率显著提升，新产品、新业态、新模式不断涌现，社会沟通方式、组织方式、生产方式、生活方式正在发生深刻变革。信息经济作为一种全新的经济形态，正成为转型升级的重要驱动力，也是全球新一轮产业竞争的制高点。

随着物联网在全球呈现出快速增长的势头，国际竞争的焦点也正加速从互联网、移动互联网向物联网延伸，我们正在进入一个全新的万物互联的新时代。在"互联网+"时代，消费互联网已经对人类社会的生活方式产生了深刻影响；在"物联网+"时代，产业互联网正在深刻改变着人类社会的生产方式。物联网将为信息产业开辟经济增长新空间、产业投资新方向和信息消费新市场，成为推动全球产业转型发展、体系重建的新动力，推动全球信息经济迈向新阶段。

1. 全球信息经济发展态势

跨界、融合、创新、转型是信息时代产业发展的主旋律，全球信息经济正处于重塑发展理念、调整战略布局、重构竞争规则的新阶段。

态势一：全球主要国家信息经济快速增长，显著高于 GDP 增速，信息经济 GDP 占比持续提升，成为带动主要国家经济复苏的重要动力。

态势二：各主要国家融合型信息经济在信息经济中的地位更加凸显，2015 年，除以色列外，美国、德国、英国、日本、韩国、法国、瑞典融合型信息经济占整体信息经济比重均超过 80%，对信息经济增长贡献突出。

态势三：全球电子信息制造业和信息通信服务业进入平稳增长期，基础型信息经济增长趋缓，2015 年美国、日本、英国基础型信息经济占 GDP 比重分别为 8.48%、5.53% 和 6.30%，显著低于历史峰值水平。

态势四：世界经济衰退"倒逼"着以互联网、物联网为代表的新一代信息技术快速成熟并投入产业化应用，电子商务、智能硬件等新生型信息经济正在全球范围加速发展。

态势五：以分享经济为代表的福利型信息经济新形态快速涌现，交通分享、生产能力分享、知识技能分享等迅速发展。

态势六：主要国家及国际组织围绕信息经济新业态、新模式加快完善物联网、大数据等领域的政策法规体系。

态势七：面向信息经济的国际治理体系深度调整，互联网公共政策地位凸显，网络空间治理与社会治理交融，成就现代国家治理新模式。

2. 中国信息经济发展态势

2015 年中国信息经济总量达到 18.63 万亿元，占 GDP 的比重达到 27.5%，进一步巩固了全球第二大信息经济大国的地位，根据中国、美国、英国、日本四国信息经济规模、增速、结构等的分析测算，我们观察到中国信息经济呈现规模大、增长快、潜力大的特征。

态势一：中国信息经济总体规模呈现加速增长态势，增速是美国、日本、英国的 3.3 倍以上，但信息经济占 GDP 比重分别比美国、日本、英国低 29.4%、20.0%、20.8%，信息经济发展潜力巨大。

态势二：自 2002 年起，中国信息经济占 GDP 的比重从 10.0% 增长至 27.5%，对 GDP 增长的贡献率达到了 31.4%，已成为我国经济发展的重要引擎。

态势三：2015 年中国基础型信息经济增速达到了 13.5%，创近 5 年新高，软件业与互联网产业主营业务收入增速分别达到 15.7%、30.5%，成为拉动基础型信息经济增长的重要动力。电子信息、软件服务、电信业、互联网等基础型信息经济内部结构趋于稳定。

态势四：2015 年中国融合型信息经济增速出现历史性拐点，在持续了 12 年 20% 以上高速增长态势之后，回落至 15.9%，但对信息经济增长的贡献达 77%。融合型信息经济跨越综合集成的价值拐点之后，投资收益率呈指数级增长态势。

态势五：2016 年中国制造业研发、生产等环节数字化水平延续稳步提升态势，数字化研发设计工具普及率达 61.8%、智能制造就绪率上升至 5.1%，服务化转型步伐持续加快。工业云服务、大企业双创、企业互联网化、智能制造等领域的新模式、新业态不断涌现。

3．省域信息经济发展态势

中国各省信息经济的发展由于战略导向、经济基础、产业结构、资源禀赋等不同而表现出明显的梯级分布特征，信息经济发展地区集聚效应显著。

态势一：2015 年，各省信息经济规模稳步增长，但区域间差距有扩大趋势，总体呈现自东向西逐级递减的梯级分布特征。

态势二：2015 年，各省信息经济总体维持高速增长，东部地区大部分省份增速较快，中西部地区呈现明显的两极分化，其中贵州、新疆增速排名前列，其余省份增速放缓。

态势三：相比于 2008 年，2015 年各省信息经济占 GDP 比重有不同程度提升，其中东部发达省份占比提升快于中西部省份，同时中西部省份内部差距加大，贵州、新疆、宁夏占比提升较大，云南、内蒙古、甘肃提升缓慢。

态势四：各省基础型信息经济平稳增长，但省际间差距较大，广东、江苏等东部省份基础型信息经济持续领先，中西部地区仍有很多省份基础型信息经济接近空白。

态势五：2015 年，各省融合型信息经济发展突飞猛进，但发展并不平衡，区域分布东高西低态势明显。2008—2015 年，山东、广东、浙江、江苏、上海等省、直辖市融合型信息经济增长幅度最大。

态势六：电子商务是新生型信息经济的典型代表，与 2014 年相比，2015 年电子商务发展指数整体排名较为稳定，发展水平高的省份均分布在东南沿海地区，中西部地区发展水平较低。

态势七：创新要素驱动型直辖市、省，如北京、上海、浙江等凭借较强的创新能力，信息经济增长水平与发展质量均处于全国前列。投入要素驱动型省份，如贵州、甘肃、青海等凭借丰富的资源、资金等，推动信息经济加快增长。综合要素驱动型省份，如福建、辽宁、河南等处于创新要素驱动与投入要素驱动交织并进阶段，信息经济正加速赶超。

4．信息技术扩散与产业转型路径

随着云计算、物联网、大数据等技术的不断进步和应用普及，信息技术正从生活领域加速向生产领域延伸，由此引发了新的产业结构变革浪潮。

信息技术-经济范式加速形成。当前信息技术-经济范式正在经历新的变化。

在关键投入方面，云网端新基础设施加速升级，数据成为新的生产要素；在生产制度结构方面，开放式创新模式涌现，智能化生产方式孕育，基于平台的灵活就业规模不断扩大，平台型产业生态快速兴起；在社会制度结构方面，数字化生活方式日益流行，新的治理方式也逐渐成形。信息技术-经济范式进入产业扩张和深度融合的新阶段，将对中国现有经济社会形态产生全局性、革命性影响。

信息经济内部传导机制。信息技术将通过对经济体系的全面渗透来影响经济发展。具体来看主要包括四个方面：信息技术促进了分工的精细化，推动生产工具的智能化，提升了生产效率；信息技术降低了交易费用，交易效率得到改善；信息技术促进多主体的交互，使得主体间关系更加复杂，同时也便利了生产与交易的反馈循环，正反馈效应更加显著，最终提升了网络外部性；信息技术对经济基础进行渗透，促进了产权组合的重构，带来了资产使用效率的提升，供需的更高效率匹配，从而提高了产权利用效率。

由于行业属性、发展趋势等不同，信息通信技术在各行业的融合渗透程度表现出明显的差异性。中国 16 个重点行业信息经济占行业增加值比重，以金融业、租赁和商务服务业、房地产业最高，排名前 3 位，食品工业最低。这表明，信息通信技术对服务业的渗透程度高于制造业，对离散型制造业的渗透程度高于流程型和混合型制造业。

5. 重点行业信息经济发展现状

我国原材料、装备、消费品等行业由于所处产业链位置、行业结构、生产特征、发展需求各有不同，信息经济发展形成了鲜明的行业特征。

态势一：信息经济发展水平行业差异显著，离散大批量生产型行业两化融合水平（51.8）相对较高，离散型（51.2）和流程型（50.9）行业水平显著高于混合型（47.3）行业，电力、电子信息、烟草、石化等行业水平居于前列。

态势二：原材料行业智能制造转型趋势显著，石化、大型钢铁行业智能制造就绪率分别达到 6.9%、19.0%，居于行业前列。围绕提质增效，原材料行业在质量全过程管控、设备预防性管理、能源综合管理、供应链集成等方面不断提升智能化水平，不断探索基于数据的产业生态圈、产业链集成共享平台等新模式。

态势三：装备行业围绕产品全生命周期研发创新和服务延伸开展积极探索，开展网络化协同设计或制造的大型企业比例达到 47.4%。装备行业在以客户需求为核心开展定制化协同研发、基于智能化产品的敏捷售后服务以及分享经济等方面正在开展创新性的探索。

态势四：消费品行业企业与用户和终端消费者接触紧密，互联网转型趋势显著，2016 年转型水平达到 33.1，高于原材料和装备行业。企业通过互联网、大数据等技术更好地了解消费者需求，不断进行营销模式和产品差异化创新，在以用户为核心的个性化定制、精准营销以及产品全生命周期追溯和监管方面开展创新性的探索。

6. 信息经济发展展望

物联网、大数据等新一代信息通信技术的持续进步及其与产业的加速融合，推动全球信息经济进入新的发展阶段，消费互联网不断向产业互联网延伸，释放更大的发展潜力。

展望一：深化信息技术与制造业融合发展成为各国战略布局的重心，围绕智能制造产业生态主导权的竞争愈演愈烈。以信息技术为核心的新一轮科技和产业变革蓄势兴起，孕育强大的增长潜力。各国纷纷出台战略举措来推动信息经济发展，尤其注重推动信息技术与制造业融合发展，也使得各国围绕智能制造生态系统主导权的竞争愈演愈烈。

展望二：物联网成为制造业转型升级的新基础设施，以新四基为核心的技术和标准成为竞争制高点。物联网是智能制造生态的技术和产业基础，是推动制造业转型升级的新基础设施。同时，作为智能制造生态系统的基础技术体系，智能感知、工业软件、工业互联网以及工业云和大数据平台等技术成为各国技术竞争的制高点。

展望三：开放化、平台化成为产业演进升级新趋势，产业协同创新体系加速形成。万物互联时代，产业模式开放化和产业组织平台化，将政府、企业、科研院所、竞争对手、消费者等不同主体纳入开放的产业体系中。主体间协同创新效率成为推动技术发展、决定体系竞争优势的关键，各类产业协同体系纷纷成立，推动产业创新发展。

展望四：信息技术与产业融合发展引发产业管理模式变革，安全、包容、协作的网络治理新体系加速形成。信息技术不断从网络空间向实体空间扩展，新业态层出不穷，传统业态不断焕发新貌，传统产业管理模式变革压力加大。在网络治理体系中，物联网标识管理和网络安全治理的重要性凸显，适当放宽市场准入和创新管理方式成为变革重点，政府主导、平台自律和用户参与的协同治理模式成为新方向。

7. 释放物联网工业领域价值

工业领域物联网应用价值潜力巨大，来源于它所创造的区别于产品和服务的全新价值源——信息及洞察力，其商业价值主要体现在效率提升、业务成长和风险管理提升方面。

中国制造企业普遍认同工业物联网的重要性，但尚未形成清晰的物联网战略。89%的受访企业认同在未来 5 年内工业物联网对企业的成功至关重要，72%的企业已经在一定程度上开始工业物联网应用，但仅有 46%的企业制定了比较清晰的工业物联网战略和规划。

制造企业仍处在数据应用的初级阶段,从"后知后觉"到"先见之明"尚需时日。受访企业目前仍处在数据应用的感知阶段而非行动阶段。大部分企业利用采集到的数据解释历史表现的规律和根本原因,而非将数据用于预测性分析支持决策。

制造企业工业物联网应用以效率提升、收入增长和风险管理为主要驱动,其中供应链优化、提升客户体验和确保产品安全性最受企业关注。96%的受访企业其物联网应用以提升效率为主要驱动,94%的企业以收入增长为主要驱动,91%的企业以风险管理为主要驱动。供应链优化被视为效率提升的主要途径(占比为74%),提升客户体验为收入增长的主要途径(占比为72%),确保产品安全性则被视为风险管理的主要领域(占比为77%)。

未来企业工业物联网应用的重点由设备和资产转向产品和客户。对于未来的数据需求,69%的企业希望获得产品数据、61%的企业希望获得客户数据,均超过对运营数据(53%)、销售数据(53%)和资产设备数据(42%)的需求。

目前企业工业物联网应用面临的最大三项挑战分别为:缺乏互联的标准、数据所有权和安全问题以及相关操作人员技能不足。为此,德勤建议企业采取五项策略以实现物联网在工业领域的价值释放:①目光长远、小处着手、价值驱动、快速升级;②关注产品生命周期和客户生命周期;③强化大数据应用能力;④提升安全性;⑤明确生态系统里的定位和合作。

8. 新模式、新业态蓬勃发展

分享经济。全球分享经济处于蓬勃发展的起步阶段,分享领域不断拓展,平台企业不断涌现,加速从消费环节向制造环节延伸,各国纷纷制定相关支持政策和战略。中国分享经济在短时间内取得了长足进步,在交通出行、生活服务、餐饮住宿、物流快递、创意设计、协同制造等领域涌现出一批创新型企业,部分领域已在全球处于领先地位。分享经济发展过程中面临政策法规等诸多挑战及问题，但未来发展空间极为广阔。

工业电子商务。工业电子商务稳步发展，成为驱动制造业变革的引领力量。2015 年我国规模以上工业企业电子商务交易额为 4.2 万亿元，同比增长 20.0%。2016 年我国重点行业骨干工业企业电子商务普及率达 54.0%。伴随着电子商务从产品交易向研发、生产、制造等环节的延伸，工业电子商务不仅成为构建新型采购和营销体系的有力手段，促进了全球供应链一体化及资源共享和优化，更有效地驱动了网络化协同、个性化定制、服务型制造等新型生产模式的快速发展，引导制造业深刻变革。

服务型制造。服务型制造是生产与销售全面融合的新生产方式，是面向制造的服务和面向服务的制造协同发展的新产业业态。当前，制造业服务化转型中，市场需求由产品导向向服务系统导向转变，高价值环节从制造为主向服务为主转变，竞争优势从规模化向个性化转变，客户交易从短期向长期交易方式转变，涌现了基于产品设计、产品效能提升、产品交易便捷化、产品整合的增值服务新模式。未来，服务型制造将呈现转型主体广泛化、服务业态多元化、服务渠道在线化的新趋势。

个性化定制。个性化定制是传统工业过渡到智能制造阶段的重要标志，是以用户为中心、由数据驱动生产的制造新模式。个性化定制是各国智能制造等新战略、新理念的重要组成，是企业提升竞争力的重要抓手，并正向全行业、生产制造全过程拓展，但总体来看，个性化定制仍处于起步探索阶段。展望未来，传统产品将被具有感知、存储和通信功能的智能产品取代，消费者正成为深度参与生产制造全过程的产消者，传统的大批量集中生产方式将加快向分散化、个性化定制生产方式转变。

Contents

目 录

上篇　总体篇

中篇　产业篇

Introduction
绪 论

信息经济是全社会信息活动的经济总和，信息是一切比特化的事物，是与物质、能量相并列的人类赖以利用的基本生产要素之一，信息活动是为了服务于人类经济社会发展而进行的信息产生、采集、编码、存储、传输、搜索、处理、使用等一切行为以及支持这些行为的制造、服务与集成。信息经济是继农业经济、工业经济之后人类经济形态演进的新阶段，是引领经济转型、加速社会进步、重构治理体系的新动力。

一、 研究意义

信息在人类社会的每一个发展阶段都发挥着重要的作用，但其重要性在人类历史上任何一个阶段都没有像今天这样重要。伴随着信息通信技术创新、融合、扩散所带来的人类生产效率和交易效率的提升，以及新产品、新业态、新模式的不断涌现，人类社会的沟通方式、组织方式、生产方式、生活方式正在发生深刻的变革，信息经济作为一种新的经济形态，正成为转型升级的重要驱动力，也是全球新一轮产业竞争的制高点。

20 世纪 60 年代，信息通信技术所具备的通用目的技术特征和经济社会影响，就吸引了学术界对信息经济内涵概念、特征规律、规模测算研究的广泛兴趣。进入 21 世纪以来，新一代信息通信技术持续蓬勃发展、广泛渗透和深度融合，引发经济社会全面转型，赋予信息经济新的内涵。信息经济日益成为国家战略的重要议题和国际竞争的制高点。当前，国际社会正在形成信息经济研究的新一轮高潮，这不仅是一个重大的学术理论问题，更是人类社会转型发展的一次伟大实践。

当前，物联网在全球呈现出快速增长的势头，未来几年内，物联网设备连接数量将达到数百亿，相比移动互联网，物联网市场规模是其数十倍的容量，能为全球带来数 10 万亿元的经济价值，也被视为全球经济增长的新引擎。推动万物互联、发展数字经济已经成为全球产业变革的新方向，"物联网+"时代正向我们走来。

本书由中国信息化百人会和德勤公司共同出版，分为三篇——总体篇、产业篇、专题篇。总体篇在中国信息化百人会 2014 年和 2015 年《信息经济崛起》的基础上，全面分析了全球、中国及省域信息经济总体规模、基本特征与演进趋势。产业篇结合全球新一轮的科技革命和产业变革的新方向和新要求，重点剖析了信息通信技术与产业融合的机制和路径，研究了中国产业信息经济的发展水平、特点、规律和趋势。专题篇围绕物联网+时代到来引发的新变革，探索了分享经济、服务型制造等新业态的内涵、特征、机制和趋势。

二、信息经济的定义及类型

综合国际社会关于信息经济概念的研究成果，以及信息通信技术融合创新发展的实践，我们认为：信息经济是全社会信息活动的经济总和（Information economy is the economic aggregation of the full range of information activities）。在这个定义中，信息是一切比特化的事物，是与物质、能量相并列的人类赖以利用的基本生产要素之一。信息活动是为了服务于人类经济社会发展而进行的信息生产、采集、编码、存储、传输、搜索、处理、使用等一切行为以及支持这些行为的 ICT 制造、服务与集成。

信息经济是以数字化信息为关键资源，以信息网络为依托，通过信息通信技术与其他领域紧密融合，形成了五个层次和类型：以信息产业为主的基础型信息经济层、以信息资本投入传统产业而形成的融合型信息经济层、体现信息通信技术带来全要素生产率提高的效率型信息经济层、以新产品、新业态形式出现的新生型信息经济层以及产生社会正外部效应的福利型信息经济层。

总结上述结构分解，图 0-1 直观地描述了上述信息经济的层次结构。

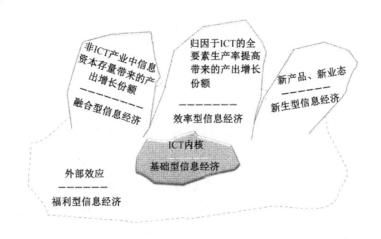

图 0-1 信息经济的层次结构

资料来源：课题组绘制。

（一）基础型信息经济

基础型信息经济主要体现为信息产品和信息服务的生产和供给，包括电子信息制造业、信息通信业和软件服务业。电子信息制造业主要包括计算机、网络通信、数字视听、集成电路、元器件、应用电子等。信息通信业主要包括基础电信业务和以互联网为主的增值电信业务等。软件服务业主要包括基础软件、应用软件以及信息系统集成等业务。

（二）融合型信息经济

信息通信技术持续创新发展，推动了信息采集、传输、存储、处理等信息设备不断融入传统产业的生产、销售、流通、服务等环节，形成了新的生产组织方式，带来了更多的产出。融合型信息经济主要体现为信息通信技术与传统产业融合所带来的产出规模增长。在不同国家、地区和行业，信息通信技术融入传统产业的深度、广度不同，也带来了融合型信息经济发展水平的差异。

（三）效率型信息经济

信息通信技术的扩散对传统产业产出的贡献，不仅包括信息资本存量所带来的收益（融合型信息经济），而且体现在信息通信技术在全要素生产率中所做的贡献（效率型信息经济）。具体来讲，效率型信息经济是指因全要素生产率中信息通信技术的使用带来全要素生产率的提高而增加的经济总量部分。美国1995年以来，劳动力的单位工时产出以每年 2.5%～3% 的速度增长，相关研究认为至少有 65% 可以归因于全要素生产率中信息通信技术的广泛使用。

（四）新生型信息经济

信息通信技术与传统产业融合不断催生出新技术、新产品、新模式，并形成了富有创新活力和发展潜力的新产业，即新生型信息经济。新生型信息经济日益成为引领和推动产业转型的新生力量，如电子商务的兴起所形成的交易平台、网店服务、物流配送、中介服务等新业务；互联网金融的发展所带来的 P2P

网贷、移动支付、网络众筹等新业态；在公共事务、社会管理、工业生产、教育医疗等领域，基于云计算的服务新模式、新业态不断兴起；基于大数据的精准广告、决策咨询、征信评估、健康管理等业务迅速兴起。

（五）福利型信息经济

信息通信技术在经济社会领域的普及推广，不仅带来了可以体现在生产函数所带来的经济增长和效率提升，而且带来了由于信息边际成本趋于零所新增的消费者剩余和社会福利，即福利型信息经济。如因免费、开源、搜索成本降低等带来的消费者福利增加，网络社交提高交往的方便性和广域性所带来的个人的社会资本增加，共享经济的兴起带来了大众创业万众创新的新局面，信息通信技术的扩散也带来了更多的社会信任、更高的公共安全和更广的社会参与等潜在的社会福利。

三、信息经济规模的测算

（一）测算方法

本书对信息经济的测算主要包括基础型信息经济和融合型信息经济两大部分。其中，基础型信息经济，可以通过现有统计体系直接进行采集和测算；融合型信息经济规模以增长核算方法为基础，结合投入产出法进行计算。

增长核算法是指通过适当的函数形式表示出经济体的投入产出关系，并根据要素投入、生产率增长与产出增长之间的数量关系来推算出边际产出。

如图 0-2 所示，其中，Y 表示产出，A 表示希克斯中性技术进步，Nu_{ICT} 表示信息通信技术中性技术进步，Nu_{OTC} 表示除信息通信技术外的其他类型的技术进步，Resi 表示除技术进步外的其他影响产出效率的因素（如组织结构改进等），F 表示生产函数，K_{NICT} 表示非信息经济资本存量，M 表示中间投入，H 表示人力资本，L 表示劳动人数，G 表示信息经济资本存量计算方法，K_{ICT} 表示以数量计量的信息经济资本存量，ETC_{ICT} 表示包含在信息经济资本存量里的信息通信技术进步。

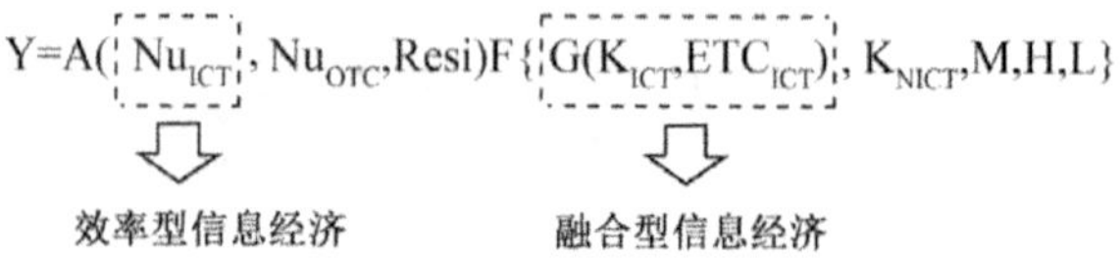

$$Y=A(Nu_{ICT}, Nu_{OTC}, Resi)F\{G(K_{ICT}, ETC_{ICT}), K_{NICT}, M, H, L\}$$

效率型信息经济　　　　融合型信息经济

图 0-2　效率型信息经济和融合型信息经济

由于数据等方面的问题，在本研究模型中，融合型信息经济和效率型信息经济无法加以区分。按照计量经济学的一般理解，我们所采用的控制变量中尚不能包含效率型信息经济变量，因此，测算结果中融合型信息经济实际上包含了部分效率型信息经济的成分，两者之间有较大重叠度。目前，我们尚不能确定融合型信息经济和效率型信息经济重叠程度。但根据 Greenwood（1997）、Hercwertz（2003）、Gordon（2009）、Hill（2015）等对于资本体现式信息技术进步贡献的研究，我们可以推断融合型信息经济包括了 30%～80%的效率型信息经济。

与前两年报告相比，我们在增长核算框架的基础上，通过采集不同国家、不同行业的面板数据以及投入产出表，根据各行业间的投入产出关系，剥离出信息通信产业对其他行业的融合渗透程度，进而得到融合型信息经济规模总量。

（二）测算范围

基于现有统计体系、数据来源和实证分析方法，我们对信息经济规模的定量测算重点考虑基础型信息经济、融合型信息经济和新生型信息经济。其中，基础型信息经济主要包括电子信息制造业、信息服务业（包括通信业、互联网行业、软件业与信息技术服务业）、广播电视业等；融合型信息经济主要包括非信息产业部门当前产出中由信息通信技术进步所贡献的份额。目前，新生型信息经济在统计上已经融入基础型信息经济中。未来，随着统计体系的逐步完善，我们将独立核算新生型信息经济的规模和结构。

基于数据的可获性和可比性，我们的国际态势研究部分，在 2015 年报告的美国、日本、英国三个典型国家的基础上，又增加了对德国、韩国、法国、以色列、瑞典的信息经济规模的测算。为了统一口径，我们把基础型信息经济规模和融合型信息经济规模都规定为增加值口径。因此，信息经济规模可以被认为是 GDP 的组成部分。信息经济规模的计算公式为：

信息经济总规模 = 基础型信息经济规模 + 融合型信息经济规模

本书对国内外信息经济发展态势、国内信息经济省域发展模式及特征的分析，基于对信息经济规模的测度而展开，但并未局限于数据本身，而是积极挖掘和探索着内在机理和规律。我们未来将围绕信息经济发展的模式与路径，不断改进研究方法、提升研究精度、拓展研究范围，为中国信息经济发展提出更为系统、科学、可行的政策措施建议。

总 体 篇

第一章

全球信息经济发展态势

全球新一轮的科技革命和产业变革正加速从互联网、移动互联网向物联网延伸，我们正在进入一个全新的万物互联的新时代。在"互联网+"时代，消费互联网已经对人类社会的生活方式产生了深刻影响；在"物联网+"时代，产业互联网正在深刻改变着人类社会的生产方式。物联网将开辟经济增长新空间、产业投资新方向和信息消费新市场，成为推动全球产业转型发展、体系重建的新动力，推动全球信息经济迈向新阶段。

一、 信息经济已成为全球经济增长的核心动力

2008年国际金融危机以来，在全球经济缓慢曲折的复苏进程中，以云计算、大数据、物联网、移动互联网为代表的新一代信息技术创新发展及广泛渗透，在持续催生新兴产业的同时，不断激发传统产业的发展活力，信息经济依然呈现持续快速的增长态势，对经济增长的拉动作用越发凸显。2012年以来，中国、美国、英国、日本等国家信息经济增速均显著高于全球GDP平均增速，成为带动主要国家走出经济低谷的重要动力，如图1-1所示。

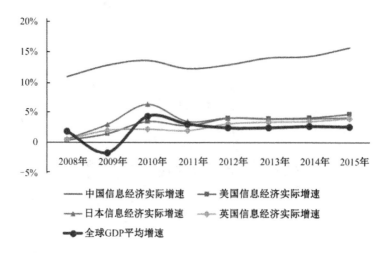

图 1-1 主要国家信息经济增速比较

资料来源：课题组测算。

各国信息经济规模持续扩张。2015 年，世界主要国家信息经济蓬勃发展，美国信息经济规模达到 10.21 万亿美元，德国 1.92 万亿美元，英国 1.38 万亿美元，日本 1.96 万亿美元，韩国 0.70 万亿美元，法国 0.76 万亿美元，以色列 0.08 万亿美元，瑞典 0.18 万亿美元。2015 年各国信息经济规模如图 1-2 所示。

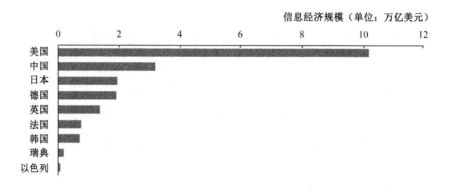

图 1-2 2015 年各国信息经济规模

资料来源：课题组测算。

　　主要国家信息经济增速显著高于本国 GDP 增速。国际金融危机以来，全球主要国家经济增速呈现明显放缓态势，但信息经济增速高于 GDP 增速的特征没有改变。中国信息经济年平均增速为 13.34%，是 GDP（8.51%）的 1.57 倍；美国信息经济年平均增速为 3.13%，是 GDP（1.34%）的 2.34 倍；日本信息经济年平均增速为 3.69%，是 GDP（0.36%）的 10.25 倍；英国信息经济年平均增速为 2.59%，是 GDP（0.64%）的 4.05 倍（见图 1-3）。

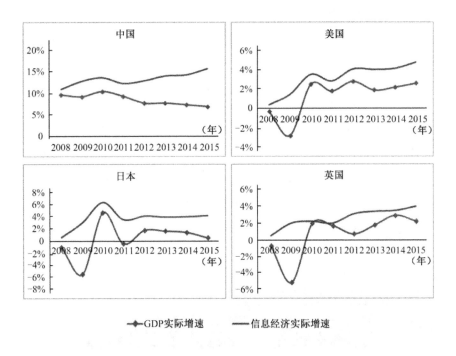

图 1-3　主要国家信息经济增速与 GDP 增速比较

　　主要国家信息经济占 GDP 比重快速提升。美国、德国、韩国信息经济占 GDP 比重已超过 50%，英国、日本信息经济占 GDP 比重也超过 40%。其中，2008—2015 年，美国信息经济占 GDP 比重增加了 15.3 个百分点，占比从 41.59% 提升到 56.89%；日本增加了 17.03 个百分点，从 30.51% 提升到 47.54%；英国增加了 21.21 个百分点，从 27.14% 提升到 48.35%；中国从 15.22% 上升到 27.52%，增加了 12.28 个百分点（见图 1-4 和图 1-5）。

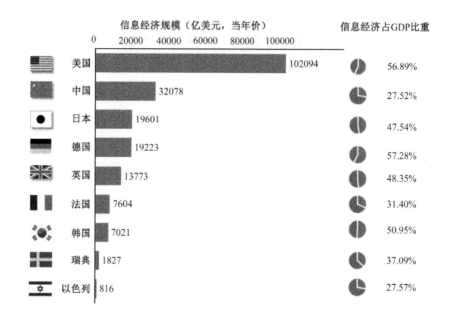

图 1-4　2015 年主要国家信息经济规模及占比

数据来源：课题组测算。

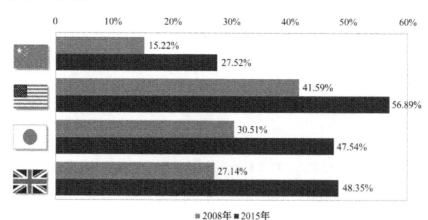

图 1-5　中国、美国、日本、英国 2008 年和 2015 年信息经济占 GDP 比重

数据来源：课题组测算。

美国依靠信息经济抢占全球竞争制高点的态势更加明显。2015 年美国信息经济规模高达 10.21 万亿美元，是中国的 3.18 倍，日本的 5.21 倍、英国的 7.41 倍，而美国的 GDP 仅相当于中国的 1.65 倍、日本的 4.35 倍、英国的 6.30 倍（见图 1-6）。

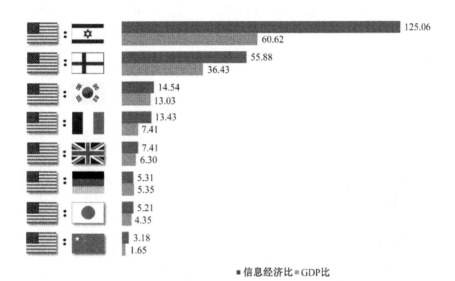

图 1-6　2015 年美国 GDP 和信息经济规模超出其他国家的倍数

数据来源：课题组测算。

二、 融合型信息经济的主体地位进一步巩固

国际金融危机以来，信息通信技术加速融入传统经济的各个环节，不仅促进生产方式和组织方式发生深刻变革，更将融合创新的发展理念多维度、全方位地扩散到传统产业的各个领域，融合型信息经济在信息经济中的地位更加凸显，对信息经济增长的贡献率进一步提升。

融合型信息经济在信息经济中的占比持续上升。国际金融危机以来，发达国家融合型信息经济占整体信息经济的比重始终占据主导地位。2015 年美国、德国、英国、日本、韩国、以色列、瑞典、法国融合型信息经济占比分别为 85.09%、85.83%、88.62%、88.37%、85.87%、71.42%、82.39%和 86.88%。中国融合型信息经济占整体信息经济的比重快速上升，增速与全球发达国家基本相当，2015 年已超过以色列，融合型信息经济占总体信息经济规模比重已达 74.3%（见图 1-7）。

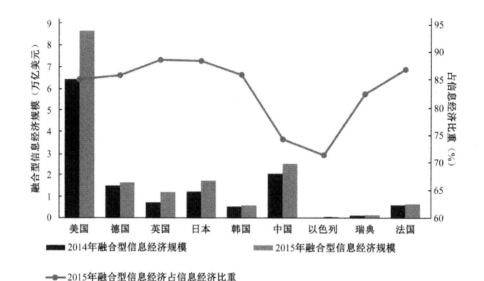

图 1-7　2014—2015 年主要国家融合型信息经济规模及占总规模比重

数据来源：课题组测算。

融合型信息经济对信息经济增长的贡献进一步提升。国际金融危机以来，各主要国家融合型信息经济对整体信息经济增长的贡献率一直维持在较高水平。2015 年美国、德国、英国、日本、韩国、以色列、瑞典、法国融合型信息经济对整体信息经济增长的贡献率分别达到 98.43%、89.26%、101.22%、118.74%、90.77%、77.31%、123.72%和 145.87%（见图 1-8）。从时间维度看，

2008—2015 年，中国融合型信息经济贡献率从 71.62%增长到 97.02%，美国融合型信息经济贡献率从 64.85%增长到 98.43%，英国融合型信息经济贡献率从 71.69%增长到 101.22%，均表现出稳定的长期增长态势。

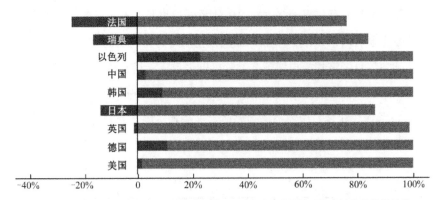

图 1-8　2015 年主要国家基础型和融合型信息经济贡献率

数据来源：课题组测算。

　　智能制造正成为融合型信息经济发展的风向标。当前，新一代信息通信技术与制造业融合正在经历从局部环节、局部领域、局部企业，向全流程、全产业链、全生命周期转变，融合为制造业建立了一套赛博（Cyber）空间与物理（Physical）空间的闭环赋能体系，这种赋能体系加快制造业形成快速迭代、持续优化、数据驱动的新方式，重建制造效率、成本和质量管控新体系，不断催生出新产品、新业态、新模式，带来了制造范式的迁移、制造模式的变革以及制造体系的重建。

三、基础型信息经济发展进入平稳增长期

　　国际金融危机以来，受市场需求饱和效应更趋突出、产业新增长点仍在孕

育的双重影响，全球电子信息制造业和信息通信服务业均已进入平稳增长期，基础型信息经济的整体规模增长明显趋缓，占 GDP 的比重显著低于历史峰值水平。

主要国家基础型信息经济占 GDP 比重低速增长。在市场新增需求有限、用户基数无显著增长、新技术/新产品规模化生产有待时日的直接影响下，主要国家基础型信息经济规模自国际金融危机以来已进入增长相对停滞期。2015 年美国、日本、中国、英国基础型信息经济占 GDP 比重分别为 8.48%、5.53%、6.60% 和 6.30%，比各自国家的历史峰值水平分别下降了 0.73、2.69、1.01、0.63 百分点（见图 1-9）。

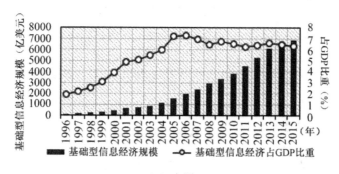

（a）中国

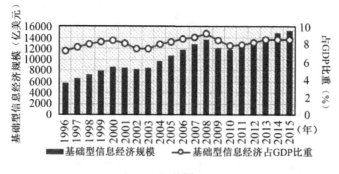

（b）美国

图 1-9　主要国家基础型信息经济及占 GDP 比重

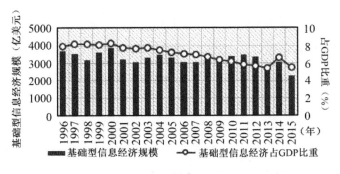

（c）日本

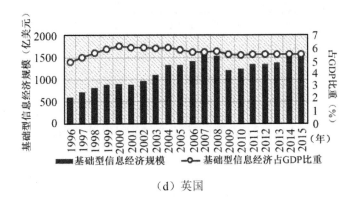

（d）英国

图 1-9　主要国家基础型信息经济及占 GDP 比重（续）

数据来源：课题组测算。

全球电子信息制造业受宏观经济影响巨大，增速下降。 从销售收入来看，2008 年以来的全球经济规模增速与 ICT 制造业收入增速高度相关，基本每次全球经济规模增速的小幅波动，都会带来 ICT 制造业收入的大幅波动。2015 年全球经济增速为 3.0%，这是 2009 年以来全球经济的最低增速，ICT 制造业作为敏感跟进经济形势的产业，2015 年增速明显下滑，降至 0.05%（见图 1-10）。ICT 制造业各细分领域收入增速下降，2015 年除了可穿戴设备收入增速达到 20% 以上之外，半导体、手机、通信设备、服务器和电视等细分领域都呈现低速增长的态势［见图 1-11（a）］。从 ICT 支出来看，Gartner 数据显示，2015

年，全球ICT支出减少 5.8%，仅为 35170 亿美元，除数据中心系统增长 1.8% 之外，其他行业均出现负增长，其中，通信服务下降幅度最大，同比下降 8.3%，设备、IT 服务、软件行业分别下降 5.8%、4.5%、1.4% ［见图 1-11（b）］。

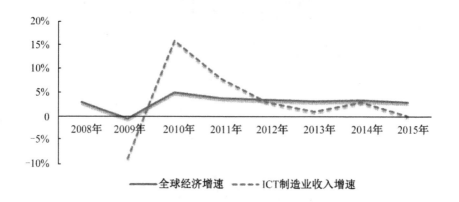

图 1-10　全球经济增速与 ICT 制造业收入增速对比

数据来源：IMF, The Yearbook of World Electronics Data, Garnter, HIS。

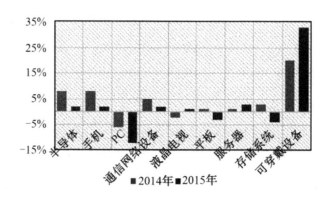

（a）ICT 制造业细分领域销售收入增速

图 1-11　2015 年 ICT 制造业收入与 ICT 支出增速

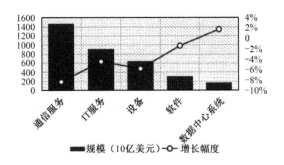

（b）ICT 支出规模及增速

图 1-11　2015 年 ICT 制造业收入与 ICT 支出增速（续）

数据来源：IMF, The Yearbook of World Electronics Data, Garnter, HIS。

专栏 1-1　全球智能手机市场持续增长

据 IDC 相关数据显示，2015 年，全球智能手机的出货量为 14.329 亿部，与 2014 年的 13.017 亿部相比增长了 10.1%。在手机领域，华为是 2015 年最大的赢家，华为全年增长数据说明华为已经成长为国际性品牌，全年手机出货量同比增长 44.3%，联想和小米也表现不俗，增幅分别为 24.5% 和 22.8%，三星的领先幅度则由 9.6% 降至 6.5%（见表 1-1）。

表 1-1　2015 年全球智能手机出货量情况

	2015 年		2014 年		增长幅度
	出货量（百万部）	市场份额	出货量（百万部）	市场份额	
三星	324.8	22.7%	318.2	24.4%	2.1%
苹果	231.5	16.2%	192.7	14.8%	20.2%
华为	106.6	7.4%	73.8	5.7%	44.3%
联想	74.0	5.2%	59.4	1.6%	24.5%
小米	70.8	4.9%	57.7	4.4%	22.8%
其他	625.2	43.6%	599.9	46.1%	4.2%
总计	1432.9	100.0%	1301.7	100.0%	10.1%

数据来源：互联网数据中心 IDC。

全球信息通信服务业低速增长。基础电信业是反映信息通信服务业规模的主要指标，自金融危机以来一直呈现波动下滑的态势，全球基础电信业收入增速低位徘徊，在 2012—2013 年连续负增长，2015 年全球基础电信业务收入达到 1.62 万亿美元，同比名义仅增长 0.6%。移动用户宽带化升级加速，2015 年全球移动用户规模达到 75 亿户，同比增长 5.5%（见图 1-12）。

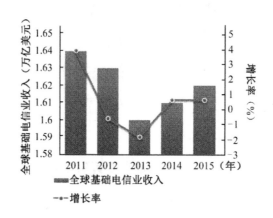

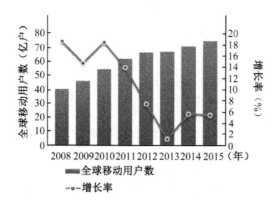

图 1-12　全球信息通信产业规模与增速

数据来源：Garnter、IMF。

四、新生型信息经济蓬勃发展

世界经济衰退"倒逼"着以互联网、物联网为代表的新一代信息技术快速成熟并投入产业化应用，大量新理念、新模式、新业态不断涌现，在大规模投资和市场规模高速扩张的典型特征之下，电子商务、智能硬件等新生型信息经济正在全球范围加速发展。

电子商务加速向移动化、多元化、全球化发展。 移动电子商务正凭借更便捷、更及时、更定制化的优势，逐步改变着用户的交易习惯。2015 年中国网络零售交易额达到 3.86 万亿元，同比增长 37.2%，其中阿里巴巴网络零售交易总额高达 2.95 万亿元，移动端交易额占比达 60%。国内最大的垂直电商唯品会持续推进移动战略，不断优化用户在移动端的购物体验，目前移动端销售占比已提升至 82%。电子商务在较常见的 B2B、B2C、C2C 模式外发展出 B2M、M2C、C2M 等新兴类型，引导生产企业定制化提供产品和服务的作用更加突出，呈现以在线交易支付为核心、线下资源线上整合的综合性生态平台的发展趋势。跨境电商成为网络零售市场新的增长点，影响力直达全球。商务部数据显示，中国主要跨境电商交易额平均增长率在 40%左右，其中进口网络零售增长率在 60%左右，出口网络零售增长率在 40%左右。

智能硬件产业进入升级演变期。 随着信息消费水平的提高，智能硬件产业创新快速迭代，成为继智能手机之后电子信息制造业增长的新引擎与竞合的新焦点。一方面，全球智能硬件消费市场处于市场启动期，智能硬件被认为是下一个万亿级的新兴消费市场，相关机构数据显示，2014 年全球智能硬件装机量达到 60 亿台，预计 2017 年将超过 140 亿台。另一方面，智能硬件企业全面布局，新增长极初露端倪。一部分企业通过操作系统积极布局，以 Android Wear 和 iOS 为代表的两大阵营继续延续智能手机优势，主导智能硬件的生态系统。

另一部分企业通过核心技术布局，在芯片、传感器、人工智能方面进行创新研发，通过颠覆性产品，建立一个全新的生态系统。中国也成长起一些具备国际竞争力的领军企业。大疆创新公司通过飞行控制系统、云台系统、多旋翼飞行器、小型多旋翼一体机等一系列技术和产品创新，将无人机这种原本是极客等少数玩家才能驾驭的产品，逐步拓展到大众生活中，快速打开了消费级无人机市场。

五、以分享经济为代表的福利型信息经济新形态快速涌现

分享经济的本质是通过分享与所有权相分离的使用权，来有效利用闲置资源的剩余价值，促使社会福利进行效率导向的按需分配。国际金融危机以来，依托于信息通信技术飞速进步带来的分享渠道成本趋近于零和分享者数量呈指数级增长，分享经济逐步得到了产业化、市场化的实现，一批新型经济活动和组织业态迅速兴起，成为当前最受瞩目的新兴经济形态。

交通分享。在"互联网＋"的背景下，交通分享成为传统出行需求与大数据、移动互联网等新技术交叉组合、叠加应用下催生出的全新出行模式，并在短时间内成为影响范围较广、活跃程度较高、备受消费者追捧和市场关注的热门领域。在服务业领域，Uber 作为交通分享的典型代表，在成立 6 年多的时间里就获得了出人意料的成绩，2015 年毛收入达到 100 亿美元，同时 Uber 的市场估值在 2016 年年初就已经达到了 625 亿美元。在我国滴滴出行一枝独秀，2016 年三季度出行日均服务次数已经达到了 2000 万次。在传统汽车制造业领域，汽车巨头蠢蠢欲动。戴姆勒与宝马汽车公司计划将旗下汽车共享业务 Car2Go 与 DriveNow 合并，以更好地应对全球新的竞争，这就意味着，宝马汽车决定正式进军共享经济的行列。

生产能力分享。生产能力分享指的是通过互联网平台，将不同企业闲置的

生产能力整合,实现产品的需求方和生产的供应方最有效对接的新型生产模式。分享经济平台解决生产的供需方信息不对称的问题,让企业不再独立生产,而是以闲置生产能力的共享实现协作生产。生产能力的整合不仅降低了生产成本、提高了生产效率,也让按照客户需求的定制化服务变得更加容易。就产品需求方而言,信息的充分对接、工厂柔性化生产等能减少企业搜索成本、生产成本和管理成本,实现个性化定制,并降低风险。就产能供应方而言,档期的灵活安排能降低风险和接单成本,充分利用产能以提升收益,同时有利于推动生产创新、加快企业转型。

专栏 1-2 沈阳机床的 i5 智能机床和 i 平台

2012 年沈阳机床厂成功开发出世界首台具有网络智能功能的"i5 智能化数控系统",通过互联网平台,用融资性租赁、经营性租赁、生产力租赁等金融和经营等手段以及再制造循环,在大数据基础上,以即时付费(Pay online in Time by Data)的方式,用价值驱动产品的全生命周期,实现按用户需求(on Demand)销售。简单地说,就是通过智能机床将其运作状态整合,实现机床闲置时间的共享,满足不同客户的生产需求。沈阳机床厂也就因此成了生产能力的供应方,而连接智能机床的 i 平台则成了其自建的共享平台。

知识技能分享。所谓知识技能分享,就是把个人或机构分散、盈余的知识技能等智力资源在互联网平台上集中起来,通过免费或付费的形式分享给特定个人或机构,最大限度地利用全社会的智力资源,以更高的效率、更低的成本满足生产及生活服务需求。知识技能分享近年来发展十分迅速,行业规模不断扩张,业务内容不断丰富,参与主体更加壮大,总体呈现欣欣向荣的积极态势。一方面,垂直型平台在各个领域不断涌现。"互联网+"与传统行业的结合在不同领域产生了一批垂直型分享平台。在创意设计领域,猪八戒网一家独大,注册威客数量超

过 1300 万。在语言翻译领域,出现了译言网、做到等。在科学研究方面,出现了易科学。在生产制造领域,出现了凯翼众包、海尔 hope 开放创新平台等。在医疗服务领域,出现了名医主刀等。另一方面,分享平台成为大众创新创业载体。截至 2015 年,猪八戒网注册用户超过 1300 万,交易额超过 65 亿元,旗下的虚拟产业园注册公司超过 300 家,已成功孵化入驻企业 1500 余家;此外,其还正在各地设立"花果云"众创空间,并开始走向海外创意市场。

专栏 1-3　福利型信息经济

信息通信技术在经济社会领域的普及推广,一方面带来了可以体现在生产函数所带来的经济增长和效率提升上,这种增长和效率提升可以通过统计、测算纳入信息经济规模中;另一方面信息通信技术对经济社会发展的贡献也带来了难以计算和统计的经济福利,如消费者剩余和生产者剩余,这是福利型信息经济的重要表现形式。

青海油田地处柴达木盆地,属于高寒少氧的青藏高原,油田作业区平均海拔高度为 2700~3000 米,周边是一望无际的戈壁、沙漠、盐泽,常年无植被、无动物、风沙肆虐,被形象地比喻为月球地貌。

2015 年,青海油田借助油气生产物联网等信息系统支撑,实现了管理模式的优化,管理重心成功后移,将盆地内花土沟采油厂等单位搬迁至敦煌,只在盆地内设置值班岗位,共搬迁机关科室 34 个,直属单位 13 个,基层单位 11 个,搬迁人员 694 名;同时,油田生产组织机构进一步按"纵向扁平,横向压缩"的方式进行优化,基本实现中小型站场无人值守,精简合并部分基层班组和作业区,一线用工总量得以减少。油田每年从盆地转岗安置一批年龄偏大、身体状况较差、夫妻常年分居、老人孩子无人照料等有实际困难的员工到敦煌工作,共安置 822 人,一线员工转岗需求基本全部满足。机关搬迁和岗位工人转产共计转移 1516 人,年节约人工成本 7125.2 万元。

油气生产物联网等信息系统的建设和应用，不仅使油田生产效率和经济效益得到极大提升，更使更多员工从高海拔、条件艰苦的柴达木盆地一线转移到沙漠绿洲中的敦煌基地工作，让员工享受到更好的工作环境、更高的生产安全，为员工带来健康、安全、和谐等更多的无形福利。

六、各国加快信息经济战略布局

新一代信息技术持续得到大规模应用，与传统产业加速融合发展，带来一系列新业态、新模式，信息经济的财富集聚效应和资源吸附效应愈加显著，对政府监管的理论和理念造成新的挑战，主要国家相关政策法规体系正在加紧完善。

物联网成为全球各国发展战略。自 2009 年以来，美国、欧盟、日本、韩国等国家和地区都纷纷推出本国和地区的物联网相关发展战略。美国将物联网发展和重塑智能制造优势结合，希望借此重新占领全球制造业制高点，并借助联合 GE、Amazon、Accenture、Cisco 等打造符合工业物联网与海量数据分析平台，推动工业物联网标准框架制定。欧盟于 2013 年通过"Horizon 2020"计划，旨在利用科技创新促进经济增长、增加就业。研发重点集中在传感器、架构、标识、安全隐私等领域。欧盟也在其国家型科研计划 FP7（Framework Program 7）中设立 IoT-A、IoT6、open IoT 等一系列项目，布建智能电网、智慧城市、智能交通等智能城市应用项目。日本是较早启动物联网应用的国家之一，积极推进 IT 立国战略。韩国在 2014 年 5 月提出《IoT 物联网基本规划》，从服务、平台、网络到终端设备与信息安全，全面构建开放式物联网 IoT 生态体系。新加坡于 2014 年公布了"智慧国家 2025"的 10 年计划，打造"智慧国"，将构建"智慧国平台"。

主要国家加快智能制造、先进制造等战略布局。增材制造、工业互联网、工业大数据、"工业4.0"等一批新的生产理念不断涌现，发达国家高度重视，纷纷出台相关战略。美国早在2011年6月就提出了"先进制造伙伴计划（AMP）"，呼吁各界加强合作，加快先进制造材料、制造工艺、制造装备的创新研究，强化本土制造业竞争能力，确保其在世界制造强国中的领先地位。2014年，GE与Cisco、IBM、AT&T、Intel 5家企业成立工业互联网联盟，推动网络与数据标准的建立，组织开展工业互联网应用的"测试床"项目。德国"工业4.0"战略计划通过鼓励传统优势技术研发和新一代信息技术创新，打造一个将资源、信息、物品和人互联的信息物理系统，实现"智能生产"和"智能工厂"。欧盟2013年提出云制造概念，并启动了支撑项目，2014年宣布启动"火花（SPARC）"计划，到2020年，将投入28亿欧元用于研发民用机器人。英国2008年推出"高价值制造"战略，希望鼓励英国企业在本土生产更多世界级的高附加值产品，以加大制造业在促进英国经济增长中的作用。目前，"高价值制造"战略已完成第二期（2012—2015年）。日本于2014年发布《制造业白皮书》，提出要大力调整制造业结构，将机器人、下一代清洁能源汽车、再生医疗以及3D打印技术作为今后制造业发展的重点领域。韩国在2010年发布的《IT融合发展战略》中，提出在汽车、造船、机械、机器人等十大领域加快IT融合发展，到2015年将韩国发展成为世界五大IT融合强国。2014年韩国宣布第二个机器人五年开发计划，提出7个领域与机器人产业的融合。俄罗斯总理在2014年9月主持召开经济现代化和创新发展主席团会议，旨在发展工业化生产新技术，并在2015年年底出台工业化生产新技术发展规划，重点布局现代自动化技术、机器人技术、3D打印技术等。

主要国家围绕大数据时代机遇积极布局。2012年，白宫首次发布《大数据研究和发展计划》，并成立"大数据高级指导小组"。2016年，美国又发布"联邦大数据研发战略计划"，维持美国在数据科学和创新领域的竞争力。欧委会发布《朝着数据驱动的繁荣经济迈进》，促进欧盟经济向数据驱动型转变。中国发布《促进大数据发展行动纲要》，提出建立国家大数据发展和应用统筹协调机制、加快法规制度建设、建立标准规范体系等措施。

全球数据开放运动深入推进。2013 年 6 月，G8 国家共同签署了《G8 集团开放数据宪章》，掀开了新一轮数据开放运动的序幕。根据开放基金会统计，到 2015 年年底，已有 122 个国家和地区不同程度地开放了政府数据。作为数据开放的先行者，美国政府数据开放持续深入，2014 年以来，美国在总结历年数据开放经验的基础上，寻求深化开放的对策。2015 年以来，多方论坛和峰会成为各行业逐步推动各领域数据开放的主要手段。

七、 面向信息经济的国际治理体系深度调整

继农业经济、工业经济之后，信息经济推动人类文明进入全新发展阶段，国家间的竞争已超越物理世界，开始围绕着虚拟网络空间的信息资源获取、使用和管理的主导权展开激烈博弈。互联网公共政策成为一国发展战略中的重要组成，网络空间治理与社会治理日益相融，共同构建起现代国家治理的新模式。

网络发展共识更加趋同。各国纷纷加强综合性、前瞻性布局，持续实施宽带网络、网络空间安全、大数据、云计算等发展战略。弥合数字鸿沟、推动信息通信技术发展、创造数字机遇，并从信息通信技术提供的潜力中受益，实现普惠发展，已经成为国际互联网公共治理的核心议题。一是各国持续升级信息基础设施。目前，全球已经有约 150 个国家和地区推出了宽带发展战略计划，发达国家以高速宽带为重点，持续加快推进新一代基础设施建设，加大高速光网投资。二是各国高度重视信息技术创新。美国不断改善创新体系和研发组织。欧盟对下一代计算技术、未来互联网技术和服务、先进机器人以及机器人智能空间等未来新兴技术进行重点支持。三是发展数字经济成为各国普遍共识。数字经济成为 G20 杭州峰会的关键议题，二十国集团建议创造有利条件释放数字经济发展潜力。

网络空间治理更趋多主体模式。以多利益相关方模式为基础建立互联网治理规则的呼声增强，非政府间机制的作用持续提升。包括政府在内的多元行为主体参与治理的立场为越来越多的国家所接受，欧盟在 2009 年提出网络空间的"多主体治理路径"，强调政府、个人和企业都是网络治理的利益攸关方。信息社会世界峰会（WSIS）主要成果文件也均予提及，并按照这一模式组织了联合国秘书长召集的互联网治理论坛，欧美国家积极倡导，印度、巴西、埃及、南非、肯尼亚等发展中国家虽缺乏掌握核心技术的人才和企业，但也肯定私人部门和社会组织在网络治理中的作用，近年来也陆续发布声明表示支持。同时，越来越多的国家认为政府应当在互联网公共利益方面发挥更大作用。

网络资源治理框架更趋协同。围绕网络根域名进行分配、授权、协调的 DNS 根区管理，是国际互联网治理主导权竞争焦点的集中体现。2016 年 10 月 1 日，互联网名称与数字地址分配机构（ICANN）与美国商务部国家电信与信息管理局（NTIA）之间的关于行使互联网号码分配当局（IANA）职能的合同正式结束。这一历史性的时刻，标志着互联网唯一识别符的协调和管理职能已经移交给私营部门。互联网号码分配管理的职能移交，加强了 ICANN 现有的多利益相关方模式，也致力于提升 ICANN 的问责机制。事实上，除发展中国家外，包括欧盟成员国在内的一些发达国家也支持互联网关键资源的国际管理，关注彼此利益诉求，强调多方共同治理，为全球互联网关键资源治理提供了新的制度框架。

网络空间合作诉求更趋紧密。当前，互联网领域的国际规则体系远未成熟，各方利益诉求仍处于不平衡状态。与此同时，互联网仍在高速发展，云计算、大数据、移动互联网、物联网等新技术、新业务层出不穷，互联网与经济社会的融合日益加深，造成国家互联网治理面临旧问题尚未得到妥善解决、新问题又接踵而至的局面。一方面，从基础设施安全到大数据安全，网络安全形势依然严峻；另一方面，网络犯罪呈蔓延态势，基于互联网的恐怖主义日益猖獗。因此，寻求网络空间集体安全，加强网络治理司法互助和执法合作成为国际社会的共同关切。

第二章

中国信息经济发展态势

2015 年，中国信息经济延续了近年来快速增长的势头，总体规模继续扩大，稳居世界第 2 位，在我国国民经济中的比重持续上升，对我国国民经济发展的重要性愈加突显。基础型信息经济平稳增长、结构趋于稳定，融合型信息经济高速发展、主导地位不断巩固，促进制造业新模式、新业态不断涌现，信息经济已成为驱动我国产业提质增效、转型升级的重要引擎。

一、 信息经济保持快速发展势头，规模优势进一步凸显

与世界主要国家相比，近年来中国信息经济规模稳步增长，2013 年首次超过日本跃居世界第 2 位，但与世界第一的美国相比差距明显，2015 年信息经济规模仅为美国的 31.4%。另外，中国信息经济占 GDP 比重低于全球其他主要国家，但保持快速增长的势头，信息经济发展潜力巨大。

（一）信息经济总体规模稳居世界第 2 位

2015 年，中国信息经济增速达 15.8%，信息经济总量达到 18.63 万亿元（折

合 32087 亿美元），相比 2014 年增长 2.46 万亿元，超过信息经济规模第三名的
日本 1.25 万亿美元。但与居第一位的美国的规模差距仍较为明显，仅达到美国
信息经济总量（10.2 万亿美元）的 31.4%（见图 2-1）。

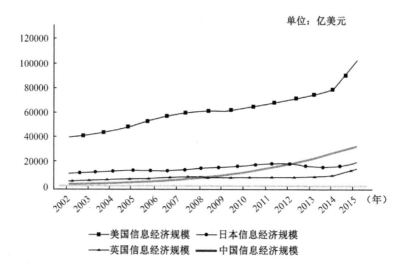

图 2-1　中国与全球主要国家信息经济规模比较

数据来源：课题组测算。

（二）信息经济占 GDP 的比重较低、增速较快

近年来，世界主要国家信息经济总体保持增长势头，在各国国民经济中
的重要性持续提升。从中国、美国、日本、英国四国信息经济规模占 GDP 比
重情况看，中国信息经济占 GDP 的比重仅为 27.5%，显著低于全球其他主要
国家，分别比美国（56.9%）、日本（47.5%）和英国（48.3%）低 29.4%、20.0%、
20.8%（见图 2-2），在国民经济中的重要作用尚未完全发挥出来。尽管中国信
息经济占 GDP 的比重不高，但增速优势明显。2015 年，中国信息经济实际增
速达 15.8%，分别是美国（4.73%）、日本（4.14%）和英国（4.01%）的 3.3
倍、3.8 倍、3.9 倍。未来几年，中国信息经济占比将有望逐渐逼近全球主要

国家的平均水平，信息经济在推动中国经济社会发展、构建全球竞争新优势方面的重要作用将快速凸显。

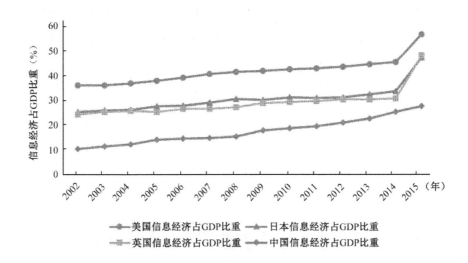

图 2-2　中国与全球主要国家信息经济占 GDP 比重对比

数据来源：课题组测算。

二、信息经济占比与贡献呈"双高"态势，正成为经济发展的重要引擎

在当前中国经济转型升级的关键时期，实体经济增长速度放缓，信息经济增长逆势而上，2015 年中国信息经济占比高达 27.5%，信息经济对 GDP 增长的贡献率持续提升。在经济下行压力加大的背景下，信息经济在培育发展新动能方面成效明显，已成为我国经济发展的重要引擎。

（一）信息经济占 GDP 比重继续上升

自 2002 年以来，中国信息经济增速一直高于 GDP 增速。尤其是 2011 年之后，中国 GDP 发展逐年放缓，而信息经济的增速却连续走高，与 GDP 增速的差距逐渐拉大，并带动中国信息经济占 GDP 的比重持续上升。2015 年，中国信息经济实际增速为 15.8%，是 GDP 实际增速的 2.3 倍，信息经济占 GDP 的比重上升至 27.5%，相比 2014 年提高 2.4 个百分点，是 2002 年信息经济占 GDP 比重的 2.75 倍（见图 2-3）。

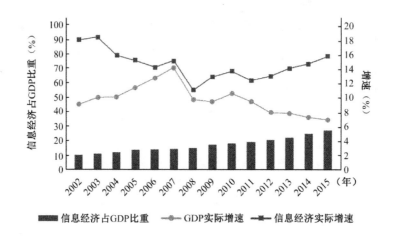

图 2-3　2002—2015 年中国信息经济占比与增速情况

数据来源：课题组测算。

（二）信息经济对 GDP 增长的贡献率持续提升

自 2011 年以来，信息经济对 GDP 增长的贡献呈逐年递增的趋势，已成为近年带动国家经济增长的重要动力。中国信息经济对 GDP 增长的贡献不断增加，信息经济在国民经济中的地位不断提升，在中国经济进入新常态的大背景下，信息经济正在逐渐成为国家经济稳定增长的主要引擎。2002—2015 年，信息经济对 GDP 增长的平均贡献率达 31.4%（见图 2-4），以信息经济培育发展新动能、带动产业转型升级已成为中国经济保持"双中高"，打造"双引擎"的重要途径。

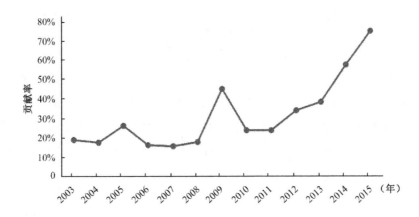

图 2-4   中国信息经济对 GDP 增长的贡献率

数据来源：课题组测算。

专栏 2-1   信息化跨阶段提升，创造价值倍增

国际知名咨询研究成果和国内信息化领先企业的实践证明，企业信息化发展一般会经历分散、集中、集成、共享及分析应用、智能的发展阶段。信息化从分散向集中、集成等高级阶段发展，创造的价值大、投入少，其投资收益率倍增。

如某特大型石油企业集团，员工有 100 多万人。原来成员企业分散搭建各自的人力资源管理系统，并且成员企业内部分二级单位也有自己的人事、薪酬、考核等相关信息系统应用。各成员企业独自建设人力资源管理系统，需要 668 台套服务器及存储设备，加上软件实施费，系统总投资约 7 亿元，年度运行维护费用 0.84 亿元，年投资收益率为 15.8%。

2009 年，该集团公司搭建应用了集团级集中统一的人力资源系统，组织范围涵盖总部及所有成员企业，将全部员工的信息纳入系统管理，功能范围包括组织管理、队伍建设、员工档案信息、薪酬发放、职称专家评聘等，项目投入 3.4 亿元，搭建了以共享服务为主的人力资源管理系统运行维护体系，年度运行维护费 0.51 亿元。

　　大集中的人力资源管理信息系统，在集团公司范围内管理控制了组织机构、员工编制、薪酬总额，统一规范了薪酬制度，重点人事业务流程全部纳入系统管理，强化统计分析，实现了人力资源管理的精细化。大集中信息系统取代了原有独立建设系统117套，节省投资3.6亿元，平均每年节省运维费用0.33亿元；以此为工具指导企业进行人力资源优化，降低人工费169亿元，按信息系统贡献率为5%测算，年收益就达11.05亿元，年度收益率40.4%，与分散建设应用人力资源管理系统相比收益非常显著，实现了价值倍增。

三、基础型信息经济平稳增长，融合型信息经济的主导地位不断巩固[1]

　　从2002—2015年中国信息经济内部结构的变化过程可以看出，2007年是中国信息经济结构性变化的重要拐点，2007年之后，基础型信息经济占信息经济的比重呈逐年下降的态势。2015年，中国基础型信息经济逐渐复苏，增速与对信息经济增长的贡献率均创近年新高，同时，融合型信息经济仍然是驱动中国信息经济发展的主要动力。

（一）信息经济内部结构演进呈明显阶段性特征，2007年是中国信息经济结构性变化的重要拐点

　　从2002—2015年信息经济内部结构演进过程来看，中国信息经济内部结构变化呈明显的阶段性特征。2002—2006年，随着基础型信息经济的发展，信息经济发展的基础条件逐步完善，为融合型信息经济发展提供了条件，基础型和

---

[1] 本节中基础型信息经济与融合型信息经济的增速均使用名义增速。

融合型信息经济同步发展，两者在信息经济中的占比均维持在 50% 左右；2007
年之后，基础型信息经济发展相对成熟，增长趋于平缓，而融合型信息经济则
依托于中国量大面广的传统产业转型升级的旺盛需求，呈现高速增长态势，在
信息经济中的占比逐年提升，逐渐在信息经济中占据主导地位。2007 年，中国
基础型信息经济占比大幅下降至 47.1%，相比 2006 年下降了 3.3 个百分点，成
为中国信息经济内部结构突变的重要拐点。2015 年，中国基础型信息经济占比
仅为 25.7%，而融合型信息经济在信息经济中的比重已高达 74.3%（见图 2-5）。

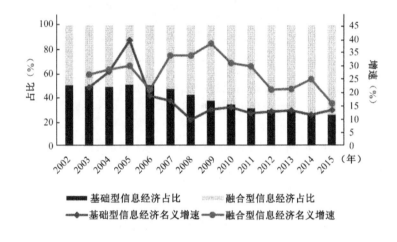

图 2-5　中国信息经济内部结构及增速比较

数据来源：课题组测算。

（二）基础型信息经济明显复苏，实现了近 5 年以来的最高增速

近年来，《关于积极推进"互联网+"行动的指导意见》《关于促进大数据
发展的行动纲要》等一系列利好政策相继出台，电子信息产业转型升级步伐加
快，结构调整持续深化，核心技术不断突破，以"云大物移"为代表的新一代
基础型信息经济迎来发展新高潮，基础型信息经济的增速及对信息经济发展的
贡献率均达到近年来的最高水平，基础型信息经济发展企稳回升。2015 年，中

国基础型信息经济规模达到 4.78 万亿元,增速创近 5 年以来最高,高达 13.5%,相比 2014 年增长 1.9 个百分点,对信息经济发展的贡献率达 23%,相比 2014 年增长 7.5 个百分点,创近 8 年以来最高(见图 2-6)。

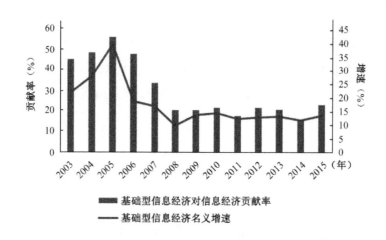

图 2-6 基础型信息经济增速与对信息经济增长的贡献

数据来源:课题组测算。

(三)融合型信息经济仍是我国信息经济增长的主要动力

随着信息通信技术与实体经济持续融合渗透,2003—2014 年,融合型信息经济常年保持 20%以上的高速增长态势,对中国信息经济发展的贡献愈加突出。从融合型信息经济的增速与对信息经济发展贡献的变化规律可以看出,融合型信息经济的增速呈阶段性变化特征,并在信息经济内部逐渐占据主导地位。2003—2006 年,融合型信息经济保持在 20%~30%的高速增长区间,对信息经济发展的贡献率保持在 50%左右,与基础型信息经济的贡献率接近;2007—2010 年,融合型信息经济保持 30%以上的超高增速,对信息经济增长的贡献愈加显著,逐渐占据主导地位;2011—2014 年,融合型信息经济增速回落至 20%~30%的高速增长区间,对信息经济发展的贡献仍保持增长态势,并于 2014 年达到历史最高，高达 84.5%。2015 年，中国融合型信息经济规模高达 13.8 万亿元，增速为 15.9%，自 2003 年以来首次跌破 20%，但仍高于基础型信息经济增速，对信息经济发展的贡献率达 77%，相比 2014 年的历史最高点略有下降（见图 2-7），仍然是驱动中国信息经济增长的重要引擎。

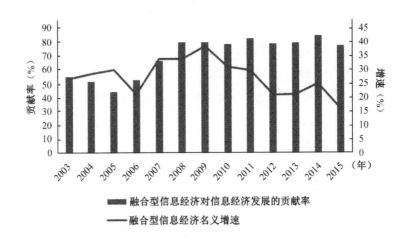

图 2-7　融合型信息经济增速与对信息经济增长的贡献

数据来源：课题组测算。

四、基础型信息经济结构趋于稳定，电子信息制造业比重企稳回升

从基础型信息经济各细分行业比重来看，中国基础型信息经济的内部结构特征未出现重大变化。电子信息制造业占基础型信息经济比重实现近年来首次增长，呈现稳中有升的态势；电信业比重仍呈现逐年下降趋势，但是移动互联网的普及为电信业带来了发展的新机遇；软件业与互联网产业持续保持高速增长，成为拉动基础型信息经济增长的重要动力。

（一）中国基础型信息经济内部结构趋于稳定

从基础型信息经济各细分行业占比情况来看，2014 年与 2013 年相比未发生大的波动。其中，电子信息制造业整体稳中有升，电信业继续呈现逐年下降态势，软件业和互联网行业仍然是基础型信息经济发展的重要引擎。2014 年，电子信息制造业占基础型信息经济比重实现近年来首次增长，达到 43.9%，相比 2013 年增加 0.4 百分点，软件业占基础型信息经济比重为 30.8%，占比增长速度为 3.8%，相比 2013 年增速回落 5.2 百分点，电信业、广播电视业、互联网行业占基础型信息经济的比重分别为 14.8%、4.7%、5.8%（见图 2-8）。

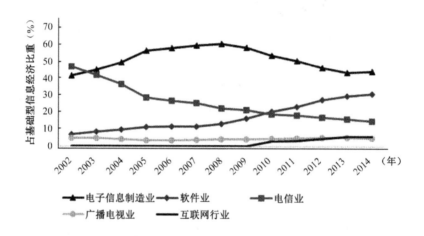

图 2-8　2002—2014 年基础型信息经济各行业所占比重变化趋势

数据来源：《中国信息产业年鉴》。

（二）核心技术不断突破带动电子信息制造业规模稳中有升

随着国内蓬勃的电子产品市场需求和中国企业核心技术的不断突破，中国电子信息制造业出现了稳中有升的复苏迹象。4G 应用持续深化、5G 探索方兴未艾，华为、上海贝尔、中兴等企业先后开发新一代通信设备和解决方案，通信设备行业成为拉动电子信息制造业复苏的主力军。国家设立集成电路产业基金，促进国内外企业深化技术合作，中国电子信息制造业企业逐渐重视自主研发水平提升，在北斗导航芯片、处理器芯片、EB级存储等领域实现技术突破，核心竞争能力显著增强。2015年，电子信息制造业主营业务收入实现11.1万亿元，增加值达到2.02万亿元，相比2014年增加1677亿元，增加值增速为9.1%，相比2014年增加0.1百分点，电子信息制造业占GDP比重达2.98%，实现了自2010年以来占GDP比重的首次增长（见图2-9）。

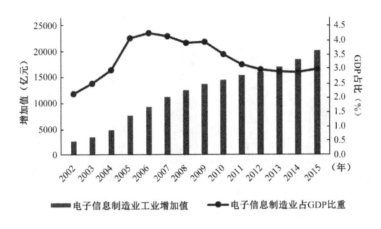

图 2-9　2002—2015 年电子信息制造业增加值情况

数据来源：《中国信息产业年鉴》。

（三）电信业结构持续优化，网络供给能力显著增强

电信业务收入增速低速徘徊。受OTT业务替代、用户增长触顶、营改增和提速降费等政策变动以及宏观经济放缓等多种因素共同作用，中国电信业由中高速增长转为中低速增长，2015年实现电信业务收入11251亿元，同比仅增长0.8%，创10年来新低。光纤和4G业务快速发展，**电信业用户和业务结构持续优化**。从用户看，光纤用户达1.2亿户，同比大幅增长75.3%，占比首次突破50%。8M以上用户达1.5亿户，占比近7成。2G、3G用户加速向4G迁移，4G用户达3.9亿户，用户规模居全球第1位，占比达29.6%，是2014年年底

的近 4 倍。从业务收入看,非话业务收入占比达 68.3%,较 2014 年年底提高 10.1 个百分点。其中,移动数据及互联网业务收入占比达到 27.6%,对电信业务收入增长的贡献率高达 796.7%,成为驱动电信业务发展的第一引擎。**网络供给能力显著增强,网络覆盖率和网络质量持续提升。**互联网宽带接入端口数量达到 4.7 亿个,覆盖全国所有乡镇和 95% 的行政村。其中,光纤到户端口达 2.7 亿个,占比首次过半。4G 网络覆盖全国主要城市,全年新建 4G 基站 92.2 万个,总数达 177 万个,网络规模全球第一(见图 2-10 和图 2-11)。

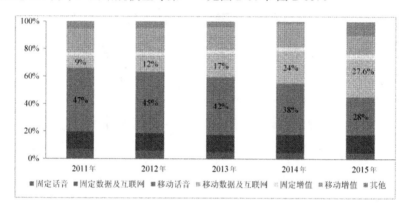

图 2-10 2011—2015 年电信业收入结构变化情况

数据来源:工业和信息化部。

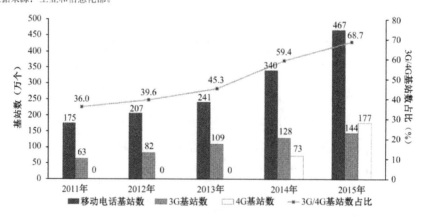

图 2-11 2011—2015 年移动电话基站变化情况

数据来源:工业和信息化部。

（四）互联网产业持续崛起，与传统产业跨界融合步伐不断加快

2015 年，中国互联网用户规模高达 6.88 亿，其中手机网民占 90.1%[2]，互联网服务业总体收入达 1.14 万亿元，同比增长 30.5%（见图 2-12），增速在基础型信息经济各细分行业中居首位。随着中国互联网产业规模扩张与技术发展，"互联网+"应用基础愈加坚实，互联网不再仅是满足沟通、社交、信息获取等需求的日常工具，与传统产业的跨界融合逐渐成为未来发展趋势。2015 年，中国使用互联网办公的企业比例为 89%，相比 2014 年增加了 10.3 个百分点，其中，工业企业互联网使用比例为 87.9%[3]。互联网对传统产业的深度渗透，变革了企业的产品、销售、服务乃至价值链，重塑了产业组织与制造模式，重构了企业与用户关系，对生产要素进行了整合重组和优化配置，催生了基于互联网的协同研发、个性化定制、远程服务等新模式、新业态。

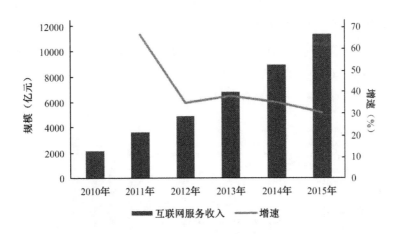

图 2-12 2010—2015 年中国互联网服务业规模与增速情况

数据来源：中国信息通信研究院。

---

[2] 数据来源：《第 37 次中国互联网络发展状况统计报告》。

[3] 数据来源：《第 37 次中国互联网络发展状况统计报告》。

（五）软件产业保持了持续快速的发展态势，工业软件成为未来发展新热点

2002—2015 年，中国软件产业已保持了 10 多年快速发展，从主营业务收入增速变化规律可以看出，中国软件产业的扩张速度呈阶段性变化特征。2002—2005 年是超高速增长期，软件业务收入持续保持增速 40%以上的超高速增长，并于 2005 年达到了 2002—2015 年的最高增速 62.2%；2006—2011 年是震荡增长期，软件业务收入的增速在 20%～40%持续震荡；2012—2015 年是高速增长期，软件业务收入增速逐渐回落至 15%左右，但仍保持较高速发展态势。2015 年，中国软件企业达到 3.8 万家，从业人数达到 570 万人，实现软件业务收入 4.3 万亿元，同比增长 15.7%，增加值达 1.5 万亿元（见图 2-13）。2016 年，国务院发布《关于深化制造业与互联网融合发展的指导意见》，提出"新四基工程"，将工业软件作为中国制造业转型升级的新基础之一。工业软件作为新型制造体系的"软装备"，对企业实现研发、制造、销售等方面的数字化和智能化具有重要的支撑作用。目前，工业软件在中国制造业的普及应用尚有较大提升空间，其中，PLM 普及率仅为 13.6%，MES 普及率仅为 16.2%，PDM 普及率仅为 26.3%，ERP 普及率仅为 51.0%。未来中国制造业智能化改造步伐加快，将有力带动工业软件市场规模的持续扩张，工业软件有望成为软件产业新的增长热点。

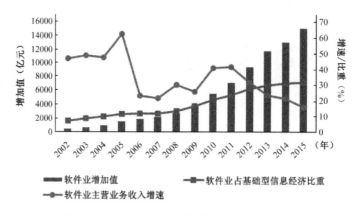

图 2-13　2002—2015 年软件产业发展变化趋势

数据来源：《中国信息产业年鉴》。

五、融合型信息经济快速增长，新模式、新业态不断涌现

融合型信息经济的发展与基础型信息经济的进步总是相辅相成、相伴相生的。随着信息基础设施逐步完善，信息通信技术持续创新发展，不断向传统产业的研发、生产、销售、流通、服务等各个环节渗透融合，极大地促进了传统产业研发设计、生产制造、服务应用等的深刻变革，推动了融合型信息经济在传统产业中的快速发展，培育催生了一系列新模式、新业态，引领我国制造业提质增效、转型创新，并加速向制造强国的战略目标迈进。

（一）2016 年中国制造信息化指数为 36.9，正由工业 2.0 向工业 3.0 过渡

2016 年 11 月，中国信息化百人会与中国两化融合服务联盟联合发布了《中国制造业信息化指数》，既是对中国智能制造水平的整体量化评估，也是对中国融合型信息经济发展水平和变化趋势的全景描绘。2016 年中国制造信息化指数为 36.9，较 2015 年的 35.6 提高了 3.8%（见图 2-14）。对标德国工业 4.0，中国制造业总体水平处于由工业 2.0 向工业 3.0 过渡阶段。正如德国国家科学和工程院院长孔翰宁（Henning Kagermann）所称，德国目前仍有 60% 的企业没有听说过工业 4.0，预计到 2020 年德国才会有 10% 的企业实现工业 4.0，到 2025 年才会有 50% 的企业实现工业 4.0。可以说，德国工业 4.0 也还处于初始阶段，工业 4.0 的实现仍存在诸多障碍，还只能被称为一个"未来愿景"。相比于德国，虽然我国在高端制造工艺技术、生产自动化等方面与德国还有很大差距，但是在"新四基"、云服务等方面已取得了重要进展，部分企业在电子商务、企业间协同，尤其是在产业生态创新等互联网转型发展方面已经走在世界前列。

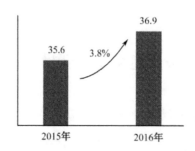

图 2-14   2015—2016 年中国制造信息化指数[4]

数据来源：基于中国两化融合服务平台（http://www.cspiii.com）七万余家企业两化融合评估数据计算。

（二）制造业信息化的效益随着集成范围扩大与阶段跃升呈指数增长

制造企业推进信息化是一个长期过程，在信息化建设前期往往需要较大的投入，在短期内难以获得明显的竞争力提升，但随着集成范围不断扩大，信息化的效益效能会逐步显现并持续扩大，在实现企业级集成以后，信息化价值体现会出现拐点，在实现产业链集成甚至形成产业生态系统后，信息化效益会出现跃升，呈现指数级增长（见图 2-15）。

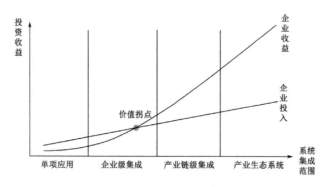

图 2-15   企业信息化收益与系统集成的数量呈指数增长的关系

资料来源：课题组绘制。

---

[4] 来源于中国信息化百人会与中国两化融合服务联盟联合发布的《中国制造业信息化指数》，中国制造信息化指数主要用于衡量和评估我国智能制造水平，分析信息化对加快"中国制造"提质增效、转型创新的影响和价值。

按照《GB/T23020—2013 工业企业信息化和工业化评估规范》，制造企业信息化和工业化融合（两化融合）发展水平从低到高可分为起步建设、单项覆盖、集成提升、创新突破四个阶段。从不同两化融合发展阶段企业的竞争力和经济社会效益的表现看，企业竞争力、经济社会效益与企业两化融合发展阶段具有较为明显的正相关性，并且在达到集成提升以上阶段后，企业的两化融合效益效能将实现台阶式跃升及跃升后的加速上扬（见图 2-16）。

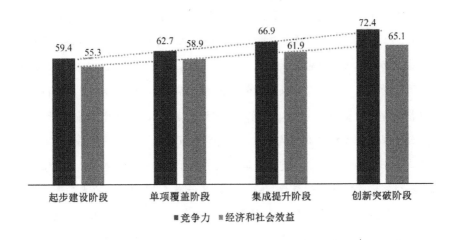

图 2-16　不同两化融合发展阶段企业的竞争力与经济社会效益情况

资料来源：基于中国两化融合服务平台（http://www.cspiii.com）七万余家企业两化融合评估数据计算。目前我国工业企业两化融合发展整体处于由单项覆盖向集成提升过渡阶段，超过 20%的大中型企业处于集成提升阶段，各行业龙头企业基本都意识到在流程优化基础上综合集成的重要性，开始加大投入力度，解决信息孤岛的问题。在处于单项覆盖阶段的企业中，53.2%的企业关键业务环节信息化已基本实现，为开展信息化环境下的业务集成运作提供了良好基础条件，这些企业将以信息化作为实现突破的途径，不断从单项覆盖阶段向集成提升阶段攀升。按照目前趋势发展，经过几年的努力，两化融合对我国企业核心竞争力和综合效益的突破性提升将集中爆发，企业将充分感受到两化融合带来的巨大成效，促进企业发展方式的根本性变革。

专栏 2-2　东磁集团两化融合助力企业效能提升

东磁集团是浙江省金华市最早开展信息化建设的企业之一，也是浙江省两化融合试点示范企业，公司始终坚持走以信息化带动工业化的发展道路。从1992年开始计算机在辅助企业管理方面的应用，先后建立了财务管理、销售、采购、仓储等系统。随着信息技术的逐步普及，持续扩大应用范围，在生产过程控制、产品设计、生产装备自动化等方面均取得了明显进展。在企业集成体系创建方面，已经从初期分散的、孤立的信息系统发展为当前以集团 ERP 系统为核心的较为完善的、集成化的企业管理信息平台。2015年，东磁集团重点大力推进智能制造建设，投入5000万元建设基本无人化的磁性材料生产车间，通过合理配置生产线设备生产能力、重新规划布局、重新调整产品结构，实现了专业化生产和智能制造，建立了工厂数字化管控体系。据测算，无人化生产车间及数字化管控体系建成后，共减少500名一线工人，每年节省人工开支3000万元，产品合格率提高12%，利润增加1000多万元。此外，从社会效益看，工作环境和劳动强度大幅改善，土地利用率显著提高，安全事故大幅减少，两化融合的综合效应得到了较好的发挥。

（三）研发设计环节数字化水平持续提升，推动研发技术手段创新及组织管理模式变革

研发设计处于产品生命周期的前端，很大程度上决定了产品性能、质量和成本，是增强企业自主创新能力的关键所在。信息通信技术持续融入企业的研发设计环节，加快了研发设计手段创新和研发设计流程优化，促进了数字化工具在产品设计、工艺设计等环节的普及应用，推动了研发设计与生产制造环节之间的数据互通、并行管理、协同优化和闭环改进，支持企业构建跨领域、协

同化、网络化创新研发平台，从而引导用户参与产品研发，实现研发设计从产品设计、工艺设计、生产制造的串行模式向并行模式转变，促使我国企业的创新研发能力不断加强。

2016 年，我国企业数字化研发设计工具普及率约为 61.8%，同比增长 1.1%，其中，医药行业数字化研发设计工具普及率增长最快，达 2.7%，研发能力较为落后的化工、建材等原材料行业增长显著，增速均为 2.3%（见图 2-17）。海尔集团、鲁泰纺织、亚普汽车等典型企业，通过研发设计手段创新和研发设计流程优化，培育形成了用户交互设计、协同设计、众包设计等多种研发设计新模式。

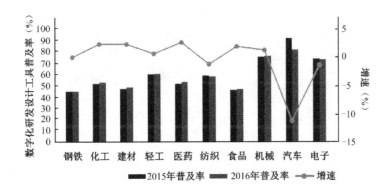

图 2-17　我国各重点行业数字化研发设计工具普及率

数据来源：基于中国两化融合服务平台（http://www.cspiii.com）七万余家企业两化融合评估数据计算。

（四）生产制造过程数字化水平稳步提升，进一步增强精细化生产管控能力

在生产制造领域，数字化生产设备在生产各工序环节的应用，以及SCADA、DCS、CAM、MES 等生产控制软件的普及推广，带动了中国企业生产数字化水平的持续提升，促进了企业生产管控流程逐渐优化和改善，以及生产组织方式不断创新。基于生产制造过程数字化，企业实现生产制造各层级的数据互联

与业务集成，开展生产计划与调度的全流程监控、在线优化和闭环动态管理，推动面向订单的物料、装置/设备、人员、能源等资源的柔性配置，强化生产成本、产品质量等的全流程精细化管控，覆盖产品全生命周期的网络制造、动态配置制造资源的柔性制造、产需无缝对接的服务型制造等先进生产组织模式蓬勃兴起，引领中国制造业构筑核心竞争能力。目前，我国生产控制类软件普及率为 15%左右，生产制造各层级的数字化水平相比 2015 年均有所提升，过程控制层和制造执行层的数字化普及率约为 30%，底层装备层和生产管理层的数字化普及率在 50%左右（见图 2-18）。

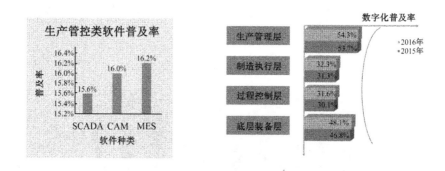

图 2-18　典型生产管控类软件普及率及生产管控各环节数字化情况

数据来源：基于中国两化融合服务平台（http://www.cspiii.com）七万余家企业两化融合评估数据计算。

（五）服务化转型步伐加快，面向客户需求的服务创新不断涌现

我国制造业长期以加工制造为主，处于价值链的中低端，加快从传统单一的制造环节向两端延伸、提高产品附加值是我国产业向高端发展的关键。因此，促进制造业从生产型制造向服务型制造转变、由单纯提供产品向提供全价值链服务转变是当前两化融合推进的重点之一，也是融合型信息经济发展的关键领域。

与传统制造模式相比，制造业服务化转型更强调企业通过网络协作关系构建，主动将用户引入产品研发设计、加工制造和应用服务等全生命周期的各个环节，主动发现用户需求并展开针对性服务。当前，制造业服务化转型主要体现在远程在线服务、产品全生命周期管理与服务、网络精准营销、个性化定制

四个方面[5]。作为在服务化转型方面探索最早成效也最为显著的离散行业中，其服务化转型实践相对集中在远程在线服务和产品全生命周期管控与服务方面。

2016 年开展远程在线服务、产品全生命周期管理与服务、网络精准营销、个性化定制的企业比例分别为 21.0%、13.6%、8.6%、5.4%，与 2015 年相比分别有不同程度提升，其中以远程在线服务涨幅最大，增长近 2 百分点（见图 2-19）。远程在线服务对装备行业带来的附加价值最为显著，其通过大力提升装备产品的智能化程度，在远程在线服务方面的探索和创新最为积极；汽车、机械等行业则大力发展产品全生命周期信息跟踪、反馈与追溯服务，推动实现产品正向可追踪、流程可管控、反向可追溯、实时定位可召回、相关责任可追究。

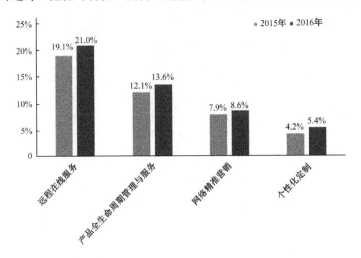

图 2-19　2016 年离散行业开展不同形式服务化转型的企业比例

数据来源：基于中国两化融合服务平台（http://www.cspiii.com）七万余家企业两化融合评估数据计算。

---

[5] 远程在线服务：指企业实现了对产品的远程监控，并开展备品备件、故障维修、维护保养或咨询改进等服务。

产品全生命周期管理与服务：指企业能够在产品全生命周期各阶段统一产品定义，并实现产品状态信息跟踪与反馈。

网络精准营销：指企业能够综合运用信息化手段实现客户价值和信用决策和产品盈利和市场趋势决策。

个性化定制：指企业能够根据用户需求自动形成并优化排产计划和物料计划，且实现覆盖研发设计、物料采购、生产制造等阶段的用户订单全过程跟踪。

随着近年来互联网的繁荣发展，以及制造业由 B2B 向 B2C 的转变，虽然目前开展精准营销与个性化定制的企业比例还比较低，但制造企业面向终端消费者的网络精准营销与个性化定制也取得了一定进展。一些消费品企业积极整合互联网资源进行营销模式创新，将移动互联网媒介产生的大量数据用于营销决策支撑，如青岛红领等企业推动企业研发生产组织模式变革，按照用户个性化需求开展精益、柔性、敏捷、协同闭环的生产与管理。制造企业服务化转型典型案例如表 2-1 所示。

表 2-1　制造业服务化转型典型案例

序号	企业名称	服务化转型活动	具体描述
1	中联重科	远程在线服务	打造产品远程运行监控和服务能力，利用智能化的产品，实现对产品运行状态信息的实时远程监控。通过监控数据的挖掘与分析，提供客户增值服务，帮助客户降低运营成本，从而实现对客户服务的持续改善
2	东方雨虹	产品全生命周期管理与服务	开发产品身份码系统、仓库管理系统等，对外包装进行防伪二维码的贴码、二维码值的喷码，追溯物流码的激光刻码，并将防伪码与追溯物流码进行关联，同时对相应职责进行调整，实现产品身份有效管理，并基于二维码数据的商务智能分析，为生产、决策提供依据
3	嘉士利食品	网络精准营销服务	基于自建电商平台，有效地实现产品 O2O 互动，及时采集消费者需求信息，通过商务智能技术，实现经销商、批发商和零售商的促销资源优化，达到高效的销售终端网点促销活动支持和管理
4	厦门金牌橱柜	个性化定制服务	基于原材料的多点信息采集和处理技术，敏捷供应链管理技术等方面的研究和积累，金牌橱柜突破了大规模定制家具信息流组织技术、产品定制生产流程控制装备技术和大规模定制产品生产信息采集监控技术，实现了产品个性化订单、生产、配送及现场装配等的全程信息化集成管理

资料来源：课题组基于企业案例整理。

（六）融合型信息经济催生新模式、新业态，推动制造业向高端化转型

随着信息通信技术与实体经济持续融合渗透，企业管理优化、组织变革、

商业模式创新的效益不断显现，工业云服务、大企业双创、企业互联网化以及智能制造已经成为当前企业转变发展方式、实现高端化创新发展的重点方向，新模式新业态不断涌现，正逐步成为制造业转型升级的新动能。

工业云服务不断创新。自2013年以来，国家和地方省市将发展工业云作为推动两化深度融合和"互联网+"的重要抓手，出台了一系列促进工业云发展的政策，为工业云发展营造了良好的政策环境。2016年，中国有33.5%的企业使用了云服务，其中使用公有云、私有云和混合云服务的企业比例分别为18.6%、13.0%和2.0%（见图2-20）。从分规模来看，大型企业应用云平台情况比中小微型企业更为普遍，2016年，47.9%的大型企业应用了云服务，比中型企业高出10.8个百分点，比小微型企业高出17.5个百分点。从公有云、私有云和混合云的选择来看，大型企业更倾向于自建私有云，比例为24.7%，高于应用公有云比例（18.1%），且已有5.1%的企业开始使用混合云；而中小微企业更倾向于应用公有云平台服务，但也有超过10%的中小微企业建立了私有云，主要是将私有云作为测试环境，公有云作为生产环境，提供稳定可靠的访问（见图2-21）。

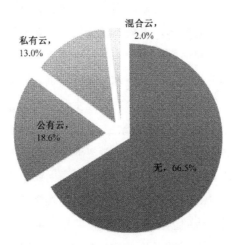

图2-20 2016年我国工业云平台应用率[6]

数据来源：基于中国两化融合服务平台（http://www.cspiii.com）七万余家企业两化融合评估数据计算。

---

[6] 工业云平台应用率：指应用了工业云平台的企业比例，包括公有云、私有云。其中，公有云指第三方服务商为企业提供的云资源及服务，私有云指企业专有并独立使用的云资源及服务，混合云指企业同时应用公有云和私有云服务。

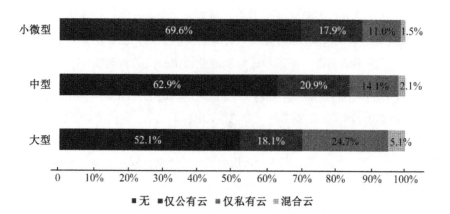

图 2-21　2016 年我国不同规模企业工业云使用情况

数据来源：基于中国两化融合服务平台（http://www.cspiii.com）七万余家企业两化融合评估数据计算。

大企业双创加速发展。"大众创业、万众创新"在我国已形成蓬勃发展之势，大企业纷纷凭借管理、技术、渠道、人才、资金、信息化等优势，通过深化工业云、工业大数据等技术的集成应用，建立基于互联网的创业孵化平台、协同创新平台、网络众包平台和投融资等"双创"平台，为中小企业和企业内员工提供创业孵化、专业咨询、人才培训、检验检测、投融资等服务，在推动大企业焕发增长新活力同时，逐步营造资源富集、创新活跃、高效协同的"双创"新生态。如宝钢探索建立了"欧冶云商"产业链创新模式，通过搭建欧冶电商、欧冶物流和欧冶金融等业务平台，重构全流程业务每一个环节，带动产业链上相关企业协同创新，形成钢铁生产企业、钢铁贸易公司、物流加工服务商、钢材用户等多方主体共生共赢的产业生态。从双创运行模式看，搭建并运营协同创新平台是当前我国大企业开展"双创"的典型形式，2016 年我国大企业搭建并运营协同创新平台的企业比例为 47.0%，较2015 年增长 2.4 个百分点（见图 2-22）。

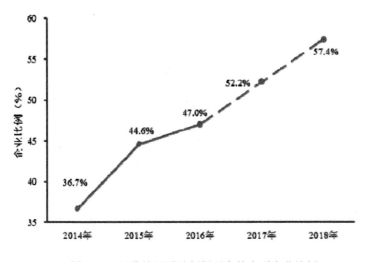

图 2-22　运营协同设计创新平台的大型企业比例

数据来源：基于中国两化融合服务平台（http://www.cspiii.com）七万余家企业两化融合评估数据计算。

面向互联网转型蓄势待发。互联网在企业生产要素配置优化作用不断加强，在对企业的商业模式、营销模式、服务模式等外在形态进行重构的基础上，进一步驱动企业管理模式、研发模式、运作模式等内在形态的重构。企业互联网化转型是指在网络化环境下，企业以既有业务为基础，变革企业理念、习惯、制度和文化，构建信息网络时代的新机制，充分挖掘数据要素的驱动作用，优化业务流程和组织结构，实现以用户为中心的商业模式和柔性的网络化协同管理的创新变革过程。企业互联网化程度与发展水平，可从数据应用、用户参与、组织创新和企业互联四个关键特征进行分析，总体上用企业互联网化指数来表征，企业互联网化指标的指标体系如图 2-23 所示。2016 年，我国互联网化指数为 32.7，较 2015 年增长 7.5%。随着近年来企业经营数据的大量积累、对数据资产管理重视程度的不断加深以及在企业互联方面的持续探索，我国企业互联网化转型在数据应用以及企业互联方面的得分相对较高（分别为 38.7 分和 35.8 分）（见图 2-24），但由于长期以来我国制造企业远离终端客户、组织刚性较强等原因，当前用户参与和组织创新的得分相对较低，是未来我国企业互联网化转型的突破重点。

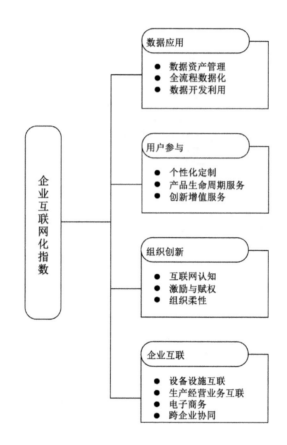

图 2-23　企业互联网化指数的指标体系

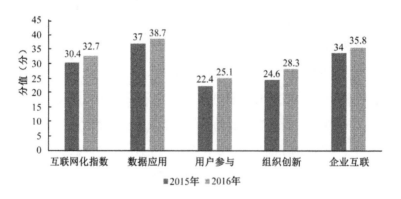

图 2-24　2015—2016 年企业互联网化指数及一级指标得分

数据来源：基于中国两化融合服务平台（http://www.cspiii.com）七万余家企业两化融合评估数据计算。

智能制造蓬勃发展。企业要系统、有效地推进智能制造，较高的装备数控化程度、基本实现综合集成是最初级条件，以此为基础提出"智能制造就绪率"（见图 2-25），以间接表征我国初步具备探索智能制造条件的企业比例。据此测算，2016 年我国智能制造就绪率为 5.1%，较 2015 年增长 0.7 百分点。从不同行业智能制造就绪率来看，电子行业智能制造就绪率最高达 8.5%；汽车、石化、医药行业的智能制造就绪率略高于全国平均水平；相比 2015 年，汽车行业智能制造就绪率涨幅最为显著，达到 2.5 百分点（见图 2-26）。随着我国智能制造基础不断夯实，具备智能制造基础和经验的企业逐步涌现，以鲁泰纺织、上海外高桥、三一集团、南京钢铁为代表的一批制造业企业开始探索开展智能化定制研发、智能化生产管控、智能决策、智能化增值服务等智能制造创新活动。

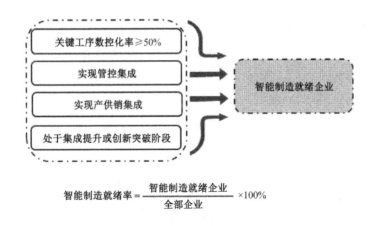

图 2-25　智能制造就绪率测算说明

数据来源：基于中国两化融合服务平台（http://www.cspiii.com）七万余家企业两化融合评估数据计算。

尽管我国信息经济在整体规模和发展速度等方面已经建立起一定的优势，信息经济在加快产业提质增效、转型升级发展等方面的作用日益凸显，但我国信息经济发展仍面临诸多挑战。一是意识能力建设不足。产业界对发展信息经济推动转型升级的必要性、紧迫性、复杂性认识不足，对信息经济发展的路径、模式、趋势认识不清，信息经济在推动更广泛领域发展变革方面的潜力尚未充分挖掘。二是两化融合面临"综合集成"困境。仅有 17.8%的企业处于两化融合集成提升及以上阶段，融合发展面临智能装备集成薄弱、流程管理缺失、组织机构僵化、数据开发应用能力不足等挑战，尤其是缺乏本土有实力的行业整体解决方案提供商，影响了企业转型升级的积极性、主动性和信心，制约了信息经济尤其是融合型信息经济的发展。三是基础技术产业薄弱。关键器件长期依赖进口，核心技术受制于人，自动控制与感知关键技术、核心工业软硬件、工业互联网、工业云与智能服务平台等新型基础设施技术产业支撑能力不足，正成为制约我国信息经济发展的新瓶颈。四是平台支撑能力不足。平台化是互联网时代产业组织的有效方式，也是发展信息经济的重要途径。当前，众多企业对平台建设的复杂性认识不足，对平台建设的规律认识不清，基于互联网的"双创"平台、工业云和智能服务平台等在汇聚整合各类要素资源，带动技术产品、生产制造、组织管理、经营机制创新的潜力远没有发挥出来。五是核心标准匮乏。支撑控制感知、工业软硬件、信息物理系统（CPS）、智能工厂、智能制造、产品全生命周期管理的体系架构、接口规范、数据表示、通信协议等基础关键标准缺少国际话语权，我国核心技术、产品和装备做大做强面临标准缺失而受制于人的严峻挑战。

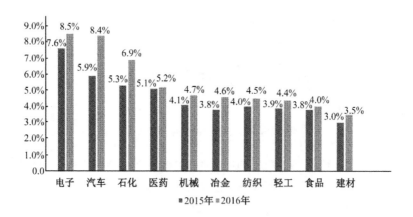

图 2-26　2015—2016 年不同行业智能制造就绪率

数据来源：基于中国两化融合服务平台（http://www.cspiii.com）七万余家企业两化融合评估数据计算。

第三章

省域信息经济发展态势

中国各省信息经济的发展由于战略导向、经济基础、产业结构、资源禀赋等不同而表现出明显的梯级分布特征，信息经济发展地区集聚效应显著，信息经济规模、增速、占比在稳步提升中呈现明显的区域差异。各省基础型信息经济平稳发展，融合型信息经济突飞猛进，新生型信息经济快速成长，信息经济结构与其产业构成呈现明显的正相关性。创新要素驱动型省份信息经济保持领先，投入要素驱动型省份信息经济增速加快，综合要素驱动型省份信息经济加速赶超。

一、省域信息经济发展情况

2015 年，中国各省信息经济的良好发展势头更加强劲，各省信息经济高速增长，占 GDP 的比重明显提升，基础型信息经济稳步推进，融合型信息经济的增长引擎作用进一步凸显，新生型信息经济蓬勃发展。

（一）信息经济规模区域差异明显

2015 年，中国各省、直辖市、自治区信息经济规模稳步增长，但省际间差距有扩大趋势，各省、直辖市、自治区信息经济规模呈现自东向西逐级递减的梯级分布特征，短期内各省、直辖市、自治区在梯队间和梯队内排名有小幅调整。

2015 年各省、直辖市、自治区信息经济总体规模从高到低依次为：广东、江苏、山东、浙江、上海、北京、福建、辽宁、湖北、重庆、四川、河北、天津、河南、江西、湖南、吉林、陕西、黑龙江、云南、贵州、广西、安徽、内蒙古、新疆、山西、甘肃、宁夏、青海[1]。2008 年和 2015 年各省、直辖市、自治区信息经济总体规模情况如图 3-1 所示。

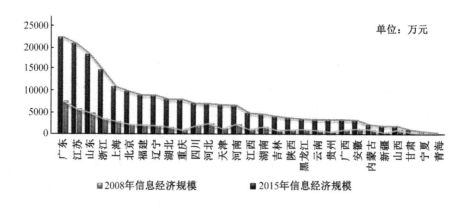

图 3-1　2008 年和 2015 年各省、直辖市、自治区信息经济总体规模

数据来源：课题组测算。

各省、直辖市、自治区信息经济规模稳步增长，但省际间差距有扩大趋势。2015 年，广东、江苏两个省份信息经济规模已超过 2 亿元，分别为 2.24 亿元和 2.10 亿元，山东、浙江、上海信息经济规模超过 1 亿元。与 2008 年相比，各省信息经济规模均呈现不同程度的增长，其中增长幅度最大的 5 个省份分别为江苏、广东、山东、浙江、上海，增长幅度最小的 5 个省份分别为内蒙古、山西、

---

[1] 鉴于数据可靠性及可获取性，本报告测算不包括海南、西藏及港澳台地区，全书同。

甘肃、宁夏和青海。但省际间信息经济规模差距在拉大,排名第1位的省份与排名第29位的省份信息经济规模差距已由2008年的7503万元扩大到2015年的21962万元。

各省、直辖市、自治区信息经济规模梯级分布特征明显。各省、直辖市、自治区信息经济规模是省域信息经济活动的总和,反映了该省以信息通信技术产业(ICT)为内核,ICT制造、服务与集成的总量。按照2015年各省、直辖市、自治区信息经济规模大小,可将全国划分为四个梯队:第一梯队包括广东、江苏、山东、浙江、上海5个省、直辖市,信息经济规模均在10000亿元以上;第二梯队包括北京、福建、辽宁、湖北、重庆、四川、河北、天津、河南9个省、直辖市,信息经济规模在6000亿元至10000亿元之间;第三梯队包括江西、湖南、吉林、陕西、黑龙江、云南、贵州、广西、安徽、内蒙古10个省份,信息经济规模在2000亿~6000亿元;第四梯队包括新疆、山西、甘肃、宁夏、青海5个省份,信息经济规模在2000亿元以下(见图3-2)。

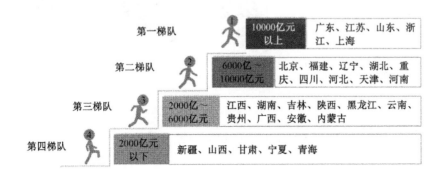

图3-2　各省、直辖市、自治区信息经济规模梯队分布

资料来源:课题组绘制。

各省、直辖市、自治区信息经济规模呈现出自东向西逐级递减趋势。第一梯队省份集中在东部沿海,广东、江苏、山东、浙江、上海等地不仅是信息通信技术产业大省,也是传统产业发达的强省,以信息资本投入传统产业而带来

的增长份额也较大；第二梯队集中在东部和中部省份，北京、福建、辽宁、湖北、四川、天津等地 ICT 产业规模较大，重庆、河北、河南等地虽不是 ICT 产业大省，但传统产业发展聚集，使得信息经济总量跻身于第二梯队；第三梯队散布于中部、东北和西南地区；第四梯队省份主要集中于西北地区（见图 3-3）。

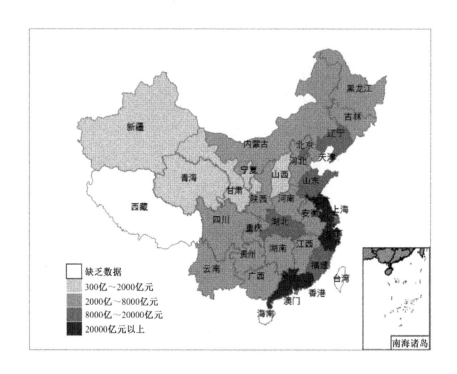

图 3-3　2015 年信息经济规模地域分布

数据来源：课题组测算。

短期内各省、直辖市、自治区在梯队间和梯队内有小幅调整。首先，各梯队之间的信息经济规模差距相对较大，同一梯队内信息经济规模差距相对较小。2015 年，上海与北京、河南与江西、内蒙古与新疆分别是四个梯队的"分水岭"省份，后一梯队第一名与前一梯队最后一名信息经济规模的差距分别达到1123.98 亿元、1814.94 亿元和 167.64 亿元；其次，2014—2015 年各省、直辖市、自治区信息经济规模全国排名在所属梯队间和梯队内都有小幅调整。与 2014

年相比，2015 年上海由第二梯队跃升至第一梯队，重庆、天津由第三梯队跃升至第二梯队，山西由第三梯队降至第四梯队。2015 年各省、直辖市、自治区信息经济规模及相比于 2008 年排名变化如图 3-4 所示。

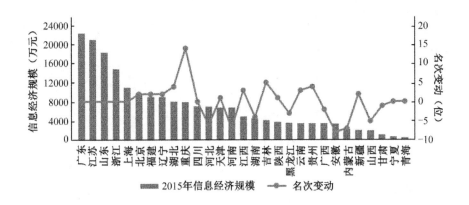

图 3-4   2015 年各省、直辖市、自治区信息经济规模及相比于 2008 年排名变化

数据来源：课题组测算。

（二）信息经济呈现持续快速增长态势

各省、直辖市、自治区信息经济保持良好增长态势，2008—2015 年，增速显著提升和严重放缓的省份并存，领先地区更具备可持续增长动力。

2015 年各省、直辖市、自治区信息经济增速由高到低依次为：贵州、黑龙江、天津、吉林、新疆、辽宁、宁夏、上海、江西、山西、云南、广东、广西、江苏、湖南、湖北、浙江、北京、内蒙古、福建、四川、山东、重庆、陕西、青海、河北、安徽、河南、甘肃。2008 年和 2015 年各省、直辖市、自治区信息经济增速如图 3-5 所示。

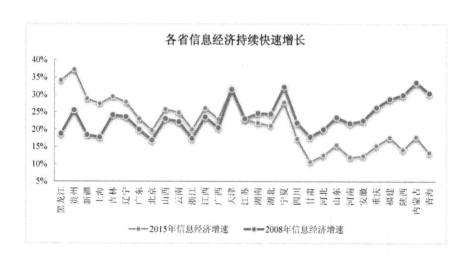

图 3-5　2008 年和 2015 年各省、直辖市、自治区信息经济增速

数据来源：课题组测算。

信息经济规模增速显著提升和严重放缓的省份并存。2008—2015 年，东部地区大部分省份信息经济加速增长，中西部地区呈现明显的两极分化态势。从 2015 年信息经济增速较 2008 年提升前五名与放缓前五名省份的对比情况来看，黑龙江、上海、吉林等发达地区信息经济增速提升明显；中西部地区既有像贵州、新疆这样信息经济进步较大的省份，也有像内蒙古、陕西、青海等增速出现严重放缓的省份（见图 3-6 和图 3-7）。

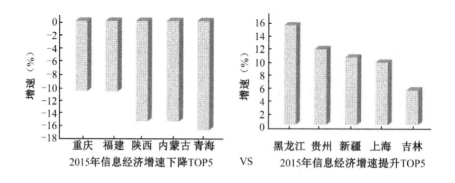

图 3-6　各省、直辖市、自治区信息经济增速提升/下降 TOP5 对比

数据来源：课题组测算。

　　领先地区信息经济继续保持良好增长态势，信息经济具备可持续增长动力。 2015 年，天津、上海、广东、江苏等发达地区信息经济增速仍高于全国平均水平，在规模、占比、增速方面均引领全国发展。随着信息技术，特别是互联网在各个行业的深度融合渗透，领先地区的信息经济新模式、新业态不断创新，新市场、新空间不断拓展。一方面，领先地区互联网金融异军突起，电子商务快速成长，智能汽车、可穿戴设备等智能产品层出不穷，以互联网为载体、线上线下互动的新兴消费蓬勃发展。另一方面，领先地区融合创新正在沿着产业链下游的消费品行业向中游装备及上游原材料行业不断延伸，催生出众包研发、柔性生产、智能制造等新型生产模式。

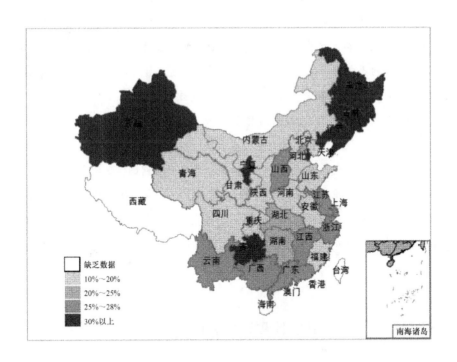

图 3-7　2015 年各省、直辖市、自治区信息经济增速地域分布

数据来源：课题组测算。

专栏 3-1　信息经济——浙江经济新动能

在经济进入新常态背景下，2015 年浙江经济保持良好发展态势，信息经济发挥了核心作用，并逐渐成为浙江经济转型升级的新动能。一是信息经济新业态新模式不断涌现。网络消费和网络服务激发巨大消费需求，促进了服务业的社会化分工重组，催生出网络购物、网络游戏、在线租车等大批新兴行业和新兴业态，金融、交通、医疗、教育等行业都在被互联网化。据统计，2015 年 1～9 月浙江网络零售额 4721 亿元，同比增长 46%；居民网络消费 2560 亿元，同比增长 34%。二是传统产业呈现转型升级新景象。"互联网+"制造势头良好，"互联网+"推动传统生产制造模式变革，在制造业研发设计、流程优化、物流配送等方面起到重要的引领带动作用。如雅戈尔集团放弃了以销量取胜的思路，把互联网思维运用在生产、物流和销售端，通过智能化生产和 O2O 营销，实现"不增加土地、不增加能耗，也能增加效益"，2016 年上半年服装板块实现营业收入同比降低 1%，但利润增长 22%；"瓦栏网"在线上集聚 2500 多家工作室和 6 万名设计师，已成为全国最大的纺织面料花型在线设计交易平台。三是信息经济创业创新生态系统雏形初显。基于互联网的"众创空间"以促进创业创新为方向，推动要素资源聚集、开放和共享，在浙江已经呈现出勃勃生机。如云栖小镇积极构建"创新牧场—产业黑土—科技蓝天"的创新生态圈，引进了各类企业 274 家，已初步形成较为完善的云计算产业生态。

（三）信息经济占 GDP 比重明显提升

各省、直辖市、自治区信息经济占 GDP 的比重有不同程度提升，1996—2015 年，各省、直辖市、自治区信息经济占比排名出现较大变化，东部省份实现跨越式赶超。未来，信息经济可成为缩小区域宏观经济发展差距的利器，有助于减弱中国非均衡发展模式带来的不利影响，开辟新的发展模式。

2015 年各省、直辖市、自治区信息经济占 GDP 比重由高到低依次为：上海、北京、浙江、广东、天津、福建、江苏、山东、湖南、重庆、四川、湖北、贵州、吉林、辽宁、河北、河南、安徽、江西、广西、宁夏、新疆、黑龙江、陕西、云南、青海、山西、内蒙古、甘肃。2008 年和 2015 年各省、直辖市、自治区信息经济占 GDP 比重及占比变动情况如图 3-8 所示。

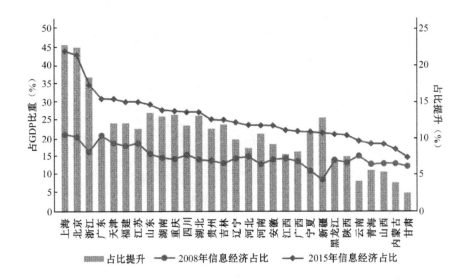

图 3-8 2008 年和 2015 年各省、直辖市、自治区信息经济占 GDP 比重及占比变动

数据来源：课题组测算。

省际信息经济 GDP 占比阶梯分布特征明显。从 2015 年各省、直辖市、自治区信息经济占 GDP 比重梯级分布情况来看，上海、北京信息经济占 GDP 比重已超过 40%，分别为 43.8% 和 42.7%，另有浙江、广东、天津信息经济占 GDP 比重也超过 30%，云南、青海、山西、内蒙古、甘肃等少数西部省份信息经济的 GDP 占比低于 20%，其余大部分省份信息经济占比在 20%～30%。较 2008 年，各省、直辖市、自治区信息经济占 GDP 比重有不同程度的提升，其中提升幅度最大的 5 个省份分别为上海、北京、浙江、山东和重庆，提升幅度最小的 5 个省份分别为青海、山西、云南、内蒙古和甘肃。2015 年各省、直辖市、自

治区信息经济占 GDP 比重地域分布如图 3-9 所示。

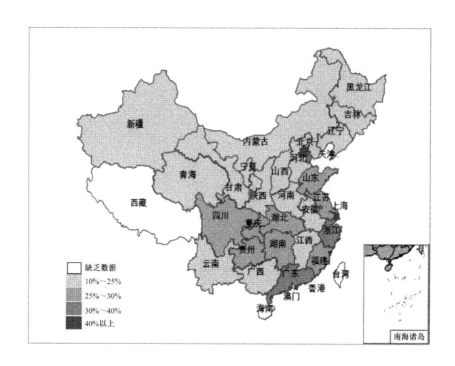

图 3-9　2015 年各省、直辖市、自治区信息经济占 GDP 比重地域分布

数据来源：课题组测算。

各省、直辖市、自治区信息经济 GDP 占比排名在 19 年间发生颠覆性转变。1996—2015 年，各省、直辖市、自治区排名出现较大变化。1996 年各省、直辖市、自治区信息经济占 GDP 比重较大的省份集中于中西部地区，东部地区则占比偏低。但东部地区信息经济的 GDP 占比增长迅速，1996 年上海、北京、广东、江苏等省、直辖市信息经济占 GDP 比重处于倒数 5 名，而 2015 年这些东部省份均已跃升为前 10 名；中西部地区信息经济占比则增长缓慢，如甘肃从 1996 年的第 3 名跌落至 2015 年的最后 1 名，内蒙古在 19 年间信息经济的 GDP 占比仅增长了 9.2%（见图 3-10～图 3-12）。

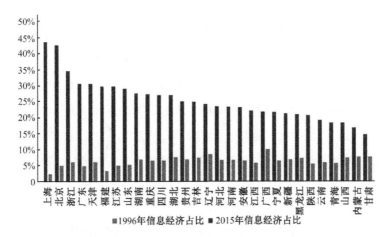

图 3-10　1996 年和 2015 年各省、直辖市、自治区信息经济占 GDP 比重

数据来源：课题组测算。

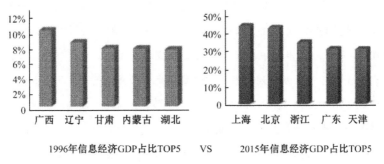

1996年信息经济GDP占比TOP5　　VS　　2015年信息经济GDP占比TOP5

图 3-11　1996 年和 2015 年各省、直辖市、自治区信息经济 GDP 占比 TOP5 对比

数据来源：课题组测算。

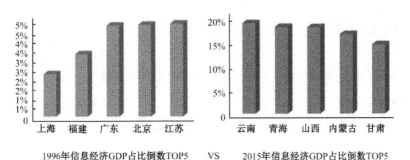

1996年信息经济GDP占比倒数TOP5　　VS　　2015年信息经济GDP占比倒数TOP5

图 3-12　1996 年和 2015 年各省、直辖市、自治区信息经济 GDP 占比倒数 TOP5 对比

数据来源：课题组测算。

信息经济缩小区域宏观经济发展差距。从省份信息经济占 GDP 比重与增速分布来看，2015 年信息经济增速最快的 5 个省、直辖市（贵州、黑龙江、天津、吉林、新疆）中，除天津外的四个省份信息经济占 GDP 比重均低于全国平均水平。根据初步测算，中国中西部地区信息经济占 GDP 比重与增速之间的相关系数为 -0.81，说明对于这两个地区而言，信息经济占比较低则增速更快。信息经济有助于减弱中国非均衡发展模式带来的不利影响，开辟新的发展模式。

专栏 3-2　信息经济发展可以成为一个落后省份的追赶新路径

2015 年，贵州省 GDP 达到 10502 亿元，同比增长 10.7%，增速位居全国第 2 位，且连续 5 年居全国前 3 位，但经济总量仍在全国排名靠后。长期以粗放的资源开采为主，缺乏现代工业结构，是贵州经济难以快速增长的主要原因。在 2012 年的云计算浪潮中，贵州凭借高海拔、低气温、低能耗成本等优势脱颖而出，成为与内蒙古并列的数据中心集群地。三大运营商投资 150 亿元在贵州建设数据中心基地。2013 年，贵阳开始借鉴中关村的发展经验，发展大数据产业。如今，大数据产业被贵州视为经济追赶的重要砝码。根据贵州省规划，到 2020 年，贵州大数据产值规模达到 2000 亿元，相关产业产值达 4500 亿元。

（四）基础型信息经济平稳发展

基础型信息经济主要受制于各省的经济基础与产业结构，总体来看，各省基础型信息经济平稳增长，但省际间差距较大，广东、江苏等东部省份基础型信息经济持续领先，中西部地区仍有很多省份基础型信息经济接近空白。

2015 年各省、直辖市、自治区基础型信息经济规模排名自高到低依次为：广东、江苏、山东、北京、上海、浙江、四川、辽宁、福建、湖北、河南、天津、重庆、安徽、湖南、陕西、广西、河北、江西、吉林、山西、贵州、黑龙江、云南、新疆、内蒙古、甘肃、宁夏、青海。2008 年和 2015 年部分省、直辖市、自治区基础型信息经济规模如图 3-13 所示。

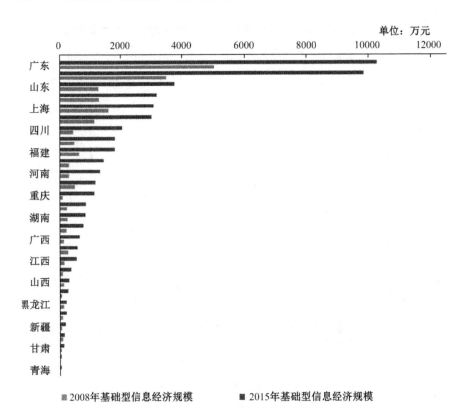

图 3-13　2008 年与 2015 年部分省、直辖市、自治区基础型信息经济规模

数据来源：课题组测算。

　　2008—2015 年，约一半的省份基础型信息经济规模实现大发展。从基础型信息经济规模绝对增长量来看，江苏提升幅度最大，增加 6383 亿元，广东第 2 名，提升 5255 亿元，山东位列第 3 名，提升 2483 亿元。北京、浙江、四川、上海、辽宁、福建、湖北、河南、重庆 9 个省、直辖市提升幅度则均在 1000 亿元以上。从基础型信息经济规模相对增长量来看，重庆增长最快，为 2008

年的9.47倍，广西、湖北、四川、河南4个省、自治区基础型信息经济规模增长较快，实现翻两番（增长量分别为2008年规模的3.93倍、3.70倍、3.57倍、3.42倍）。绝对增长量或相对增长量较大的省份约占全国省份的一半。

2008—2015年，部分省、直辖市基础型信息经济规模排名变化明显。重庆市基础型信息经济排名显著上升（较2008年上升9位），四川、贵州两省基础型信息经济排名上升明显（均上升3位）；河北省基础型信息经济排名显著下降（较2008年下降5位），天津、黑龙江两个省市基础型信息经济排名下降较为明显（均下降4位）（见图3-14）。

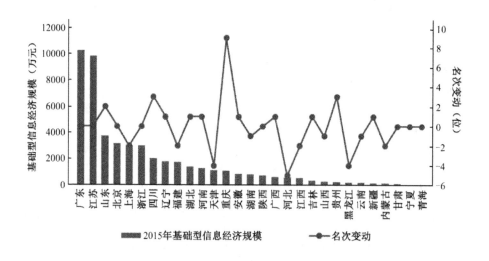

图3-14 2015年各省、直辖市、自治区基础型信息经济规模及与2008年相比排名变化

数据来源：课题组测算。

基础型信息经济集中度较高，各省、直辖市、自治区基础型信息经济规模分布呈现"金字塔"结构。2015年，各省、直辖市、自治区基础型信息经济规模可分为四个梯队，省市数量最多的第四梯队省份基础型信息经济接近空白，基础型信息经济规模排名靠前的省份大部分集中于东部沿海、环渤海以及西部地区。位于第一梯队的广东省和江苏省基础型信息经济规模"一骑

绝尘"，均达到 8000 亿元以上，仅这两省的规模总和就占全国总和的 40.31%。第二梯队为山东、北京、上海、浙江、四川 5 个省、直辖市，其基础型信息经济规模均在 2000 亿～4000 亿元，5 个省、直辖市规模总和约占全国规模总和的 30.03%。第三梯队为辽宁、福建、湖北、河南、天津、重庆 6 个省、直辖市，其基础型信息经济规模均在 1000 亿～2000 亿元，6 个省、直辖市规模总和约占全国规模总和的 17.25%。安徽、湖南、山西等剩余的 16 个省、直辖市地区处于第四梯队，其基础信息经济规模均在 1000 亿元以下，这 16 个省、直辖市地区规模总和仅占全国规模总和的 12.42%（见图 3-15）。

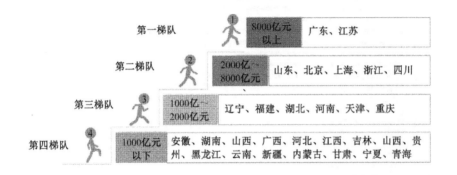

图 3-15　2015 年各省、直辖市、自治区基础型信息经济规模梯队分布

资料来源：课题组绘制。

（五）融合型信息经济突飞猛进

2015 年，各省、直辖市、自治区融合型信息经济规模从东部到西部逐渐下降，排名靠前的省份大部分集中于东部沿海、环渤海以及中部地区。2008—2015 年，山东、广东、浙江、江苏、上海、重庆等省份融合型信息经济增长幅度最大，也成为这些省份信息经济总体规模排名跃升的主要推动力。

2015 年，各省、直辖市、自治区融合型信息经济规模排名从高到低依次为：

山东、广东、浙江、江苏、上海、福建、辽宁、重庆、北京、湖北、河北、天津、河南、四川、江西、吉林、湖南、黑龙江、云南、贵州、陕西、广西、安徽、内蒙古、新疆、山西、甘肃、宁夏、青海。2008 年和 2015 年各省、直辖市、自治区融合型信息经济规模如图 3-16 所示。

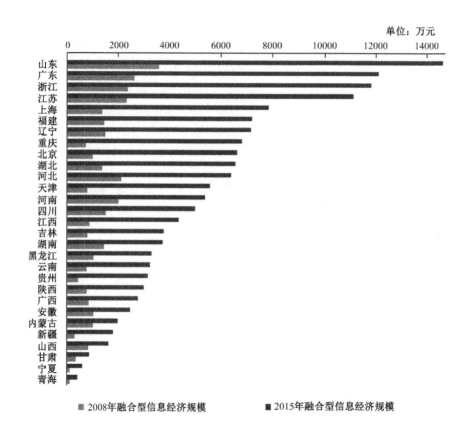

图 3-16　2008 年与 2015 年各省、直辖市、自治区融合型信息经济规模

数据来源：课题组测算。

2008—2015 年，各省、直辖市、自治区融合型信息经济规模均有不同程度的增长。从融合型信息经济规模绝对增长量来看，山东提升幅度最大（增长 11063.9 亿元），广东、浙江、江苏、上海、重庆 5 个省、直辖市提升幅度均在 6000 亿~10000 亿元（分别为 9519.2 亿元、9468.2 亿元、8815.6 亿元、6514.4

亿元、6125.3 亿元），福建、辽宁、北京、湖北 4 个省、直辖市提升幅度则均在 5000 亿元以上（分别为 5792.8 亿元、5696.7 亿元、5670.3 亿元、5239.7 亿元）；从融合型信息经济规模相对增长量来看，重庆增长最快，为 2008 年的 8.54 倍，贵州、天津、北京、新疆、上海、宁夏等 17 个省、直辖市则增长较快，2008—2015 年，融合型信息经济规模均实现了翻两番以上。

2008—2015 年，部分省、直辖市融合型信息经济规模排名变化明显。重庆、天津、北京、上海、贵州 5 个省、直辖市排名显著上升，较 2008 年分别上升 16 位、9 位、7 位、6 位、5 位。内蒙古、安徽、湖南、山西、四川、河南、河北、黑龙江 8 个省、直辖市、自治区融合型信息经济排名下降较为显著，较 2008 年分别下降 9 位、9 位、8 位、7 位、7 位、7 位、6 位、5 位（见图 3-17）。

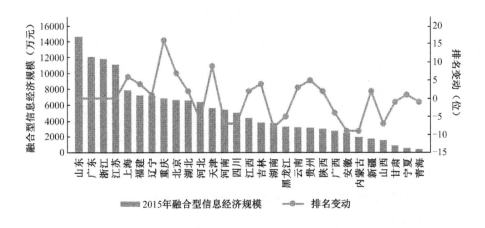

图 3-17   2015 年各省、直辖市、自治区融合型信息经济规模及与 2008 年相比排名变化

数据来源：课题组测算。

各省、直辖市、自治区融合型信息经济规模地域分布呈现明显差异，按规模大小可分为四个梯队。2015 年，各省、直辖市、自治区融合型信息经济规模从东部到西部逐渐下降，排名靠前的省份大部分集中于东部沿海、环渤海以及中部地区。第一梯队包括山东、广东、浙江、江苏 4 个省、直辖市，均位于东部沿海地区，其融合型信息经济规模均达到 8000 亿元以上，4 个省规模总和约

占全国规模总和的32.78%。第二梯队包括上海、福建、辽宁、重庆、北京、湖北、河北、天津、河南、四川、江西11个省、直辖市,其融合型信息经济规模均在4000亿元以上,11个省、直辖市规模总和约占全国规模总和的45.59%。第三梯队包括吉林、湖南、黑龙江、云南、贵州、陕西、广西、安徽、内蒙古9个省份,其融合型信息经济规模均在2000亿~4000亿元,9个省、直辖市规模总和约占全国规模总和的18.15%。第四梯队包括新疆、山西、甘肃、宁夏、青海5个省份,其基础型信息经济规模均在2000亿元以下,5个省份地区规模总和占全国规模总和的3.48%(见图3-18)。

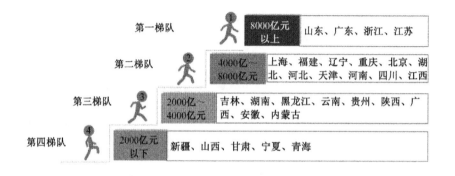

图3-18 2015年各省、直辖市、自治区融合型信息经济规模梯队分布

资料来源:课题组绘制。

各省信息经济结构与其产业构成存在明显正相关性。以山东、广东、浙江、江苏为代表的东部沿海地区经济大省呈现了基础型信息经济排名与融合型信息经济排名双高现象。以河北、河南、湖南为代表的重工业大省,传统产业占比较大,在传统产业转型升级过程中,融合型信息经济蓬勃发展,排名也跻身全国前列。北京市制造业占GDP比重相对较小,且随着近年来非首都功能迁出,其融合型信息经济规模在全国并不靠前。

（六）新生型信息经济快速成长

电子商务是新生型信息经济的典型代表，2015 年各省、直辖市、自治区电子商务发展指数总体排名较为稳定，广东、浙江、北京等省、直辖市具有明显优势，甘肃、青海、新疆等省、直辖市、自治区存在很大提升空间。电子商务发展指数区域分布东高西低态势明显，发展水平高的省份均分布在东南沿海地区，中西部地区发展水平较低。

2015 年各省、直辖市、自治区新生型信息经济[2]排名从高到低依次为：广东、浙江、北京、上海、江苏、四川、福建、山东、陕西、安徽、湖北、河北、天津、重庆、辽宁、河南、江西、贵州、山西、湖南、广西、黑龙江、云南、吉林、宁夏、内蒙古、新疆、青海、甘肃。2014 年和 2015 年各省、直辖市、自治区新生型信息经济发展情况如图 3-19 所示。

2015 年各省、直辖市、自治区电子商务发展指数总体排名较为稳定。广东、浙江、北京、上海、江苏 5 个省、直辖市电子商务发展指数高于 40，具有明显优势，是中国电子商务发展的先导省市。吉林、宁夏、内蒙古、新疆、青海、甘肃 6 个省份电子商务发展指数在 10 以下，存在很大的提升空间。与 2014 年相比，2015 年排名总体稳定，29 个省份中 12 个省份排名变化不大（升降 2 名以内），且排名前 5 名的省份没有变化。排名上升较快的省份（上升名次高于 5 名）包括贵州、陕西、江西、广西、黑龙江，排名下降较快的省市（下降名次超过 5 名）包括吉林、甘肃、新疆、天津、山西、湖南。

---

[2] 电子商务是新生型经济的重要代表，本报告利用各省电子商务发展指数反映各省新生型信息经济发展情况，数据来源：清华大学《中国电子商务发展指数报告（2014—2015）》。

电子商务发展指数

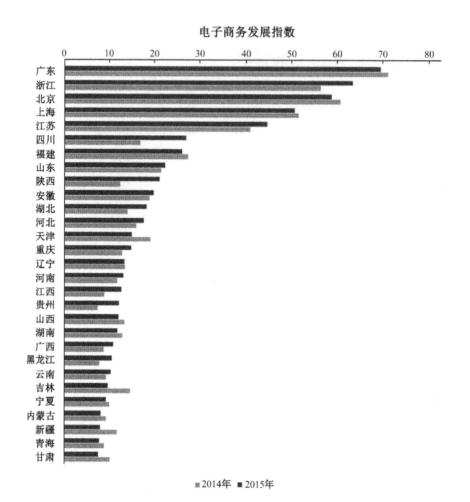

图 3-19　2014 年和 2015 年各省、直辖市、自治区新生型信息经济发展情况

数据来源：清华大学《中国电子商务发展指数报告（2014—2015）》。

　　各省、直辖市、自治区电子商务发展梯队差距显著。广东、浙江、北京、上海 4 个省、直辖市的电子商务水平明显高于其他省、直辖市、自治区，电子商务发展指数均在 50 以上，广东、浙江两省的指数甚至分别达到 69.67 和 63.55。江苏、四川、福建、山东、陕西、安徽 6 个省份电子商务水平较高，电子商务发展指数均在 20 以上，与其余的省份有明显的差距，位于第二梯队。湖北、河北、天津、重庆、辽宁、河南、江西、贵州、山西、湖南、广西、黑龙江、云南 13 个省、直辖市、自治区电子商务发展水平均在伯仲之间，电子商务发展指数都在 10~20。吉林、宁夏、内蒙古、新疆、青海、甘肃 6 个省、自治区电子商务发展指数低于 10，位于第四梯队（见图 3-20）。

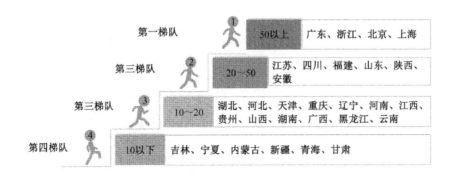

图 3-20　2015 年各省、直辖市、自治区新生型信息经济规模梯队分布

数据来源：课题组根据清华大学《中国电子商务发展指数报告（2014—2015）》绘制。

全国电子商务发展呈明显的"东高西低"态势。电子商务发展指数高的省份均分布在东南沿海地区，浙江省围绕阿里巴巴聚集了一大批网络零售服务商，网络零售交易额较高，广东、江苏等省份传统产业基础好，信息化程度高，企业间电子商务快速发展，涌现出中国制造网、欧浦钢网、康美医药网等一大批工业行业电子商务平台。而广大的中西部省份，电子商务发展水平较为接近，均处于较低水平。

二、省域信息经济驱动要素及基本特征

区域信息经济的快速增长直接来源于基础型和融合型信息经济的增长，表现为信息产品和信息服务的生产和供给，以及信息通信技术与传统产业融合所带来的产出规模的增长。因此，信息经济的增长方式也区分为主要依靠要素投入实现的粗放式增长和主要依靠技术进步实现的集约式增长。本书为研究不同地区信息经济的增长方式，从资本投入驱动、人力资本驱动、信息基础设施驱动、ICT 相关产业驱动、应用市场驱动以及 ICT 技术驱动 6 个维度，共选取 20

个具有代表性的指标，进行 R—Q 因子分析，探索驱动各地区信息经济增长的要素（见图 3-21）。

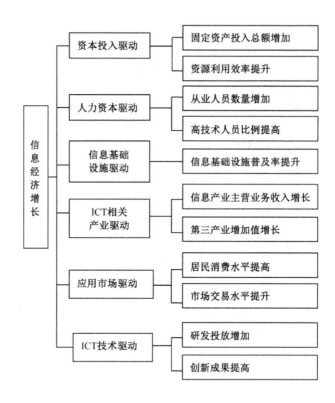

图 3-21　信息经济驱动要素评价指标体系

资料来源：课题组绘制。

根据各省、直辖市、自治区在 6 个维度的表现，将在 ICT 技术驱动指标、人力资本驱动指标、应用市场驱动指标方面表现较为突出的省、直辖市、自治区，确定为创新要素驱动型省份。将在资本投入驱动、信息基础设施驱动指标、ICT 相关产业驱动指标方面相对表现较为突出的省份，确定为投入要素驱动型省份。将在创新要素和投入要素方面均有较好表现的省份，确定为综合要素驱动型省份。

（一）创新要素驱动型省份信息经济保持领先

北京、上海、浙江、江苏、广东、山东6省、直辖市的信息经济增长主要依靠技术创新、组织创新、模式创新、人才创新等，ICT 技术、人力资本、应用市场等领域的细分指标大多位列全国前列，属于创新要素驱动型省份。

创新要素驱动型省份信息经济增长水平与发展质量均处于全国前列。以北京市为例，在信息经济发展方面，北京市具有创新资源优势和中关村国家自主创新示范区的先行先试政策优势，肩负着率先形成创新驱动的发展格局责任，科技资源总量约占全国的 1/3，中关村国家自主创新示范区企业总收入突破 2.4 万亿元，"1+6" 政策落实取得显著成效。2015 年北京、上海、浙江、江苏、广东、山东信息经济分别排名第 6 位、第 5 位、第 1 位、第 3 位、第 2 位、第 4 位，信息经济占 GDP 比重分别位列第 2 位、第 1 位、第 3 位、第 7 位、第 4 位、第 8 位，信息经济发展遥遥领先。

从驱动信息经济发展的要素看，北京、上海、浙江、江苏、广东、山东在信息经济人力资本、技术水平、应用水平方面均位列前茅。2015 年京、沪、浙、苏、粤、鲁每万人信息传输、软件和信息技术服务业就业人数分别达到 313 人、105 人、31 人、35 人、33 人和 18 人，分别位列全国第 1 位、第 2 位、第 5 位、第 3 位、第 4 位、第 15 位；每万人发明专利申请受理数分别达到 41 件、19 件、12 件、19 件、10 件和 9 件，排名均位列全国前 9 位；电子商务发展指数分别达到 58.9、50.8、63.6、44.7、69.7 和 22.5，排名全国前 8 位。

创新要素驱动型省份驱动要素及较 2014 年排名变化如图 3-22 所示。

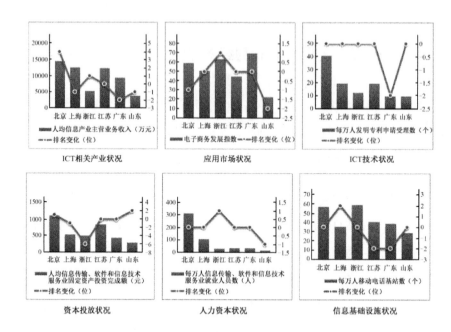

注：各图中左侧纵坐标对应条形图，右侧纵坐标对应折线图。

图 3-22　创新要素驱动型省份驱动要素及较 2014 年排名变化

数据来源：WIND 数据库，国家统计局。

（二）投入要素驱动型省份信息经济增速加快

贵州、甘肃、青海、宁夏、新疆 5 个地区信息经济增长主要依靠投资、基建、资源等，在资本投入驱动指标、信息基础设施驱动指标、ICT 相关产业驱动指标方面表现突出，是投入要素驱动型省份。

投入要素驱动型省份凭借丰富的资源、资金等，对信息经济发展产生着良好的促进作用。以贵州省为例，三大运营商的云计算项目集体落户贵安新区，预示着国内领先、国际一流的贵安大数据基地将出现，贵州打造高端产业越走越近。2015 年贵州、甘肃、青海、宁夏、新疆信息经济规模排名较为落后，但发展速度较快，贵州省信息经济增速排名全国第 1 位，新疆第 5 位，云南位列第

12 位。

从驱动信息经济发展的要素看，贵州、甘肃、青海、宁夏、新疆在信息经济基础设施、固定资产投资等方面发展迅速。2015 年贵州、甘肃、青海、宁夏、新疆人均信息传输、软件和信息技术服务业固定资产投资完成额分别达到 128 元、279 元、1363 元、770 元和 532 元，其中，青海、宁夏、新疆分别位列全国第 1 位、第 5 位、第 8 位；每万人移动电话基站数分别达到 34 个、30 个、49 个、37 个和 41 个，分别位列全国第 15 位、第 19 位、第 3 位、第 10 位、第 5 位；人均信息产业主营业务收入虽排名靠后，但与 2014 年相比，除甘肃外，其余 4 省排名均有较大提升。

投入要素驱动型省份驱动要素及较 2014 年排名变化如图 3-23 所示。

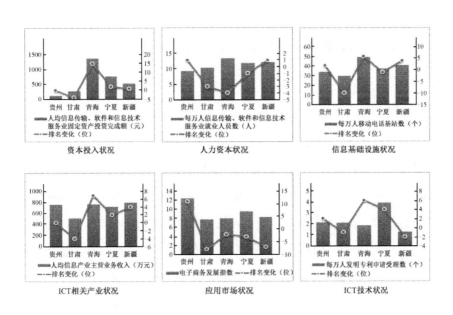

注：各图中左侧纵坐标对应条形图，右侧纵坐标对应折线图。

图 3-23　投入要素驱动型省份驱动要素及较 2014 年排名变化

数据来源：WIND 数据库，国家统计局。

（三）综合要素驱动型省份信息经济加速赶超

福建、辽宁、河南、天津、四川、河北、重庆、吉林、陕西、山西、黑龙江、湖北、安徽、内蒙古、云南、江西、广西、湖南 18 个地区信息经济增长是创新要素和投入要素共同作用的结果，属于综合要素驱动型省份。

综合要素驱动型省份正由投入要素驱动向创新要素驱动过渡。以吉林省为例，近年来，吉林认真组织开展信息经济相关工作，制订实施方案，并推动创建试点建设，实施"宽带吉林"工程，开展消费城市、智慧城市试点和无线城市建设，促进三网融合和两化深度融合，大力扶持电子信息产业发展，较好地促进了信息经济规模的不断扩大。2015 年，综合要素驱动型省份信息经济规模大多处于第二、第三梯队，信息经济增长较快，增速在 15%～30%，正在加速赶超发展。

综合要素驱动型地区处于基础设施演进升级，发展模式由投入要素驱动向创新要素驱动过渡的阶段，部分地区呈现出信息基础设施由低类向中类转化，资源社会消耗由高类向中类转化的特征。2015 年综合要素驱动的 18 个省份，人均信息传输、软件和信息技术服务业固定资产投资完成额在 134～906 元，每万人信息传输、软件和信息技术服务业就业人数在 9～30 人，每万人移动电话基站数在 26～48 个，人均信息产业主营业务收入在 461～7283 元，电子商务发展指数在 9.9～27.11，每万人发明专利申请受理数在 1～18 件。

综合要素驱动型省份驱动要素及较 2014 年排名变化如图 3-24 所示。

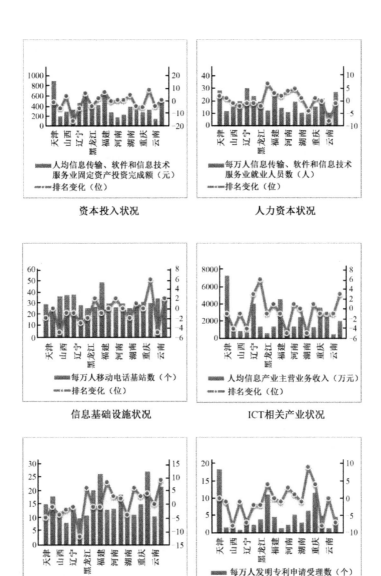

注：各图中左侧纵坐标对应条形图，右侧纵坐标对应折线图。

图 3-24　综合要素驱动型省份驱动要素及较 2014 年排名变化

数据来源：WIND 数据库，国家统计局。

产 业 篇

第四章

信息技术扩散与产业转型路径

经过几十年的积累，信息通信技术进入加速发展和与产业跨界融合的爆发期，成为新一轮科技革命和产业变革的主导力量。随着信息通信技术与产业融合的范围不断从生活领域向生产领域延伸，产业结构变革新浪潮快速涌现，信息技术-经济范式进入新阶段，经济社会从工业时代向数字时代加速迈进。信息通信技术与产业的深度融合提升了产权利用效率，提高了生产效率，交易效率和溢出效应，为产业转型升级提供了新的机遇。从重点行业来看，信息通信技术与产业的融合渗透已经展开，但在程度上还存在差异性。

一、信息技术-经济范式加速形成

中国已经成为全球信息经济最为活跃的地区之一，正迈入信息技术-经济范式的新阶段。信息技术-经济范式是一定社会发展阶段内的主导技术结构以及由此决定的经济生产的范围、规模和水平，是研究经济长波的基本框架，是技术范式、经济范式乃全社会文化范式的综合。信息技术-经济范式主要包括二部分内容：一是以重大的、相互关联的技术构成的主导技术体系，构成了新的关键投入，常常表现为新的基础设施和新的生产要素等；二是新技术体系的导入和拓展会对生产制度结构产生影响，引发创新模式、生产模式、就业模式等发生改变；三是新技术体系还会对社会制度结构产生影响，引发生活方式与社会治理方式等的变革。图 4-1 简要地表示了信息技术-经济范式的基本结构。

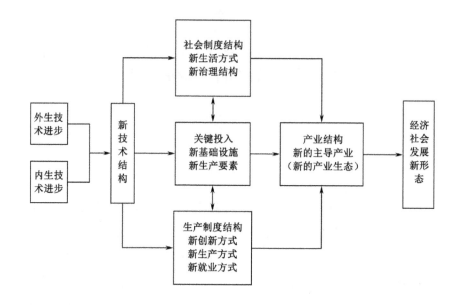

图 4-1　信息技术-经济范式的基本结构

资料来源：课题组绘制。

　　当前信息技术-经济范式正在经历新的变化。云、网、端新基础设施加速升级，数据成为新的生产要素，开放式创新模式不断涌现，智能化生产方式孕育兴起，基于平台的灵活就业模式规模不断扩大，平台型产业生态快速兴起，数字化生活方式日益流行，新的治理方式也逐渐成形。信息技术-经济范式进入全面普及、深度融合、加速创新、引领转型的新阶段，将对经济社会形态产生全局性、革命性影响。

（一）云、网、端新基础设施加速升级

基础设施是一个时代经济发展的基本承载，具有基础性、全局性、先导性和战略性。每一次技术-经济范式的启动和成长阶段，新的基础设施会大规模率先快速扩张，从而对新的技术、产业和经济社会的发展形成强力支撑。比如，在农业时代，承载农业生产的水利工程大幅扩张，为农业生产的繁荣奠定了基础；在工业时代，承载能源和交通运输的电力设施和铁路公路的大幅扩张，为工业经济的发展打通了经脉。如今，信息技术-经济范式已经迈向了新阶段，传统的电话、电报等老一代的信息传输和处理工具已经无法满足高清视频、虚拟现实等业务发展和智能制造、无人驾驶汽车等产业升级的要求。适应经济社会发展新需要，云、网、端新信息基础设施正加速演进和升级。

云计算等新一代智能化应用基础设施加速形成。经济社会加速从 IT 时代迈向数据时代，数据成为一种新的资产、资源和生产要素。数据时代，无论是个人的生活选择，还是企业的商业模式创新，或是整个国家生产率的进一步提升，都依赖于对数据的智能化利用能力，由此产生了对计算资源的海量需求。计算资源就如同电力时代的电力资源一样重要，将产生重大的生产力。云计算的出现可以让计算资源被用户便捷和低成本使用，这推动着云计算的发展广泛渗透到国民经济的各个领域，促进经济转型和发展，成为重要的新型基础设施。

我国云计算起步晚，但发展迅速。2015 年我国云计算市场占比由 2012 年3.7%上升至 5%。近年来以阿里云计算为代表的新领军企业增长迅速，已经成为国际云计算领域的后起之秀。但总体来看，我国与发达国家存在较大差距，比如美国作为市场"先行者"，市场份额已达 56.5%。

网络基础设施不断完善和升级。信息、数据的传输和交流离不开网络。网络早已成为信息经济时代的重要基础设施，但随着经济社会的发展，网络基础设施正经历着新的变化。从技术上看，网络基础设施正朝着高速率、智能化演

进；从连接内容来看，网络不再仅仅局限于连接人与信息、人与人的互联网和移动互联网，还拓展到物联网领域，以连接人与物，物与物；从空间来看，网络不仅覆盖地面，而正在向覆盖空天地一体的新型网络演变。

我国网络基础设施建设取得重大成绩。在"宽带中国"战略、网络提速降费等一系列重大政策举措的推动下，我国已建成全球规模最大的信息通信网络，基础设施向高速宽带、泛在融合演进升级。固定宽带用户达 2.9 亿户，网络覆盖全国所有乡镇和 95% 的行政村。全光化进程加快，光纤用户占固定宽带用户的比例达到 68%，仅次于日本、韩国。4G 用户达到 6.6 亿，超欧美之和，网络覆盖所有城市和主要乡镇。全国固定宽带平均接入速率达 35.2Mbps，比 2015年年底提升 70%。"十三五"期间，5G 发展将走向商用化，5G 具有更高速率、更高可靠性、更低时延，能够满足智能制造、自动驾驶等行业应用的特定需求，拓宽融合产业发展空间，支撑经济社会创新发展。低功耗、广覆盖的窄带物联网（NB-IoT）有可能在 2017 年步入产业化新阶段，加速实现万物互联。此外，信息基础设施还支撑了电力、交通、水利、市政等公共基础设施的网络化、智能化转型。

终端设备与应用泛在普及。端是数据的来源，也是各类信息服务提供的界面。端的类型多种多样，包括用户直接接触的个人电脑、移动设备、可穿戴设备、传感器，软件形式存在的应用以及各类工业生产设备、汽车、安全监控设备等。在万物互联网的时代，海量的端设备构成了信息经济的重要基础设施。我国在端上成绩显著。比如在关键网络设备领域，我国企业逐步成为产业领导者。2016 年第一季度，联想、华为、浪潮服务器出货量成功跻身全球前 5 名。华为已超越爱立信，成为全球最大的电信基础设施供应商，并在高端网络设备领域取得一定优势（在全球率先发布了 T 级路由器，实现了从中低端市场迈向高端市场质的飞跃）。全球运算最快的超级计算机——"神威太湖之光"，稳定性能是美国超级计算机"泰坦"的 5.2 倍，该套系统实现了包括处理器在内的所有核心部件全国产化。在智能终端领域，我国智能手机竞争力不断增强，市场份额持续上升，华为、OPPO 位居全球智能手机出货量前 5 位，并快速向高端化迈进。可穿戴设备、无人机等新智能硬件产业与国际基本同步发展，部分产品具有优势。

（二）数据日益成为新的生产要素

不同时代，经济社会主导的生产经营活动和生产要素的构成不同。在农业经济时代，主要的生产经营活动是农业生产和农产品交易，此时的生产要素主要包括土地、劳动力和适量的资本。进入工业经济时代后，主要的生产经营活动变为工业产品的生产与交换，此时生产要素的构成发生了变化，资本和技术成为更重要的生产要素。进入信息经济时代，信息技术不断向生产要素领域深度渗透，不仅改造了土地、资本、劳动力等传统生产要素，而且催生出数据这一新生产要素。

生产要素是指生产经营活动中所必需的各种资源。自然和社会中的资源多种多样，并非每一种都是生产要素。一种资源要成为生产要素，至少需要具备如下特征：第一，价值增值性；第二，广泛普及性；第三，可流动性；第四，不可或缺性。数据就是这样一种资源。

数据的价值增值性。概言之，数据的价值增值性指通过对海量数据进行分析、集成和应用，能够发现规律、预测趋势、辅助决策，拓展人类认识世界和改造世界的能力，带来价值增值。具体来看，数据至少可以从两个方面带来价值增值。第一，作为一种新的独立的要素参与价值创造。数据蕴含了许多有关个体和企业行为的有价值的信息，对数据的挖掘和分析能够准确识别这些信息，甚至产生全新的认知，从而带来新价值。第二，数据可以激活和提高其他要素的生产率。比如数据可以通过促进劳动力、资本等原有要素的流动和共享带来全要素生产率的提升。如今网络所承载的数据、由数据所萃取的信息、由信息所升华的知识，正在成为企业经营决策的新驱动、商品服务贸易的新内容、社会全面治理的新手段，带来了新的价值增值。

比如数据的自由流动可以解决智能制造系统中的复杂性和不确定性，带来资源配置效率的提升。智能制造系统是一个复杂的巨系统，随着要制造的产品类别越来越多，工艺越来越复杂，需求越来越多样，在企业成本、质量保证、交期准时性等方面提出了巨大挑战，提升了整个系统中生产的复杂性、多样性和不确定性，依靠传统要素和决策流程根本无法应对这么多和这么复杂的问题。承载着信息和知识的数据能够沿着产品价值方向自由流动是解决决策问题的复杂性和不确定性的重要途径。数据的自动流动过程是指通过网络的集成，软件的集成和数据的集成，不断采集、汇聚、加工大量的隐性数据，实现数据的及时性、完整性和准确性，同时通过科学、先进和有效的软件和信息系统，把隐性知识显性化，并对工业研发技术、生产工艺、业务流程、员工技能等知识逻辑化、数字化和模型化，使得大量隐性工业知识被固化在各类软件和信息系统中。因此，在数据的自动流动中，数据自发转化为信息，信息转化为知识，知识转化为决策，决策不断优化，大量决策问题被自动解决，智能制造系统的复杂性、不确定性得到极大降低。

专栏　青岛红领基于数据自动流动的个性化定制

青岛红领之所以在个性化定制实践上走在了前列，依靠的就是在企业内部建立了一个数据自动流动的生产体系，实现了数据的自动采集、自动传输、自动处理、自动执行，把正确的数据在正确的时间发送给正确的人和机器，解决了生产定制化过程中的不确定性、多样性和复杂性。在传统企业中，数据和信息的流动是基于各种文档、电话等人为因素来驱动的，速度慢，且可能因为理解问题而出现扭曲或差错，但在青岛红领，数据和信息的流动依靠的是基于模型的自动流动，没有人为因素干预，数据流动及时而准确，各环节高效自动协同，效率大幅度提升。

数据的广泛普及性。信息技术与经济社会交融发展，引发数据量迅猛增长。数据不仅包括人在终端设备和互联网上记录或留下的信息，而且还包括工业设备、汽车等传感器上测量出来的各种位置、温度、湿度等物流化学信息。数据的分布和来源极其广泛。当前，互联网上的数据每年将增长50%，每两年翻一番，目前世界上90%以上的数据是最近几年才产生的。

数据的可流动性。从本质上看，数据在流动和使用过程中，不仅不会消耗掉，反而会因为使用产生新的有价值数据，即数据是共享的，在流动过程中可以实现价值递增，这有利于数据流动。从技术上来看，如今数据已经不需要再用传统的数据库表格排列，解决了信息僵化问题，数据流动性得到进一步增强。

数据的不可或缺性。在大数据时代，数据本身就蕴含价值，能够带来生产力的提升。数据的及时性、完整性和准确性，数据开发利用的深度和广度，数据流、物流和资金流的协同水平和集成能力，数据流动的自动化水平，决定了企业未来核心竞争力的高低。数据能力的缺失将导致企业在竞争中面临更大的风险。

数据生产要素潜力的完全释放还受制于技术与制度。由于数据的质和量、数据交易和流动的规则、数据挖掘技术等还有待完善，数据作为生产要素的潜力还没有完全释放，在诸多生产要素当中的地位还不够显著。未来，随着智能化传感器数量的普及，数据结构和质量将得到进一步提升；随着云计算的应用兴起，计算资源成本降低且随处可得；数据产权规则定义清晰，共享与流动障碍消除；数据挖掘技术快速提升，利用成本大幅下降，数据将成为信息经济时代越来越重要的生产要素。

（三）开放式创新体系不断普及

工业革命以来，研发创新模式经历了三次重要变革。创新 1.0 时代，创新是偶然进行的，是工人、科学家个人努力的结果。随着第二次工业革命的逐渐成长和展开，创新进入了专业化的、封闭的 2.0 时代。此时创新的主要特征是工业实验室等专业化研发组织形态出现，创新开始成为常规化的活动，并成为决定企业成败的最重要的因素，且创新的主体是专业化的、组织化的研发人员。但此时的创新主要发生在大企业内部，且强调研究成果的独占，由此导致创新壁垒的大幅提升。随着信息技术的发展，创新模式进入开放的 3.0 时代，创新特征主体、流程和方式发生重大变革。

在创新主体上，从原来主要依托企业内部的研发部门为主向多主体演进。在信息技术的支撑下，参与企业创新的主体正在发生深刻的变革。第一，在企业内部，随着产品研发从单纯的功能、性能研发到向产品可生产性、物料可采购性、客户需求精准满足、产品可维护性、产品可盈利性转变，产品全生命周期管理（PLM）等信息技术的应用，为构建多部门参与的协同创新模式创造了条件。第二，在产业链上，跨地域、跨企业的协同研发平台支撑企业研发设计主体从企业内部研发部门扩展到整个供应链。第三，在全社会，基于社会化的创新平台，用户及第三创新资源参与创新的壁垒大幅下降，开始加入创新体系中，成为重要的创新主体。

在创新流程上，从串行方式向并行方式演进。工业革命以来，企业产品研发基本模式是基于串行工程，企业把产品开发全过程细分成需求分析、结构设计、工艺设计等多个环节，研发活动在各部门之间顺序进行，每一个研发活动完成后再转下一步环节，研发设计流程长、效率低、成本高。信息技术提高了研发流程的显性化、规范化、科学化，有效提升了研发活动的状态可知、可管、可控水平，也向僵化的研发流程注入创新活力。传统独立、顺序、碎片化的研发工作在时间和空间上交叉、重组和优化，将原本在产品生命周期下游的开发工作，提前到上游进行，有效整合了跨区域、跨企业、跨行业的研发设计资源，推进研发流程从串行向并行演进。

在创新手段上，以物理试验为手段的"试错法"向以数字仿真为手段演变。 2005 年 6 月，美国总统信息技术顾问委员会的报告中指出，由算法与建模仿真软件、计算机与信息科学以及计算基础设施三大元素构成的计算科学，已经逐步成为继理论研究和实验研究之后，认识、改造客观世界的第三种重要手段。仿真技术可以透视产品性能和过程质量，通过各种模拟手段，找到当前条件约束下的完整设计空间。很多情况下人们不能做出创新的设计，是因为制造水平的制约，或是对产品运行规律的认识不足。一旦制造水平约束弱化，仿真手段就能快速找到当前条件下最好的设计。此外，数字仿真也是实现产品正向设计的重要手段。正向设计是架构性和颠覆式创新的根本手段，是从涉众需求开始，经过需求开发、功能分解、系统设计、物理设计、产品试制、部件验证、系统集成、系统验证和系统确认等阶段，直至完成满足涉众需求产品的验收。如果没有数字仿真手段，在需求开发、功能分解、系统设计、物理设计的过程中无从了解产品的特性，人们很难开展架构性和颠覆式创新。

（四）智能化新生产方式加快到来

生产方式是在一定时期、在特定技术条件下对生产价值观、方法论、发展模式和运行规律的认识框架。当前信息通信技术正加速融入生产制造全过程、产业链各环节和产品的整个生命周期，新的智能化新生产方式加快到来，产消者出现，虚拟制造快速普及，传统的大批量集中生产将向分散化、个性化定制生产转变，产业链价值链开始重构等（见图 4-2）。

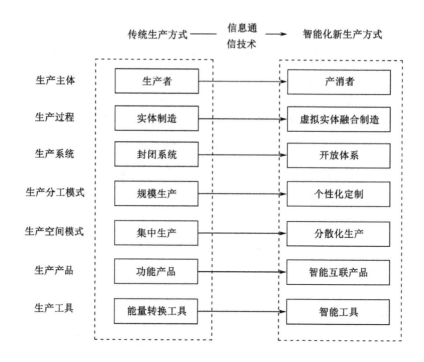

图 4-2　传统生产方式加速向智能化新生产方式迁移

资料来源：课题组绘制。

生产主体从生产者到产消者转变。 过去的市场主体中，生产者和消费者的界限分明，生产者从事生产，提供产品，消费者消费产品。市场主体间清晰分工的原因是工业革命以来,生产的日益专业化和复杂化在生产端树立了高壁垒，单个市场主体越来越难以独立完成产品的生产，必须进入企业与其他人协同，在机器等物质资本的辅助下共同完成产品的生产。在这个协作生产过程中，企业是生产的最小单位，个人进入企业从事部分生产并获得相应的收入成为消费者。ICT 技术的不断进步和渗透将日益降低生产的高壁垒，消费者也可以独立从事生产从而提供产品，生产者与消费者的界限被打破，产消者开始出现。当前产消者在服务领域和部分手工业品等简单的产品制造领域已经出现并逐渐壮大。随着 3D 打印、物联网等技术的出现和普及，大量原本复杂的产品生产将变得十分简单，个体可以独立完成产品的生产，产消者将在更多领域普及。

生产过程从实体制造到虚拟制造迁移。 ICT 对人类社会带来的重大变革是创造一个新世界: 赛博空间 (Cyberspace)。制造业数字化、网络化、智能化的过程, 是在赛博空间重建制造流程, 并基于此不断提升制造效率的过程。2010年美国国防预研局 (DARPA) 发起的自适应运载器制造 (AVM) 计划, 提出 "重新发明 (Reinvent) 制造", 目标是通过彻底变革和重塑装备制造业, 将武器装备研制周期缩短到现在的 1/5。AVM 的核心思想, 就是颠覆 "设计—制造—测试—再设计" 的流程, 通过实现产品设计、仿真、试验、工艺、制造等活动全部在数字空间完成, 重建制造新体系。虚拟制造将重新定义制造方式。

CAD、CAE、PLM 等信息软件技术的发展实现了基于模型的产品定义 (MBD), 这一模型正成为产品制造过程中赛博空间信息流转的载体, 数字样机从传统的几何样机向性能样机、制造样机和维护样机拓展, 并将进一步进化为与实体产品对应的产品数字孪生体 (Digital Twin)。在产品数字孪生体的基础上, 企业的工艺路线、生产布局、生产设备、制造流程和运营服务等都可以一一映射到虚拟生产环境中, 基于三维设计和仿真工具, 在赛博空间构建起虚拟产线、虚拟车间和虚拟工厂。伴随工厂生产设备数字孪生体、生产工艺数字孪生体的推广普及, 无论在离散行业或流程行业, 都将实现实物生产过程与虚拟生产过程实时映射。例如, 制造执行系统 (MES) 与三维数字模型相结合的典型实践为现实生产过程虚拟化提供了最初的探索, 将为企业生产进入虚拟世界、开启虚拟制造模式提供可行选择。

生产系统从封闭体系向开放体系重建。 首先, 传统组织的边界是资源管理、优化的边界。制造资源的数字化、网络化为打破部门边界, 重建企业内部资源管理边界和优化管理模式创造了条件。其次, 所有的企业都是产业链上的一环, 如何构建一个面向产业链目标一致、信息共享、资源与业务高效协同的跨企业生产体系, 是许多企业面临的共同挑战。伴随着信息技术应用不断深化, 传统制造企业与产业链上下游企业的业务协同不断地被在线化、网络化, 企业级的业务协同正在向产业链级的业务协同演进, 企业内部的协同研发创新平台、供应链管理平台等不断向产业链上下游拓展，实现跨企业业务系统的互联、互通、互操作，不断提升面向最终客户的产品和服务的质量和效率。

生产分工模式从规模生产到定制生产转换。 在当前全球产能过剩的大环境下，企业面对的产品和服务需求越来越差异化、多元化、快变化，这大幅增加了研发设计、生产制造、产品服务等过程的不确定性、多样性和复杂性，规模化、标准化、预制化的传统生产方式已无法满足日益增长的定制化需求。现实的发展呼唤制造模式从大规模生产到定制化生产转换。在这个转换过程，需要完美地解决好在应对大量个性化需求时，制造系统的不确定性、多样性和复杂性等问题，充满挑战。破解这些问题的关键在于如何低成本地获得消费者的需求信息，并使得承载着信息和知识的数据能够沿着产品价值方向自由流动，能够实时传递给生产过程的每一个环节。信息技术的发展，尤其是互联网平台与软件技术的发展，便利了需求数据的获取，并为数据的自动流动提供了合乎要求的规则，从而推动了大规模个性化定制生产方式的发展。

生产空间模式从集中化到分散化变革。 在传统的等材制造、减材制造模式下，生产要素集聚产生的聚合效应、规模效应、溢出效应和学习效应等使得集中生产取代分散化生产成为生产空间模式的主流。工业革命以来，城市的兴起和扩张就是生产空间模式集中化趋势愈加明显的表现。基于 3D 打印技术上的增材制造模式与物联网技术的叠加，将深刻改变生产空间模式，实现从集中化生产到分散化生产的转变。增材制造从根本上改变了产品生产的基本逻辑，单件整体生产与批量化分工生产之间的成本差异被极大地缩小。要素集中化生产所带来的规模效应、溢出效应等不再能够创造出额外的价值，反而导致生产要素集中产生的负面影响超过其正面效应。此外，在物联网技术的辅助下，分散化生产引发的交易成本等也将大幅下降。最终，在增材制造模式下，分散化生产将成为一种占优的生产空间模式。

ICT 技术引发的生产方式变革是全方位的。除了上面列举的生产主体、生产过程、生产系统、生产分工模式和生产空间模式等方面的变革外，生产的产品、生产工具、企业竞争优势来源、产业链体系等也将发生新的变革。例如，生产的产品将从过去的功能产品到智能互联产品转变。万物互联网时代正在到来，可感知、可计算、可交互、可追溯的智能互联产品正在向我们走来，从计算机到可穿戴，从消费品到工业品，到 2020 年数以百亿计、千亿计的智能互联网产品将重建人们的生活行为和方式，重新定义社会的商业模式，重新构建企业的制造体系。生产工具将从过去的能量转换工具转变为智能工具。一部工业革命 300 年的发展史，就是一部人类社会如何创造新工具，更好地开发资源、不断地解放自己的发展史。信息通信技术牵引的新一轮工业革命，推动了人类生产工具从能量转换工具到知识和智能工具的演进，从开发自然资源到开发信息资源拓展，从解放人类体力到解放人类脑力跨越。此外，随着网络众包、异地协同设计、云制造、精准供应链管理等正在塑造企业新的竞争优势，而产品全生命周期管理、总集成总承包等将加速重构产业价值链体系。

（五）灵活型就业新方式快速兴起

从根本上看，就业模式与企业的边界息息相关。当企业的边界缩小到极端，个人成为经济活动的基本单元，此时从经济形态上看是个体经济，从就业模式来看就是自我雇佣。随着企业边界的扩张，个人联合起来形成企业，企业是经济活动的基本单元，此时从经济形态来看是企业经济，从就业模式来看就是传统的雇佣模式。因此思考信息技术对就业模式的影响，逻辑起点是信息技术对企业边界的影响。从科斯至今，研究者们发现了决定企业边界的各类因素。概括来看主要有两类，一类是交易费用，另一类是投资和生产协作的复杂程度等技术性因素。

　　信息技术的发展促进了雇佣型就业模式向基于平台的灵活型就业模式转变。基于平台的灵活就业模式是对具有如下特征的就业关系的概括：依托各种互联网平台，个人成为能够提供产品和服务的市场主体，个人与平台之间不必签订劳动合同，但也不是一种完全的市场交换合约，而是一种介于两者之间的第三类合约关系，这种合约关系具有灵活、自由、自主等特性。在工业经济时代，工业品生产的典型特征是技术和工艺复杂，且事前需要大量的资本设备投入，个人缺少足够的资本、完整的技能、信誉等基本生产要素，无法独立完成生产活动，必须进入企业，与企业签订雇佣合约，借助企业家的投资，以及与其他劳动者协作，才能共同完成工业产品的生产。在这样的企业边界条件下，产生出的是现代的雇佣型就业方式。信息网络技术降低了市场交易成本，并将相互依赖的多边主体连接并整合到一起，由此促成了平台型企业的出现。平台型企业是一类特殊的企业，在本质上是一组共享的能力和要素，它的主要作用是为平台之上的主体的交流互动提供支撑服务，而不直接提供产品和服务，因而无法独立生存，必须与平台之上的主体达成互利共生的关系。这样平台的存在就天然地为个人直接参与经济活动，成为产消者提供了完备的基础条件。同时，个人要成为经济活动的主体，也离不开平台提供的支撑条件。这种新的相互依赖关系是对基于平台的灵活就业模式的本质概括。

　　基于平台的灵活就业模式已经在社会经济各领域，尤其是生活服务领域广泛出现。在电子商务、共享出行、家政服务等领域，基于平台的灵活就业模式正在经历着快速的扩张。以淘宝平台为例，其直接服务于淘宝业务单元的工作岗位不足一万个，但借助淘宝平台，众多个人通过自开网店实现了就业。据相关数据显示，淘宝平台上的商家有近千万。此外，依托淘宝平台，还有各类个体也得以实现就业，比如物流配送的快递员、网店代运营者等，这类人群也有上百万。综合来看，淘宝平台撬动了上千万个灵活就业机会。

　　基于平台的灵活就业模式引发新的劳资冲突，亟待治理。在传统模式下，员工与企业间通过劳务合同建立稳定的劳务关系、保障劳动关系双方的权利和义务。然而，基于互联网平台的灵活就业因为平台的轻资产模式正引发新型劳务关系的复杂化。以分享经济模式为例，分享经济通过互联网技术平台分享住房、汽车、设备等各种闲置资源与能力，满足社会需求的同时提高社会资源利用效率。然而，分享经济平台和个体之间并不是传统的劳动雇佣关系，而是自由职业状态。在传统的劳动雇佣关系下，一方面，劳动者的权益受到《劳动合同法》的有效保护，雇佣公司对劳动者有社保、老保等社会保障的义务；另一方面，当前中国社会环境下，很多公共服务，比如培训再就业、住房、医疗、教育、养老等，或多或少都与雇佣就业挂钩。而这些社会保障服务，在分享经济平台上的自由职业者就很难享受到，进而引发一系列劳务纠纷和劳务问题的探讨。

（六）平台化产业新生态迅速崛起

随着信息技术-经济范式不断展开，数字化的新兴产业将不断涌现，同时还会引导信息技术向其他产业渗透，推动传统产业的数字化转型，最终引发产业结构的根本性变革。信息技术-经济范式对产业结构的影响，不仅表现在价值构成的变化上，更重要的是体现在产业组织结构的重构上。在不同技术-经济范式下，价值创造模式和资源的组织和协调方式也将发生新变化。信息技术的发展，促进了传统线性价值创造模式向生态化转变，推动资源组织和协调的重心从供给端到需求端的转变，强调了生态中企业经营和竞争的关键在于赋能而不是控制。在信息技术条件下，平台化产业新生态正在迅速崛起，其生态系统的基本特征如图 4-3 所示。

价值创造模式从线性到生态化转变。 在工业经济时代，价值创造的主体是传统企业，他们购买原材料，加工后再出售产成品。这是一种线性的价值创造模式。企业经营活动的重心是消灭竞争对手，从上下游企业中获取更多利润。此时，企业与企业之间的关系是竞争关系。这时虽然有产业的概念，但产业不过是一系列生产相同类产品企业的松散集合。信息技术的使用，尤其是互联网技术的应用，降低了企业间联系的成本，促进了用户个性化多样化需求的释放。应对这些新变化，产业的价值创造模式也随之发生了改变。价值创造的主体除了核心企业以外，还包括供应商、竞争者、消费者，甚至各类中介组织和政府等，且各类主体间形成了以平台型企业为核心的圈层结构体系；价值创造的机制不再强调竞争，而是通过多类主体之间的分工、竞争，共同创造价值，以应对外部环境的变化。此时产业就演化成为了一个有机构成的生态系统。

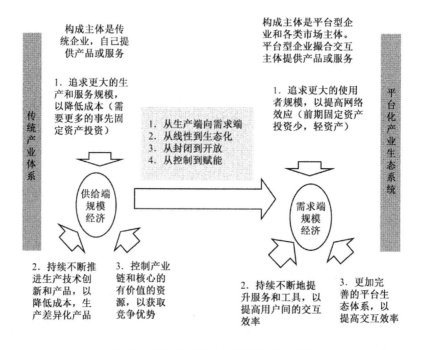

图 4-3 平台化产业生态系统的基本特征

资料来源：课题组绘制。

经营活动的重心从实现供给端规模经济到实现需求端规模经济。在传统的产业体系中，价值的流动是从供给端起步，经过各生产环节和流通过程，最后传递到消费者手中。在这种范式中，企业经营活动的重心在于实现生产端的规模经济。具体来看，其主要实现手段有两个，一是不断扩张内部生产规模，通过规模经济实现产品生产的低成本；二是不断强化技术创新，实现产品的差异化。信息网络技术的普及和应用带来了重要的冲击，平台型企业开始崛起，消费端的力量逐渐壮大并成为价值流动的起点。此时，平台型企业经营活动重心不再是实现生产端规模经济，而是向实现需求端规模经济的转变。具体来看，其主要实现手段包括，一是吸引和扩张，通过网络效应实现价值增值；二是不断完善工具和服务，促成用户间的交互。

竞争优势来源从控制到赋能转变。 在传统产业体系中，企业竞争优势的来源主要有两类，一类是占据产业价值链中的优势位置，这是由波特的产业定位理论中揭示的；另一类是占有有价值的不易被模仿的核心资源，这是由巴尼等资源基础理论学者发现的。无论哪一类，强调的都是要对资源和能力的控制或独占。在依托互联网形成的平台型产业生态中，平台的价值是与整个生态系统的规模和结构密切相关的，而平台的规模和结构则主要是由平台之上的主体的数量与互动质量决定。因此，为了促成整个生产系统价值的提升，平台型企业必须开放其基础能力，为平台之上的主体赋能，促成他们的高效互动，并由此获得成长和价值增值。

（七）数字化生活新方式日益流行

信息技术的发展和应用，正在改变人类赖以生存的社会环境。人们的生活和工作环境具备了更多的数字化特征。数字化的产品日益丰富，虚拟空间日益扩大范围，人们的生活方式发生了巨大的变化，朝着数字化生活新方式不断迈进。

交往活动从线下向线上转变。 传统社会中，交流活动囿于时空限制和交往手段的局限，往往被限制在特定地域和特定人群，依赖血缘和宗教等传统工具，交往空间有限，交往内容不够丰富。信息技术的广泛应用极大地扩展了人际交往空间，网络社会的互动跨越了地域、种族、文化与宗教的界限，人们可以因为特定的爱好、兴趣等而交往，也可以为因为对特定事件的共同关注而交往等，在线交往空间的拓展和交往工具的丰富助推了社交网络的爆炸式增长，并成为人们日常生活的重要组成部分。

消费从线下向线上迁移。在传统社会中，个人的消费被局限在一定的实体商圈中，选择空间有限，个性化的需求难以得到有效满足。尤其是在中国，改革开放以来发展至今才30多年，传统的线下商贸流通体系发展还不够完善，人们的消费需求被抑制的程度更大。信息技术的发展催生了电子商务新模式。在电子商务世界中，产品范围和消费选择空间被极大地拓展，个性化需求也能够得到有效满足。正因电子商务的巨大优势，大量新生的线上需求得到激发，并引致一部分线下消费需求向线上消费转变，电子商务实现了快速增长。如今随着电子商务生态系统的进一步完善，在线消费已经成为大多数人生活中获取产品和服务不可或缺的手段。

知识交流从线下向线上延伸。知识交流的数字化转变经历了两个阶段。第一个阶段的发展得益于数字音频、视频和网络等信息技术的发展。这些技术为知识的交流提供了数字化工具，打破了地域限制，扩大了知识交流的范围。但由于技术的原因，此时的知识并非实时互动的，个人参与内容制作的能力也被限制了。随着Web 2.0等信息技术的发展，这些局限被打破，在线实时交流成为可能，用户自制内容的主动性和创造性被激发，催生了在线合作、分享互助的知识性协作社区，极大地便利了知识和经验的交流与共享。如今在线的知识交流已经从根本改变了人们知识创造和经验分享的方式。

（八）协同治理新模式逐渐形成

社会治理模式是在解决社会经济生活中出现的各类问题而形成和演化的。

在不同的技术-经济范式中，需要解决的问题的类型和性质不同，导致治理模式也将出现新的变化。信息技术的发展，尤其是信息技术与传统产业的融合发展，引发并加剧了线上线下冲突，平台治理成为新的治理主体，事前治理向事中事后治理转变，治理体系发生新的变化。

一是从线下治理到线上线下同步治理。传统经济社会是一个线下世界，相应地治理模式也是线下的。信息技术的发展，极大地拓展了线上网络空间。不仅新兴的网络业务大规模兴起，同时大量线下的经营活动和社会服务迅速向线上转移，线上空间与线下世界融合发展趋势不可逆转。这是一场深刻而广泛的变化，当前的社会治理难以适应。一方面，传统的治理线下问题的方法无法应对新兴的线上问题；另一方面，互联网经济的问题不仅在体现在线上，很多是线下问题向线上的延伸或转化，因此必须在加快线上治理的同时，还要坚持线上线下同步治理。政府部门需要积极利用大数据治理、跨平台信用体系等新的监管手段，通过主动信息化来实现监管效率的提升。

二是从政府治理到政府与平台企业协同治理。经济社会是一个复杂生态系统，解决其中的治理问题除了依靠政府监管外，还需要在政府监管下充分发挥市场作用，进行协同治理。信息技术的发展，给政府和市场的协同治理带来了新的变化。一个突出的表现是互联网技术的发展催生了平台企业的出现。平台型企业具有双重属性，一方面，它作为一个市场主体，直接参与商业活动；另一方面，它又越来越成为一种商业基础设施，成为市场活动的组织者和规则制定者。这种双重属性必然要求平台企业承担一定的治理职责。与此同时，平台因为其基础性、中立性和主导性地位，在治理上也有一定的优势。适应平台企业出现的新变化，在协同治理上，应将平台纳入治理体系，赋予其一定的治理职责，并明确其责任边界，利用和引导社会力量参与治理。

三是从事前治理到事中事后治理。在传统经济体系中，事前的信息不对称性很大，另外经济活动的主体是企业和各类组织，依靠事前治理，规定他们参与活动前必须具备一些基本条件，能够有效降低信息不对称，降低风险，达到治理的目的。信息技术的发展，一方面使得信息的获取变得极为容易，带来事前信息不对称的大幅降低；另一方面又大幅降低了社会主体参与经济活动的门槛，海量个体可以相对较为容易地参与经济活动。这弱化了事前监管的必要性。与此同时，互联网相关技术快速迭代，行业竞争格局瞬息万变，传统的"以批代管""重审批轻监管"的管理方式已跟不上信息时代市场监管要求。适应新的变化，治理模式必须从过去强调事前准入转向加强事中和事后治理。

二、信息经济内部传导机制

信息经济的发展历程表明，信息技术的发展与应用可以改善经济形态，促进经济增长。20 世纪 90 年代的美国，新经济就得益于信息技术的应用普及。基于信息经济发展中的诸多事实，人们归纳了不少信息技术影响经济发展的传导机制，但却一直未得到系统综合。系统地归纳总结信息经济的内部传导机制需要有一个一致性的分析框架。本书从分析经济体系的基本结构入手来完成这一任务。经济体系是在清晰界定的产权的基础上，经济主体之间通过分工生产和产品交易联系在一起而形成的有机整体。信息技术将通过对经济体系的全面渗透改变来影响经济发展。具体来看主要有四个方面，如图 4-4 所示。首先，信息技术促进了分工的精细化，推动生产工具的智能化，提升了生产效率；其次，信息技术降低了交易费用，交易效率得到改善；再次，信息技术促进多主体的交互，使得主体间关系更加复杂，同时也便利了生产与交易的反馈循环，正反馈效应更加显著，最终提升了网络外部性；最后，信息技术也对经济基础进行渗透，促进了产权组合的重构，带来资产使用效率的提升，供需的更高效率匹配，从而提高了产权利用效率。

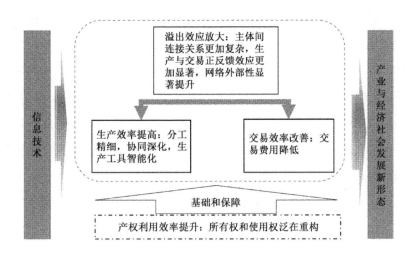

图 4-4　信息经济的内部传导机制

资料来源：课题组绘制。

综合来看，新技术-经济范式的展开过程是一个对旧范式的破坏性重构过程。信息技术不断向传统领域扩张和融合，将带来生产效率、交易效率、网络外部性和产权利用效率的不断改善，全社会要素资源向新技术、新业态、新模式大量集聚，引发产业结构和经济结构转型，最终推动信息技术经济生态系统逐步形成和不断完善。

（一）信息技术促进分工精细化与生产工具的智能化，提升生产效率

分工能够促进生产效率提升已成为共识。人类社会的发展进步是社会分工推动下的生产、组织、模式不断创新演进的过程，伴随着技术的进步，社会分工已经由最初的产业间分工向产业内的细化分工转移，信息经济背景下，这种分工细化的活动和趋势越来越明显。在人类社会的最初阶段，企业生产处于自给自足状态，生产中的所有环节都由企业独立完成，专业化程度低、生产效率

也很低,同时,企业与产业链环节的互动较少,所需的交易费用也很低。随着人类社会的进步,原有的自给自足模式已经无法满足人们的需求,企业开始将部分生产环节分离出去,通过与其他企业合作来提升生产效率,从而产生了局部的分工,促使生产的专业化程度有所提升,产业链得以扩展,交易费用增加。在信息经济条件下,技术的进步为分工的进一步细化提供了可能,时空界限被打破,主体之间的联系更加便利,企业只专注于单一环节的生产而将其他所有环节分离出去,此时企业实现了完全分工、真正的专业化生产,生产效率得到极大提升,产业链迅速扩张,企业之间的交易费用也相应增加(见图4-5)。

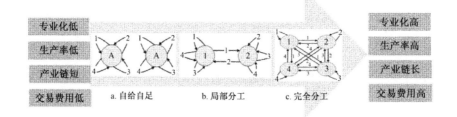

图 4-5　分工演进的过程

资料来源:课题组绘制。

信息经济的发展,在分工规律的作用下,诞生了许多新的产业,如大数据产业就是因分工而从原有产业链中分离出来的专门从事大数据挖掘、分析、利用等产业。平台经济也是在分工规律下,独立而成的专门从事信息撮合、连接供需等行业。概括起来,信息经济的分工特征对供给、需求、市场都产生着重要影响。在供给端,信息经济下的分工更加细化、更加专业,专业化分工帮助主体减少资源浪费、提高投入产出效率、增强竞争力,进而实现生产的规模经济和范围经济。在需求端,信息经济下分工的精细化、专业化,使社会多样化的消费、投资等需求得以满足,产生新的消费、投资领域,提升消费者的效用水平,实现需求的效益最大化。在市场端,信息经济下细化的分工,促使企业在专业领域的竞争力增强，促使该领域市场集中度的提高，市场竞争格局更加复杂（见图 4-6）。

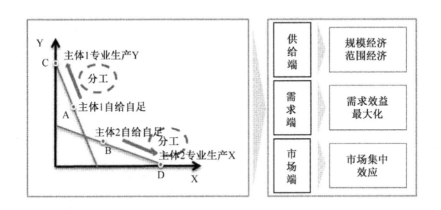

图 4-6 信息经济条件下分工对供需的影响

资料来源：课题组绘制。

信息技术对生产效率的影响还来源于对生产工具的智能化改善。生产工具的改善一直以来都是生产效率提升的重要手段。工业发展模式从机械化、自动化、信息化的演变历程主要体现为生产工具的演变历程，且每次生产工具的改善都带来了生产效率的极大飞跃。当前信息技术-经济范式进入新阶段，工业进入 4.0 时代，生产工具正进入智能化新阶段。智能化的硬件不断搜集数据和执行命令，互联网传递数据，软件根据一定的规则对数据进行分析和自动化决策，由此形成了能够自我循环的智能化工具系统，这将极大地减少过去停工检修的等待时间、减少故障带来的停机时间、减少工序间的切换时间、减少库存成本等，必将带来生产效率的又一次飞跃。

（二）信息技术降低交易费用，提升交易效率

信息经济通过优化交易的搜寻过程以及交易的达成和履行过程来催生新的

经济或经济组织模式，并给需求端、供给端和市场端带来结构优化，从而促进经济增长和转型发展。具体而言，信息技术能够降低搜寻成本影响经济运行的基本机制可以概括如下：信息技术的应用发展极大地降低了搜寻成本，将许多原本被搜寻成本约束或抑制的经济活力释放出来，从而催生了大量新经济模式。这些新经济模式能够从需求端、供给端和市场端优化经济结构，为经济增长提供新动能。信息经济、搜寻成本与新经济关系如图 4-7 所示。

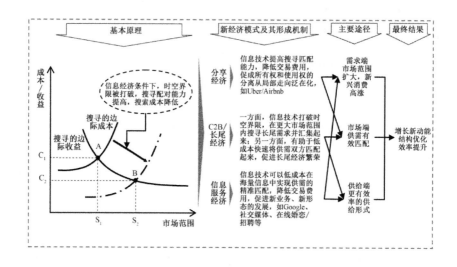

图 4-7　信息经济、搜寻成本与新经济关系

资料来源：课题组绘制。

信息技术通过降低交易达成和履行的成本影响经济运行的基本机制可以概括如下：在信息经济"技术-经济范式"下，随着信息不对称大幅下降，无论企业还是市场中交易达成和履行的成本都会下降，许多原本被约束或抑制的新经济组织模式得以涌现。这些新的经济组织模式将从需求端、供给端和市场端优化经济结构，为经济增长提供新动能。信息经济、交易达成与履行成本以及新经济关系如图 4-8 所示。

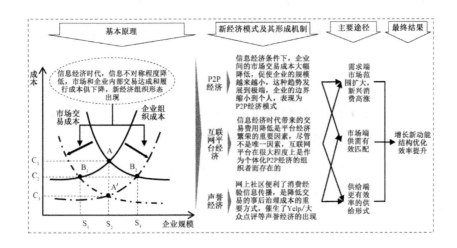

图 4-8　信息经济、交易达成与履行成本以及新经济关系

资料来源：课题组绘制。

（三）信息技术凸显网络外部性，提升溢出效应

信息经济"技术-经济范式"下，基于信息技术所产生的网络外部性逐渐凸显，个体的边际收益与网络外部性叠加所形成的个体总边际收益在不断扩展，由此所形成的外部效应（企业或个人无须付费而获得的收益或效用）随着信息经济中参与者与连接者数量的增长而急速扩展，梅特卡夫定律在信息经济生产和消费领域广泛体现。基于信息技术的网络外部性带来了三种效应：一是溢出效应，表现为利益对于经济活动本身是外在的，对社会产生了外部经济；二是正反馈，表现为网络外部性会引发局部的自我增强，形成自我强化机制；三是路径依赖，表现为经济主体会被锁定在某一条特定的路径上（见图 4-9）。

以上三种效应会带来信息经济全方位的变革。在需求端，消费者因为获得了更多的不需付费的收益而提升了总体效用，而消费者规模的不断扩大产生了更多的网络外部性，最终形成效应规模报酬递增。在供给端，在技术方面企业可以先进技术的外溢效应提升自身生产效率，在成本方面企业可以生产更多的产品分摊固定成本，使得单位产品固定成本下降，在价格方面，可以利用产品随用户增加而增加的效用提高价格，通过向第三方受益者索取更高额的费用，如广告等，在利润方面，市场的新增效应远远大于替代效应，带来整体利润增加，最终形成生产规模报酬递增。在市场端，网络外部性往往会造成一定程度市场垄断，首先达到一定市场规模的厂商往往成为垄断者，形成的进入壁垒加大了后进入者进入市场的难度，信息技术在不断重塑信息经济市场格局。

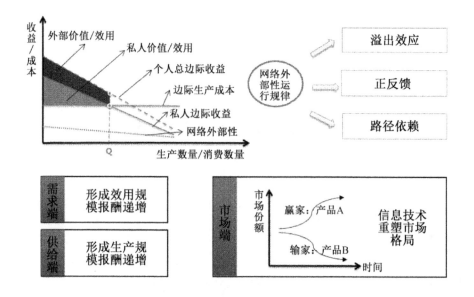

图 4-9　信息经济下的网络外部性

资料来源：课题组绘制。

（四）信息技术促进产权组合泛在重构，提升产权利用效率

界定清晰并受到保护的私有产权是市场经济体系正常运行极其重要的基础，是经济效率的基本保障。产权是所有权、使用权、控制权、收益权等一系

列权利束的总称，具有一定结构。产权不是一开始就存在，也不是一确立其内部结构就不会变动。张五常、德姆塞茨等经济学家的研究早已表明产权的确立、产权内部结构的变动与外部技术和经济环境的变化息息相关。在历史上，产权经历了两次大变革，一次是作为一个整体的私有产权确立，在此基础上，市场经济体系得以形成，生产和交易效率得到极大提升；另一次是所有权和控制权的分离，股份公司、股票交易所、职业经理人等制度结构由此得以出现，资本利用效率得到极大提升。

在信息技术的推动下，产权正在经历一场以所有权和使用权分离为主要特征的变革。权利的分离是一场成本和收益的较量。在传统技术条件下，由于使用权使用量的大小极难度量，考核费用高，同时使用权供给方找到需求方的难度大，交易成本高，权利分离的成本高过由此带来的收益，所有权和使用权打包成一个整体作为市场经济的基础参与运行。信息技术，尤其是操作系统、定位服务、导航、电子地图等应用，使得使用权使用量的度量成本大幅降低；同时大数据、云计算等信息技术的运用使得使用权供给方与需求方的匹配成本大幅降低。正因为如此，权利分离的成本开始大幅低于由此带来的收益，所有权和使用权的分离成为一种新的风尚，率先在生活领域得到广泛应用，催生了分享经济等新业态，并正在向生产领域延伸。

具体来看，在产权基础方面，传统产权观念中，法律范畴的对物化资产的所有权是唯一的权利源，且难以被进一步分割和度量。随着信息技术的应用，边际贡献可以被精准度量，传统的所有权被创意、知识、能力等使用产权束切分，使用权逐渐替代了所有权成为权利源，带来了创意经济等的蓬勃发展。在产权组合方面，传统领域所有权、使用权、处置权、剩余追索权受制于信息、成本等因素在生产领域有限分离，在信息技术的作用下，权利的有限分离逐渐表现为权力分离泛在化，而且权利分离广泛扩散到经济的每个环节，并初步形成一种新的经济形态，如分享经济等。在产权激励方面，传统条件下，劳动者与企业签订劳动合同，劳动者和企业之间形成的是以要素契约为基础的产权关系。在这种关系下，劳动者出售自己的劳动，并换取事先约定的固定工资，再加上一定的浮动绩效工资，劳动者的收入与贡献之间并不直接关联。信息技术的应用打破了这种产权激励关系，劳动者可以作为独立的个体参与经济活动，他与平台企业之间是一种更偏向市场的商品契约关系。在这种关系下，劳动者可以按照自己的贡献获得报酬。这是一种新的产权激励关系，也是一种新的就业方式。如"滴滴打车"等新型劳资关系等。在产权表现方面，传统企业理论，如企业边界由所有权界定，企业组织形式以科层制为主，企业治理目标为防范利己主义风险。信息技术的应用导致新型企业理论的出现，如企业边界由使用权界定、企业组织形式以扁平化为主、公司治理目标为利润最大化等。信息经济产权基础变迁如图4-10所示。

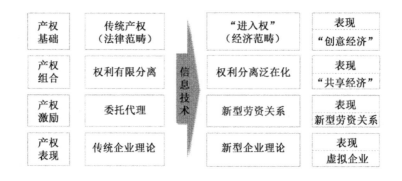

图 4-10　信息经济产权基础变迁

资料来源：课题组绘制。

三、重点行业的信息经济特征

由于行业属性、发展趋势等不同，信息通信技术在各行业的融合渗透程度表现出明显的差异性。中国16个重点行业信息经济占行业增加值比重的差异表

明，信息通信技术对服务业的渗透程度高于制造业、对离散型制造业的渗透程
度高于流程型和混合型制造业。

（一）不同行业融合型信息经济呈现明显的差异性

根据对中国纺织、冶金、化工、装备制造、金融、批发零售等 16 个重点行
业信息经济规模的测算可以看出，在传统产业中，信息经济对各行业的渗透程
度由高到低依次为金融业（33.80%）、租赁和商务服务业（21.31%）、房地产业
（18.63%）、批发零售业（17.60%）、装备制造业（14.51%）、交通运输仓储及
邮政业（13.26%）、建筑业（11.14%）、能源的生产与供应业（10.95%）、建材
工业（7.67%）、住宿和餐饮业（7.15%）、冶金工业（6.59%）、石化工业（6.51%）、
轻工业（6.33%）、化学工业（6.20%）、纺织工业（4.92%）和食品工业（4.79%），
呈现出服务业高于制造业、离散型制造业高于流程型和混合型制造业的特征（见
图 4-11）。

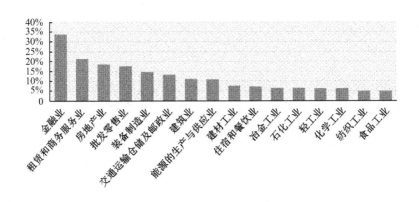

图 4-11　2015 年中国重点行业信息经济占比

数据来源：课题组测算。

1996—2015 年重点行业信息经济占比未出现颠覆性变化，服务业占比提升快于制造业。近年来信息通信技术加速在各行业融合渗透，服务业中金融业信息经济提升幅度最大，20 年间提升了 11.4%，批发零售业由 1996 年的 6.9% 提升至 2015 年的 17.6%，提升了 10.7%。制造业中装备制造业提升幅度最大，由 5.1% 提升至 14.5%，提升了 9.4 百分点，冶金工业、化学工业、纺织工业有小幅提升，分别提升了 4.3%、3.8% 和 2.2%，如图 4-12 所示。

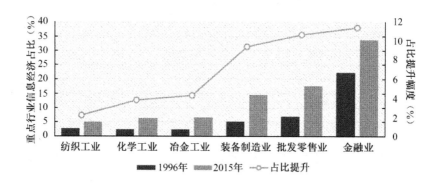

图 4-12 1996 年与 2015 年重点行业信息经济占比变动

数据来源：课题组测算。

（二）服务业具有成为信息密集型产业的天然优势

不同产业对信息资本的需求具有天然的差异性，服务业尤其是生产性服务业高度依赖信息传输、存储和处理，具备信息密集型产业的天然优势。2015 年中国金融业、租赁和商务服务业、房地产业、批发零售业信息经济占比显著高于全社会平均水平。其中，金融行业信息经济占比高达 33.8%（见图 4-13）。中国金融业在不到 30 年间经历了柜面业务自动化—联机实时处理—数据大集中—金融互联网化的飞跃，提升了金融业的服务效率，降低了交易成本。

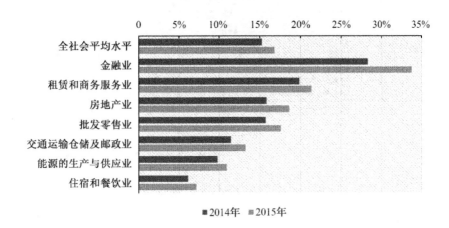

图 4-13　中国服务业重点行业信息经济占比

数据来源：课题组测算。

（三）离散型制造业信息经济比重高于流程型和混合型制造业

　　在"中国制造 2025""互联网+"等国家战略的推动下，信息通信技术在传统制造业关键环节的普及深化，促进了产品、生产、管理和服务的智能化，新的组织方式、生产模式不断涌现，制造业服务化步伐进一步加快。一方面，传统制造业中信息经济比重稳步增长，但仍普遍低于全社会平均水平，未来仍有较大的发展空间。另一方面，装备制造业等离散型制造业的信息经济比重明显高于建材工业、冶金工业、石化工业、轻工业、化学工业、食品工业、纺织工业等流程型和混合型制造业，如图 4-14 所示。

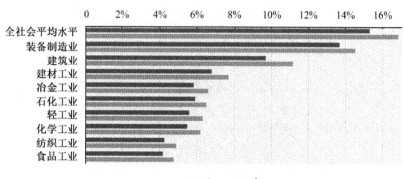

图 4-14　中国制造业重点行业信息经济占比

数据来源：课题组测算。

第五章

重点行业信息经济发展现状

发达国家围绕新工业革命正在积极谋划部署，对高端制造业进行再调整再布局，制造业成为全球经济竞争制高点。认真分析全球发达国家的新一轮产业变革，都是沿着数字化、网络化、智能化的阶段加速跃升，以两化融合为主线、以智能制造为主攻方向、以制造业与互联网融合为当前切入点成为我国应对经济新常态、加速供给侧结构性改革、推动制造强国建设的重要战略布局。

一、行业信息经济发展总体情况

我国原材料、装备、消费品等行业由于所处产业链位置、行业结构、生产特征、发展需求各有不同，信息经济发展形成了鲜明的行业特征，总体发展水平沿产业链呈现波动式发展态势，离散大批量生产型行业信息经济发展水平相对较高，不同行业在"一硬、一软、一网、一平台"和新模式培育方面呈现出差异化的发展特征。

（一）总体发展现状

重点行业信息经济发展水平沿产业链呈"三峰-双谷"波动态势。各行业两化融合发展水平可有效反映行业信息经济发展状况。2016 年，各行业两化融合水平沿产业链呈"三峰-双谷"波动态势，分别处于产业链两端以及中间的电力、烟草、电子信息三个行业的两化融合发展水平相对较高。排名从高到低依次为电力、烟草、电子、石化、交通设备制造、医药、食品、机械、冶金、轻工、纺织、采掘、建材（见图 5-1）。

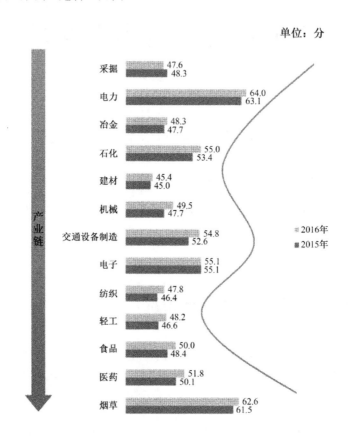

图 5-1　2015—2016 年沿产业链各细分行业的两化融合发展水平

数据来源：基于中国两化融合服务平台（http://www.cspiii.com）七万余家企业两化融合评估数据计算。

离散大批量生产型行业两化融合发展水平相对较高。按照生产类型不同，制造业可划分为流程型行业、离散型（离散大批量、离散中小批量、离散复杂单件）行业、混合型（流程与离散混合）行业等几种类型。不同生产类型企业由于最终产品、生产工艺过程、生产组织与管理方式、市场模式等不同，两化融合发展水平和侧重点各有不同。离散大批量生产型行业（如汽车整车制造等行业），达到 51.8。离散（51.2）和流程型行业（50.9）两化融合平均水平基本持平，都显著高于混合型行业（47.3）。

装备制造业突破综合集成的企业占比相对较高。企业两化融合发展进程分为起步建设、单项覆盖、集成提升、创新突破四个发展阶段，综合集成是企业两化融合迈向中高级阶段的重要标志，也是德国工业 4.0 的核心主线。企业两化融合发展演进就是从小集成不断走向大集成的过程，反映出企业不断追求、不断突破综合集成的发展历程。2016 年原材料、装备、消费品行业处于不同发展阶段的企业比例如图 5-2 所示，19.3%的装备企业处于集成提升及以上阶段[1]，显著高于原材料和消费品行业，且从各行业处于起步建设和单项覆盖阶段的企业分布情况来看，装备制造业向综合集成跨越具备更好的基础。

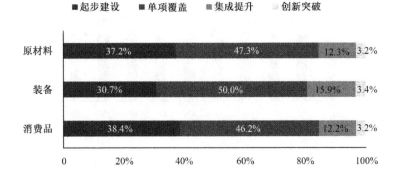

图 5-2　2016 年原材料、装备、消费品行业处于不同发展阶段的企业比例

数据来源：基于中国两化融合服务平台（http://www.cspiii.com）七万余家企业两化融合评估数据计算。

---

[1] 集成提升阶段：企业两化融合发展进程的高级阶段，处在这一阶段的企业开展两化融合的重点在于进一步加大和深化信息技术在单项业务环节的覆盖广度和应用深度，并在此基础上逐步提升业务系统之间的集成协同运作水平，以推动业务流程的优化和创新。

（二）数字化、网络化、智能化发展现状

我国企业数字化生产装备应用普及不足一半，机械、交通设备制造等装备制造业尤其偏低。随着人力成本的快速提升和国内装备制造产业的不断成熟，我国数字化生产设备应用普及程度有显著提升，但因长期依赖大量廉价劳动力和从事低附加值加工，使得我国企业有大量的课要补，生产设备数字化、网络化和智能化发展不足已成为我国工业企业普遍存在的短板。2016 年我国生产设备数字化率[2]为 44.1%，石化、电子、纺织、医药等原材料和消费品行业生产设备数字化率较高，而交通设备制造、机械等装备制造业行业生产设备数字化率偏低（见图 5-3）。

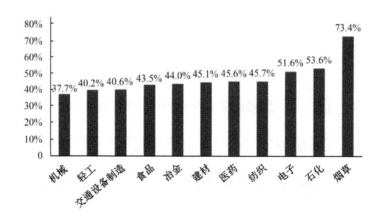

图 5-3 2016 年重点行业企业生产设备数字化率

数据来源：基于中国两化融合服务平台（http://www.cspiii.com）七万余家企业两化融合评估数据计算。

---

[2] 生产设备数字化率：数字化生产设备数量占生产设备总数量的比例，流程行业数字化生产设备是指单体设备中具备自动信息采集功能的设备；离散行业数字化生产设备是指数控机床、数控加工中心、工业机器人、带数据接口的机电一体化设备等。

　　数字化生产设备集成互联程度低，工业互联网发展任重道远。 工业互联网首先就是要全面互联，在全面互联的基础上，通过数据流动和分析，产生智能化变革，形成新的模式和新的业态。对于工业企业来说，全面互联的首要步骤就是数字化生产设备间互联。2016 年我国数字化生产设备联网率[3]为 38.2%，如果再考虑到仅有 44.1% 是数字化生产设备，那么实现生产设备互联的比例仅为 16.8%，相比原材料及消费品行业，装备行业的生产设备联网率更低（见图 5-4）。

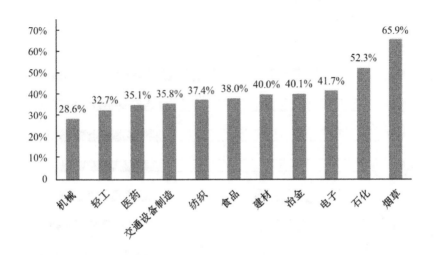

图 5-4　2016 年重点行业企业数字化生产设备联网率

数据来源：基于中国两化融合服务平台（http://www.cspiii.com）七万余家企业两化融合评估数据计算。

　　我国企业云平台应用率[4]不足四成，电子、装备、电力行业云平台应用普及度较高。 自 2013 年以来，国家和地方省市将发展工业云作为推动两化深度融合和"互联网+"的重要抓手，出台了一系列促进工业云发展的政策，为工业云

---

[3]　数字化生产设备联网率：联网的数字化生产设备数量占数字化生产设备总数量的比例，联网的数字化生产设备是能与控制系统进行数据交换的数字化生产设备。

[4]　工业云平台应用率：指应用了工业云平台的企业比例，包括公有云、私有云。其中，公有云指第三方服务商为企业提供的云资源及服务，私有云指企业专有并独立使用的云资源及服务，混合云指企业同时应用公有云和私有云服务。

发展营造了良好的政策环境。但受云平台技术水平、服务质量、用户接受程度、市场需求大小等方面的影响，我国企业云平台使用率较低，2016 年仅有 33.5% 的企业使用了云服务，尚不足四成。使用公有云、私有云和混合云服务的企业比例分别为 18.5%、13.0% 和 2.0%，公有云平台作为普遍服务，市场渗透不足。两化融合水平较高的电子、装备、电力行业云平台普及度较高，接近 40%，超过全国平均水平，而对于采掘、原材料等处在产业链上游的行业，云平台使用率较低，仅为 30% 左右（见图 5-5）。

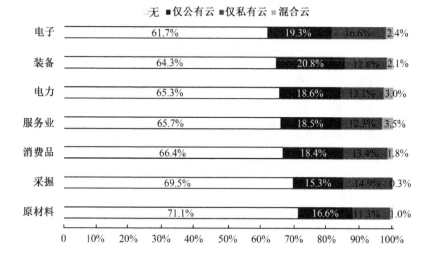

图 5-5　2016 年我国各行业工业云使用情况

数据来源：基于中国两化融合服务平台（http://www.cspiii.com）七万余家企业两化融合评估数据计算。

个性化需求高的生产控制类工业软件普及度低，各类软件普及率具有显著的行业特性。工业软件是新型制造体系的"软装备"，是两化融合的切入点和"黏合剂"。常用的工业软件可分为经营管理类、产品研发类和生产管控类，其中经营管理类和产品研发类软件的普及率显著高于生产控制类软件。ERP、CAD/CAE/CAPP 软件普及率均超过 40%，CRM、SCM、PDM 等软件普及率均在 25% 左右，而 SCADA、CAM、MES 等生产控制类软件普及率仅为 15% 左右，从工业软件的自主研发情况来看，越是个性化定制需求高的软件（PLM、MES）普及度越低（见图5-6）。

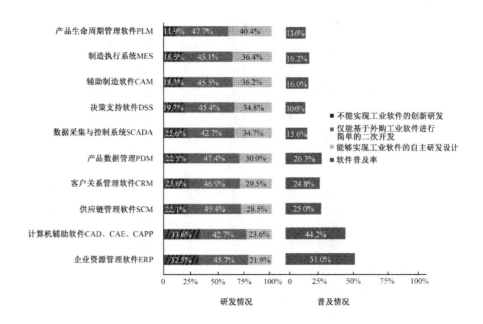

图 5-6　2016 年我国工业软件普及、研发情况

数据来源：基于中国两化融合服务平台（http://www.cspiii.com）七万余家企业两化融合评估数据计算。

交通设备制造业 ERP、SCM、PLM、PDM、CAD/CAE/CAPP、CAM、MES 普及率均名列首位，但 CRM 应用普及率不高；机械行业 PLM、PDM、CAD/CAE/CAPP、CAM 与行业特性紧密相关的软件普及率较高；医药行业经营管理类软件的普及率较高，但医药行业 CAM、MES 等生产管控类软件普及率较低，仅处于中下游水平；石化行业 SCM、MES、SCADA 等软件普及率表现突出，在计算机辅助设计方面已有较大突破，处于中上游；冶金、建材等原材料行业除生产管控类软件普及率处于中上等外，其他类别软件应用普及率偏低，食品、轻工、纺织等消费品工业各软件普及率整体偏低（见图5-7）。

	经营管理类			产品研发类			生产管控类		
	ERP	SCM	CRM	PLM	PDM	CAD/CAE/CAPP	CAM	MES	SCADA
1	交通	交通	医药	交通	交通	交通	交通	交通	电力
2	电子	石化	食品	机械	机械	机械	机械	电子	石化
3	医药	医药	电子	电子	电子	电力	电子	石化	冶金
4	机械	食品	轻工	轻工	食品	电子	轻工	机械	建材
5	石化	电子	机械	食品	医药	石化	纺织	轻工	采矿
6	电力	机械	交通	纺织	轻工	冶金	冶金	冶金	食品
7	轻工	轻工	石化	医药	石化	采矿	建材	建材	电子
8	食品	纺织	纺织	石化	建材	医药	电力	医药	医药
9	建材	建材	建材	电力	纺织	轻工	石化	纺织	纺织
10	冶金	采矿	采矿	建材	冶金	建材	食品	食品	交通
11	纺织	冶金	电力	冶金	电力	食品	医药	电力	轻工
12	采矿	电力	冶金	采矿	采矿	纺织	采矿	采矿	机械

图 5-7　2016 年各类软件普及率行业排名情况

数据来源：基于中国两化融合服务平台（http://www.cspiii.com）七万余家企业两化融合评估数据计算。

（三）新模式发展现状

各行业在信息经济新模式培育方面各有侧重。原材料行业致力于生产管控和经营管控的水平提升，底层生产过程数控化水平是原材料行业打造精细化生产管控能力的关键环节，2016 年原材料行业的关键工序数控化率[5]为 60.0%

---

[5] 关键工序数控化率：流程行业关键工序数控化率是指关键工序中过程控制系统（例如 PLC、DCS、PCS

（38.8%），其中石化行业关键工序数控化率达到 68.8%（42.1%）。**装备行业侧重于研发创新和智能产品服务延伸方面的探索**，2016 年装备行业的数字化研发工具普及率[6]达到 77.4%，而原材料和消费品行业均低于 60%；实现管控集成的企业比例[7]达到 21.0%，较原材料和消费品行业分别高 5.0、3.9 个百分点。**消费品行业对用户服务和供应链管理较为关注**，2016 年消费品行业开展电子商务的企业比例[8]为 56.4%，比原材料行业高出 10.6 个百分点，其中纺织、轻工、医药等行业开展电子商务的企业比例均接近或达到 50% 以上；实现产业链协同的企业比例[9]达到 8.1%，分别高出原材料、装备行业 1.3 个、2.3 个百分点，其中食品、医药行业实现产业链协同的企业比例超过 9%。

　　重点行业可划分为创新驱动型、智能制造先导型、互联网化先导和传统发展型。对各行业的智能制造就绪率和互联网化指数的排名情况进行组合分析，对行业两化融合发展的重点发展趋势进行判断，可将各行业两化融合的发展趋势分为四种类型（见图 5-8）。

等）的覆盖率；离散行业关键工序数控化率是指关键工序中数控系统（例如 NC、DNC、CNC、FMC 等）的覆盖率。另，括号内的数值是算数平均值，反映该指标企业平均水平；括号外的数值是按照规模的加权平均值，反映该指标国家（行业、区域）的综合水平，下同。

[6] 数字化研发工具普及率：应用数字化研发工具的企业占所有企业比例。数字化研发设计工具是指辅助企业开展产品设计，实现数字化建模、仿真、验证等功能的软件工具。对于离散行业企业是指应用了二维或三维 CAD，对于流程行业是指应用了产品配方信息化建模工具，例如计算机辅助配棉。

[7] 实现管控集成的企业比例：实现管控集成的企业占所有企业的比例。管控集成是指利用信息系统集成实现企业生产管理（计划层）、车间生产制造执行（执行层）、生产制造过程控制（控制层）之间的信息上传、指令下达等无缝衔接（从业务系统中自动获得数据，数据不经过人工录入）和业务集成。

[8] 开展电子商务的企业比例：开展电子商务的企业占所有企业的比例。应用电子商务是指产品或服务的采购或销售订单是在网络上完成的。但是，支付和产品或服务的交割，可以"在线"或者"离线"完成。订单在网络上完成不包括通过电话、传真或者传统 E-mail 进行的订单收发活动。

[9] 实现产业链协同的企业比例：产业链协同是指利用信息系统实现企业与其产业链上下游企业间在研发、采购、生产、销售、财务等关键业务协同运作。

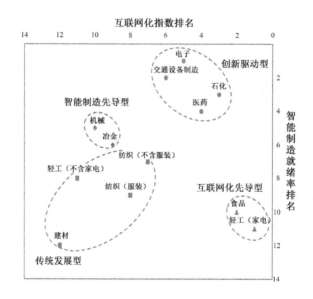

图 5-8　2016 年行业两化融合发展趋势分析模型

数据来源：基于中国两化融合服务平台（http://www.cspiii.com）七万余家企业两化融合评估数据计算。

创新驱动型。 属于创新驱动型的行业，智能制造就绪率与互联网化指数排名均处于全国前列，基于两化融合进行智能制造和企业互联网化转型方面的探索创新比较积极，均取得了初步成效，包括电子、交通设备制造、石化、医药等行业（见图 5-9）。

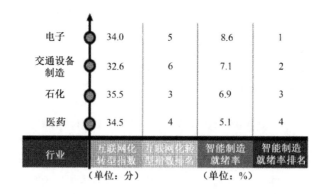

图 5-9　2016 年各行业互联网化转型指数排名和智能制造就绪率排名（创新驱动型）

数据来源：基于中国两化融合服务平台（http://www.cspiii.com）七万余家企业两化融合评估数据计算。

　　智能制造先导型。属于智能制造先导型的行业，智能制造就绪率的排名处于前列，基于两化融合在智能制造方面的探索创新比较积极，也取得了一定成效，但在企业互联网化转型方面则相对滞后，机械、冶金行业属于智能制造先导型（见图5-10）。

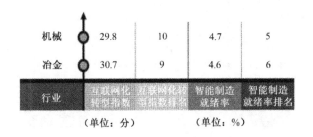

图 5-10　2016 年各行业互联网化转型指数排名和智能制造就绪率排名

（智能制造先导型）

数据来源：基于中国两化融合服务平台（http://www.cspiii.com）七万余家企业两化融合评估数据计算。

　　互联网化先导型。属于互联网化先导型的行业，互联网化指数的排名处于前列，智能制造就绪率的排名则较为靠后，这些行业基于两化融合在互联网化转型方面的探索创新比较积极，也取得了一定成效，在智能制造方面则相对滞后，食品、轻工（家电）行业属于互联网化先导型（见图5-11）。

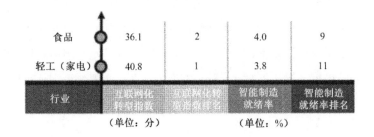

图 5-11　2016 年各行业互联网化转型指数排名和智能制造就绪率排名

（互联网优先导型）

数据来源：基于中国两化融合服务平台（http://www.cspiii.com）七万余家企业两化融合评估数据计算。

　　传统发展型。属于传统发展型的行业，智能制造就绪率和互联网化指数排名均较为靠后,相对其他行业,缺乏基于两化融合在智能制造和互联网化转型方面的探索和创新,发展方式相对传统,在新模式新业态培育方面比较薄弱,包括纺织、轻工(不含家电)、建材3个行业(见图5-12)。

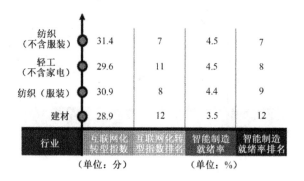

图 5-12　2016年各行业互联网化转型指数排名和智能制造就绪率排名(传统发展型)

数据来源:基于中国两化融合服务平台(http://www.cspiii.com)七万余家企业两化融合评估数据计算。

二、原材料行业信息经济发展情况

石化化工、钢铁、有色金属、建材、黄金、稀土等原材料行业是典型的流程工业,在我国制造业、特别是中西部省份制造业中占据重要支柱地位。原材料行业生产装备数字化和网络化水平较高,大型钢铁和石化企业的智能制造水平在全行业居于前列,设备、安全、环保、能源等环节是利用信息化开展精细化管理的重点内容,近几年原材料行业在数据产业生态圈建设、行业平台建设及资源整合配置方面都进行了创新性的探索。

(一)原材料行业信息经济发展全景图

总体水平。随着经济发展进入新常态,原材料行业成为践行"三去一降一补"任务的攻坚区,通过信息技术深度融入研发、设计、制造、采购、销售、服务等环节，加速面向客户需求的研发设计、工艺设计等迭代优化，驱动生产组织由推动式向拉动式转变。2016 年，我国原材料行业信息经济总量达到6820.3 亿元，两化融合发展水平达到 50.2，接近全国平均水平，15.5%的企业达到集成提升及以上阶段。根据生产方式的不同特点，原材料各细分行业围绕生产管控、设备管理、安全环保、能源管理、供应链管理、辅助决策等方面开展智能化应用，2016 年行业智能制造就绪率达到 5.0%，其中石化、大型钢铁行业智能化水平较高，智能制造就绪率分别达到 6.9%、19.0%。作为典型的流程型工业，原材料行业更为重视生产经营过程中的数据应用，发挥数据驱动作用提升行业整体智能化水平，2016 年我国原材料行业互联网化转型发展水平达到 32.8，尤其是石化行业，达到 35.5，较全国平均水平高出 8.6%。

数字化、网络化、智能化水平。 原材料行业的企业装备数字化和网络化水平显著高于装备和消费品行业，2016 年，原材料行业生产设备数字化率、关键工序数控化率分别达到48.0%和 60.0%（38.8%）[10]，行业内着重强调数字化生产设备的互联互通，数字化生产设备联网率达到 45.5%，较装备、消费品行业分别高出 14.0 个、9.6 个百分点。行业抓住两化深度融合和"互联网+"良好的政策环境，出台了一系列促进工业云发展的政策，依托重点生产企业、信息化服务商、科研单位成立原材料工业云产业联盟，建设安全可靠的原材料工业公共云服务平台，推进工业软件、数据管理、工程服务等资源的开放共享，目前企业云平台应用率达到 28.9%。按照《原材料工业两化深度融合推进计划（2015—2018 年）》部署，到 2018 年，大中型原材料企业数字化设计工具普及率超过 85%，关键工艺流程数控化率超过 80%。

新模式培育。 以开放、连接、协同、共享为特征的创新体系正催生出流程型行业智能制造、网络协同制造、大规模个性化定制、远程运维等制造新模式，

---

[10] 对于"关键工序数控化率"，括号内的数值是算数平均值，反映该指标企业平均水平；括号外的数值是按照规模的加权平均值，反映该指标国家（行业、区域）的综合水平。

钢铁、石化等行业率先利用移动互联网、云计算、大数据、物联网等信息技术构筑包含电子商务、工业互联网和互联网金融等平台，促使行业商业模式、管理模式、盈利模式发生深刻变化，逐步形成汇聚产业链资源，整合社会要素的产业生态体系，2016年，原材料行业实现产业链协同的企业比例达6.8%，基本持平于全国平均水平。原材料行业针对各细分行业的不同特点，探索制定智能工厂标准，围绕生产管控、设备管理、安全环保、能源管理、供应链管理、辅助决策等方面开展智能化应用，旨在实现企业生产运营的自动化、数字化、模型化、可视化、集成化，提高企业劳动生产率、安全运行能力、应急响应能力、风险防范能力和科学决策能力。2016年，原材料行业智能制造就绪率5.0%，大型企业在向智能制造转型的进程中具有得天独厚的基础优势，如大型钢铁行业智能制造就绪率达到19.0%。

2016年原材料行业信息经济发展概况如表5-1所示。

表5-1 2016年原材料行业信息经济发展概况

指　　标		数　　值
总体水平	信息经济总量（亿元）	6820.3
	两化融合发展水平（分）	50.2
	互联网化转型发展水平（分）	32.8
	智能制造就绪率（%）	5.0
发展阶段	达到集成提升及以上阶段的企业比例（%）	15.5
数字化、网络化、智能化水平	数字化装备	生产设备数字化率（%）	48.0
		关键工序数控化率（%）	60.0（38.8）
	工业软件	数字化研发工具普及率（%）	49.7
		ERP普及率（%）	48.5
		PLM普及率（%）	10.3
		MES普及率（%）	17.4
	设备互联	数字化生产设备联网率（%）	45.5
	云平台	云平台应用率（%）	28.9
	企业间业务协同	电子商务普及率（%）	45.8
		实现产业链协同的企业比例（%）	6.8

续表

指 标			数 值
数字化、网络化、智能化水平	企业间业务协同	开展网络化协同设计或制造的大型企业比例（%）	—
新模式培育	开展远程在线服务的企业比例（%）		—
	开展网络精准营销的企业比例（%）		—
	开展个性化定制的企业比例（%）		—

数据来源：基于中国两化融合服务平台（http://www.cspiii.com）七万余家企业两化融合评估数据计算。其中：1.对于"关键工序数控化率"，括号内的数值是算数平均值，反映该指标企业平均水平；括号外的数值是按照规模的加权平均值，反映该指标国家（行业、区域）的综合水平。2."开展网络化协同设计或制造的大型企业比例"以及新模式培育涉及的三个指标仅针对离散型行业计算。

（二）原材料重点行业信息经济发展情况

1. 大型钢铁行业融合型信息经济发展情况

总体水平。2016 年，钢铁行业信息经济总量达到 1076.7 亿元，占整个原材料行业信息经济总量 15.8%。大型钢铁企业两化融合发展水平达到 55.3，33.2% 的企业达到集成提升及以上阶段，两化融合发展进程已基本达到"综合集成"发展阶段。企业正加速信息技术在生产精细化管控、一贯制质量管理、产供销一体化等方面深化应用，企业实现管控集成、产供销集比例分别为 29.1%、43.4%。行业内提出了数字矿山、钢铁智能工厂建设，开展了选矿全流程智能控制系统、产品研发和客户服务的产品生命周期管理技术、钢铁生产全流程工艺参数计算机辅助设计、轧制过程动态仿真机控制技术等工艺过程、工艺参数数字化设计等信息技术和工业技术融合创新和模式创新。

数字化、网络化、智能化水平。我国大型钢铁行业数字化水平居全国前列，在数字化生产装备以及数字化研发、生产和管理工具普及上取得了长足的进步，其中数字化研发工具普及率达到 60.6%，ERP、MES 普及率分别达到 69.6%、

42.2%，但用于产品研发和客户服务的产品生命周期管理（PLM），针对炼钢、连铸、热轧等工序的工艺参数计算机辅助设计工具（CAPP）等方面的应用比例还待进一步提升。数字化生产设备及数字化生产设备的互联互通，促进了钢铁行业向智能工厂迈进，推进铁钢轧工艺过程信息横向贯通、全流程高级计划排产和质量一贯制闭环控制，资源能源全面协同优化，在线设备诊断、预测与维护，过程控制、生产管理、企业营销规划信息纵向融合等，通过数据资源的挖掘利用，实现钢铁生产全流程闭环的自动化控制与智能化管理。

新模式培育。以宝钢、首钢等为代表的钢铁企业，纷纷树立起以用户为中心的产品理念和服务意识，推进钢铁企业由制造商向服务商转变，积极推进与装备、汽车、家电等主要下游用户建立上下游协同管理系统，围绕用户需求，结合先期研发介入、后期持续跟踪改进（EVI）模式，创新技术支持和售后服务，完善物流配送体系，提供材料推荐、后续加工使用方案等一系列延伸服务，创造和引领高端需求。"互联网+钢铁"的发展涌现出一批钢铁电商交易平台，最大限度实现了信息共享，促进供给和需求的精准对接，围绕钢铁交易新业态不断涌现。大型钢铁企业拥有完善基础自动化、生产过程控制、制造执行、企业管理四级系统，拥有向智能制造模式转变的良好基础，智能制造生产模式的培育是大型联合钢铁行业战略发展的重点。

2016 年大型钢铁行业信息经济发展如表 5-2 所示。

表 5-2　2016 年大型钢铁行业信息经济发展概况

指　标			数　值
总体水平	信息经济总量（亿元）		1076.7
	两化融合发展水平（分）		55.3
	互联网化转型发展水平（分）		35.0
	智能制造就绪率（%）		19.0
发展阶段	达到集成提升及以上阶段的企业比例（%）		33.2
数字化、网络化、智能化水平	数字化装备	生产设备数字化率（%）	51.0

续表

指　　标			数　　值
数字化、网络化、智能化水平	数字化装备	关键工序数控化率（%）	75.4（70.5）
	工业软件	数字化研发工具普及率（%）	60.6
		ERP 普及率（%）	69.6
		PLM 普及率（%）	13.7
		MES 普及率（%）	42.2
	设备互联	数字化生产设备联网率（%）	53.0
	云平台	云平台应用率（%）	33.3
	企业间业务协同	电子商务普及率（%）	51.5
		实现产业链协同的企业比例（%）	4.6
		开展网络化协同设计或制造的大型企业比例（%）	—
新模式培育		开展远程在线服务的企业比例（%）	—
		开展网络精准营销的企业比例（%）	—
		开展个性化定制的企业比例（%）	—

数据来源：基于中国两化融合服务平台（http://www.cspiii.com）七万余家企业两化融合评估数据计算。其中：1.表中"信息经济总量"为钢铁行业整体规模。2.对于"关键工序数控化率"，括号内的数值是算数平均值，反映该指标企业平均水平；括号外的数值是按照规模的加权平均值，反映该指标国家（行业、区域）的综合水平。3."开展网络化协同设计或制造的大型企业比例"以及新模式培育涉及的三个指标仅针对离散型行业计算。

2. 石化行业融合型信息经济发展情况

总体水平。 2016 年，石化行业信息经济总量达 610.4 亿元，两化融合发展水平达到 55.0，较原材料行业平均水平高出 9.6%，21.1%的企业达到集成提升及以上阶段，大型企业实现单项覆盖向集成提升级和创新突破阶段跃进势头明显，逐步提升业务系统之间的集成协同运作水平。《石化和化学工业发展规划（2016—2020 年）》中指出，"十三五"末，石化行业实现信息化综合集成的企业比例要达到 35%。以中石油、中石化、中海油、鲁西集团为代表的一批石化企业进入智能制造示范试点，行业整体智能制造就绪率达到 6.9%，较原材料行业平均水平高出 1.9 个百分点。行业内不断加强物联网、射频识别、物品编码等信息技术的应用,逐步建立化肥、农药、涂料等生产监督及产品追溯系统,搭建产品追溯数据库,通过电子商务平台、企业云平台等开展"互联网+"石油产业链、"互联网+"化工、"互联网+"农资等活动,鼓励生产企业建立客户基础信息库,提高服务化水平,实现供需协同,目前石化行业互联网化转型发展水平达到35.5。

数字化、网络化、智能化水平。信息技术正深度融入石化生产全过程,企业积极开展全流程建模、先进过程控制、实时优化和调度等信息系统的实施和建立,石化行业中,ERP、MES 的普及率分别达到 55.0%、20.7%。石化行业重点发展炼化关键主装置及工厂的三维数字化技术与模拟仿真、优化控制和调度计划技术等,对工厂生产全流程实现安全可视化管理和控制,目前石化行业数字化研发工具普及率为 53.7%。同时,行业内产能平衡和生产过程管控水平,以及质量、安全、节能、环保等方面的精细化管控上得到全面提升。石化、轮胎、化肥、煤化工、氯碱、氟化工等行业率先开展智能制造试点示范,以智能制造为主攻方向不断提升行业两化融合水平。

新模式培育。石化企业通过利用数字化研发工具,提升关键工序数控化率、数字化生产设备联网率等一系列数据自动采集和控制的关键技术,全面提升企业感知、预测、协同、分析、控制和优化能力,为石化行业的智能制造转型奠定坚实基础,中石油镇海炼化在智能生产方面开展了生产计划、生产调度、生产现场作业、物料平衡的智能化闭环管理和多层次动态优化,中国石化在智能管线方面实现了管线管理的标准化、数字化、可视化,构建涵盖管线数字化管理、管道完整性管理、管线运行管理、应急响应管理、隐患管理和综合管理等功能的智能化管线管理系统,支撑专业公司、企业对管线日常运行、风险隐患、安全运行等方面的管理。伴随互联网、云计算、大数据、物联网技术的发展,石化龙头企业正探索建立全业务链的智能协同体系,例如中国石化在统一的电商平台上建设工业品电商"易派客",并向社会开放,创建"互联网+供应链"电商服务新模式,营造出以中国石化为核心,社会采购商、供应商、物流商、第三方服务商、金融机构以及个人消费者共同参与的工业品电子商务生态圈。

2016 年石化行业信息经济发展概况如表 5-3 所示。

表 5-3   2016 年石化行业信息经济发展概况

指　标			数　值
总体水平	信息经济总量（亿元）		610.4
	两化融合发展水平（分）		55.0
	互联网化转型发展水平（分）		35.5
	智能制造就绪率（%）		6.9
发展阶段	达到集成提升及以上阶段的企业比例（%）		21.1
数字化、网络化、智能化水平	数字化装备	生产设备数字化率（%）	53.6
		关键工序数控化率（%）	68.8（42.1）
	工业软件	数字化研发工具普及率（%）	53.7
		ERP 普及率（%）	55.0
		PLM 普及率（%）	11.9
		MES 普及率（%）	20.7
	设备互联	数字化生产设备联网率（%）	52.3
	云平台	云平台应用率（%）	33.5
	企业间业务协同	电子商务普及率（%）	50.8
		实现产业链协同的企业比例（%）	9.1
		开展网络化协同设计或制造的大型企业比例（%）	—
新模式培育	开展远程在线服务的企业比例（%）		—
	开展网络精准营销的企业比例（%）		—
	开展个性化定制的企业比例（%）		—

数据来源：基于中国两化融合服务平台（http://www.cspiii.com）七万余家企业两化融合评估数据计算。其中：1.对于"关键工序数控化率"，括号内的数值是算数平均值，反映该指标企业平均水平；括号外的数值是按照规模的加权平均值，反映该指标国家（行业、区域）的综合水平。2."开展网络化协同设计或制造的大型企业比例"以及新模式培育涉及的三个指标仅针对离散型行业计算。

（三）原材料行业信息经济发展趋势

1．龙头企业私有平台外化为行业公共平台，支撑行业内资源供需有效对接

原材料行业内大型企业私有平台外化为行业公共平台，促进供给侧的生产组织以需求侧为中心，加速供给侧结构性改革步伐。原材料大型企业基于市场营销、产品研发、生产管控、两化融合等多方面的优势，逐步成为行业一极，承担带动行业转型发展的重任。原材料大型企业将自有电子商务平台向行业公共平台转化，行业相关制造企业通过平台快速、精准了解市场需求变化，敏捷组织物料采购、生产制造和物流配送，通过市场需求倒逼生产企业加强供应链的各方面紧密协同，通过数字化的研发设计、一体化的集成管控，实现柔性化生产、大规模个性化定制（见表5-4）。

表5-4　龙头企业平台外化为行业公共平台

趋势	典型做法	企业案例
龙头企业私有平台外化为行业公共平台	交易、物流、加工、技术、金融等一体化平台：欧冶电商、欧冶物流和欧冶金融等业务一体化平台外化逐步赢得行业企业关注与加入，推动产业链上相关企业协同创新，形成钢铁生产企业、钢铁贸易公司、物流加工服务商、钢材用户等多方主体共生共赢的产业生态	宝钢
	物资采购平台：搭建对接行业内供应商及企业的电商平台，实现敏捷组织物料采购	中国石化

数据来源：课题组基于企业案例整理。

2．探索构建围绕工业大数据的产业生态圈

原材料行业围绕工业大数据的产业生态已现雏形，并呈蓬勃发展之势。信息技术在原材料企业研发、设计、制造、采购、销售、服务等环节的应用，产生了爆炸性增长的工业大数据，围绕大数据信息的处理和应用催生了新的产业，基于大数据对顾客群体细分，制定每个群体量体裁衣般的个人化服务，运用大数据模拟实境发掘、引导用户新的需求，大数据在行业间的分享可提高整个产业链条的投入回报率，开启数据使能模式。钢铁、石化、建材等原材料大型龙头企业或行业协会将成熟自主的行业解决方案向全行业推广运用，逐步汇聚行

业企业、设备提供商、工业软件商、数据服务商形成"硬件+软件+服务"的一
体化产业生态模式（见表5-5）。

表 5-5　围绕工业大数据的产业生态圈

趋势	典型做法	企业案例
形成围绕工业大数据的产业生态圈	建材大数据产业情报基础服务平台：汇聚建材行业各主体产业动态、供需情报、竞争情报、行业数据、行业研报等信息情报于一体的云服务平台，助推建材企业借助大数据开展精准营销、个性化设计、动态制定生产计划、协同生产、共享产能等	中国建材材料联合会
	"软件+硬件+服务"大数据生态圈：围绕钢铁冶炼、轧制及深加工的工艺设计、设备集成与模拟优化、设备故障在线诊断与预测维护、能源管理等行业解决方案，设备供应商、工业软件商、数据服务商相互渗透、合作、共享，逐步形成基于数据的一体化产业生态模式蓬勃发展	宝钢、中信重工、宝信

数据来源：课题组基于企业案例整理。

三、装备行业信息经济发展情况

机械、交通设备制造等装备行业是典型的离散工业，被称为国家工业化、现代化建设的"发动机"和"工业之母"。装备行业两化融合水平高于原材料和消费品行业，向综合集成迈进趋势明显，信息技术在研发、管理等环节的应用普及广度和深度处于领先地位，受制于生产设备数字化、网络化水平不高以及复杂的生产制造过程，使得装备行业智能制造和互联网化转型之路更为艰巨。近几年，装备行业在以客户需求为核心开展定制化协同研发、基于智能化产品开展敏捷售后服务以及分享经济等方面开展创新性探索。

（一）装备行业信息经济发展全景图

总体水平。 目前我国装备制造产业规模已位居世界首位，产业链覆盖较全，但现阶段装备行业仍然面临着产能过剩和结构失衡等问题，聚焦高端装备发展，夯实装备升级基础是"十三五"期间的核心议题，《中国制造 2025》明确

将高端装备创新工程作为五大工程之一。2016 年，我国装备行业信息经济总量达 6152.0 亿元，两化融合发展水平达到 51.4，高于原材料和消费品行业，行业中 19.3%的企业达到集成提升及以上阶段，积极探索企业内部集成互联以及企业间的业务协同和模式创新。装备行业布局不断优化、环境持续改善，现有企业转型升级成效显著，高端装备核心技术攻关不断取得重大突破，高铁、核电等高端装备频繁亮相国际，通用航空、卫星导航、工业机器人等领域也保持了中高速增长。《高端装备创新工程实施指南》和《首台（套）重大技术装备推广应用指导目录》等政策规划瞄准高端装备技术瓶颈进行突破；《装备制造业标准化和质量提升规划》等则聚焦装备行业发展基础的夯实。

数字化、网络化、智能化水平。装备智能化是装备行业两化融合的重点之一，2016 年装备行业智能制造就绪率为 5.3%，基本与全国平均水平持平。行业生产设备数字化率、关键工序数控化率分别为 38.7%和 37.3%（29.1%）[11]，低于原材料和消费品行业，我国高端智能硬件装备多由国外把控，国产工业设备尤其是嵌入核心工艺的生产装备以及大型成套装备的国内供给能力不足。装备行业普遍致力于提升研发创新能力，2016 年装备行业数字化研发工具普及率达到 77.4%，在各行业中位于首位。工业软件应用也较为广泛，尤其是 MES 普及率达到 20.3%，高于原材料和消费品行业。信息技术在装备行业中的不断渗透有效促进了装备行业的整体水平提升，围绕"设备互联、数据互换、过程互动、产业互融"等方面加快智能化改造，近年来，国产数控机床和机器人等装备制造业加速迈向智能化。江苏等地通过推进示范智能车间、智能工厂建设，引导企业围绕装备智能化水平、装备互联互通、产品信息追溯、环境和资源能源消耗监控等进行改造，支持企业实现全流程和全产业链的综合集成应用。天津等地通过打造"智慧制造集群"引导高端装备骨干企业开展研发设计的数字化、

---

[11] 对于"关键工序数控化率"，括号内的数值是算数平均值，反映该指标企业平均水平；括号外的数值是按照规模的加权平均值，反映该指标国家（行业、区域）的综合水平。

信息化、智能化创新，提升装备数字化设计和产业链系统研制能力。

新模式培育。装备制造业通过开展基于客户需求的产品定制研发，主动将用户引入产品研发设计、加工制造和应用服务等全生命周期的各个环节，2016 年装备制造业开展个性化定制的企业比例达到 4.4%。远程在线服务，尤其是远程监控和运维等对装备行业带来的附加价值最为显著，装备制造业在远程在线服务方面的积极开展探索和创新，2016 年开展产品在线服务延伸[12]的企业比例达到 21.1%。装备行业中，汽车、机械等大力发展产品全生命周期信息跟踪、反馈与追溯服务，推动实现产品正向可追踪、流程可管控、反向可追溯、实时定位可召回、相关责任可追究，响应速度和服务质量提升显著。通过打造网络化协同制造平台，发展基于互联网的协同制造新模式，装备行业正加快形成制造业网络化产业生态体系。

2016 年装备行业信息经济发展概况如表 5-6 所示。

表 5-6 2016 年装备行业信息经济发展概况

指　　　　标		数　　值
总体水平	信息经济总量（亿元）	6152.0
	两化融合发展水平（分）	51.4
	互联网化转型发展水平（分）	31.4
	智能制造就绪率（%）	5.3
发展阶段	达到集成提升及以上阶段的企业比例（%）	19.3
数字化、网络化、智能化水平	数字化装备　　生产设备数字化率（%）	38.7
	数字化装备　　关键工序数控化率（%）	37.3（29.1）
	工业软件　　数字化研发工具普及率（%）	77.4
	工业软件　　ERP 普及率（%）	58.7

---

[12]产品在线服务延伸：产品在线服务延伸包括基于智能化产品进行远程在线实时监控、故障诊断、预警和维护等。

续表

指标			数值
数字化、网络化、智能化水平	工业软件	PLM 普及率（%）	19.7
		MES 普及率（%）	20.3
	设备互联	数字化生产设备联网率（%）	31.5
	云平台	云平台应用率（%）	35.7
	企业间业务协同	电子商务普及率（%）	55.2
		实现产业链协同的企业比例（%）	5.8
		开展网络化协同设计或制造的大型企业比例（%）	47.4
新模式培育		开展远程在线服务的企业比例（%）	21.1
		开展网络精准营销的企业比例（%）	8.1
		开展个性化定制的企业比例（%）	4.4

数据来源：基于中国两化融合服务平台（http://www.cspiii.com）七万余家企业两化融合评估数据计算。其中：1.对于"关键工序数控化率"，括号内的数值是算数平均值，反映该指标企业平均水平；括号外的数值是按照规模的加权平均值，反映该指标国家（行业、区域）的综合水平。2."开展网络化协同设计或制造的大型企业比例"以及新模式培育涉及的三个指标仅针对离散型行业计算。

（二）装备重点行业信息经济发展情况

1. 汽车整车制造行业

总体水平。2016 年，我国汽车整车制造行业两化融合发展水平达到 55.8，在装备行业中位居前列；23.2%的企业达到集成提升及以上阶段，积极探索企业内部集成互联以及企业间的业务协同和模式创新，高于装备行业平均水平。《关于积极推进"互联网+"行动的指导意见》《关于深化制造业与互联网融合发展的指导意见》等意见的相继出台也推动了汽车行业中互联网与营销、渠道、运营、产品等的全面融合，包括"互联网汽车""互联网汽配城""互联网维修店""互联网 4S 店""互联网车险"等创新形式已全面铺开，2016 年汽车互联网化转型发展水平 33.2，较装备行业高出 5.7%。《中国制造 2025》中明确指出，到 2025 年建立完善的智能网联汽车自主研发体系，生产配套及产业群，基本完成汽车产业的转型升级，2016 年我国汽车整车制造行业中，初步具备探索智能制造条件的企业比例达 8.4%。

数字化、网络化、智能化水平。 汽车整车制造行业作为典型的离散大批量生产行业，生产装备自动化和数字化、生产过程管理的实时化和透明化、物料和质量管理的可控化和可追溯化等方面的水平比离散中小批量和复杂单件生产型行业整体水平要高。2016 年，汽车整车制造行业生产设备数字化率、数字化生产设备联网率分别达到 44.8%、47.4%，较装备行业平均水平高出近 10 个百分点。近年来，激烈的行业竞争推动着各大车企不断加大研发投入，2016 年，汽车行业的研发数字化研发工具普及率达到 81.8%，在制造业各行业中处于领先水平。行业内各类工业软件的普及应用也有效支撑了研发、制造、销售、服务等方面流程的数字化和智能化，ERP、PLM、MES 普及率分别达到 80.0%、47.7%、40.0%。云计算技术在汽车行业的应用促进了以客户为中心的生产、设计、营销、后市场服务等产业链形成，2016 年汽车行业云平台应用率达到 52.3%，较装备行业平均水平高出 16.6 个百分点。

新模式培育。 随着互联网、物联网、大数据、云计算等向汽车行业的不断渗透，汽车产业与 IT、通信、智能交通等产业跨界融合新业态、新模式也不断涌现。从生产过程来看，汽车设计模式逐步向多主体协同设计转变，汽车部件的电子化水平提升，汽车控制决策也更加智能化、自主化；从交易方式来看，包括乘用车、客车、卡车等在内的汽车 O2O 电商交易平台的出现也对汽车行业流通交易环节的变革产生深远影响，2016 年，行业内开展网络精准营销的企业比例[13]达到 8.9%；在汽车后市场服务方面，出现了一批从导航升级到全覆盖车联网、智慧物流的智能解决方案，大型车企的企业战略定位由传统的汽车制造厂商转变成用户出行方案解决商，例如，宝马集团旨在成为高档交通出行服务市场的领导企业；对于相关产业联动发展方面，汽车行业的转型升级也带动了

---

[13] 开展网络精准营销的企业比例：指能够综合运用信息化手段实现客户价值和信用决策、产品盈利和市场趋势决策的企业比例。

包括智能公路、智能停车、电子支付等智慧交通服务产业的发展。

2016 年汽车整车制造行业信息经济发展概况如表 5-7 所示。

表 5-7　2016 年汽车整车制造行业信息经济发展概况

指　标			数　值
总体水平	信息经济总量（亿元）		614.3
	两化融合发展水平（分）		55.8
	互联网化转型发展水平（分）		33.2
	智能制造就绪率（%）		8.4
发展阶段	达到集成提升及以上阶段的企业比例（%）		23.2
数字化、网络化、智能化水平	数字化装备	生产设备数字化率（%）	44.8
		关键工序数控化率（%）	52.3（43.4）
	工业软件	数字化研发工具普及率（%）	81.8
		ERP 普及率（%）	80.0
		PLM 普及率（%）	47.7
		MES 普及率（%）	40.0
	设备互联	数字化生产设备联网率（%）	47.4
	云平台	云平台应用率（%）	52.3
	企业间业务协同	电子商务普及率（%）	60.8
		实现产业链协同的企业比例（%）	6.5
		开展网络化协同设计或制造的大型企业比例（%）	52.8
新模式培育	开展远程在线服务的企业比例（%）		37.4
	开展网络精准营销的企业比例（%）		8.9
	开展个性化定制的企业比例（%）		9.2

数据来源：基于中国两化融合服务平台（http://www.cspiii.com）七万余家企业两化融合评估数据计算。
其中：1.对于"关键工序数控化率"，括号内的数值是算数平均值，反映该指标企业平均水平；括号外的
数值是按照规模的加权平均值，反映该指标国家（行业、区域）的综合水平。2."开展网络化协同设计或
制造的大型企业比例"以及新模式培育涉及的三个指标仅针对离散型行业计算。

2. 机械行业

总体水平。2016 年，我国机械行业信息经济总量达到 5537.6 亿元。当前，我国机械行业分化明显，新兴制造业发展迅猛，高端产品需求日益旺盛，同时落后产能过剩、先进产能不足，中低端产品富余、高端产品短缺等结构性矛盾较为突出。机械行业两化融合发展水平达到 49.5，略低于装备行业平均水平，机械行业不同规模企业两化融合发展水平两极分化特征显著，大量小型零配件加工企业拉低了行业整体水平；18.2%的企业积极探索企业内部集成互联以及企业间的业务协同和模式创新，达到集成提升及以上阶段。按照《国务院办公厅关于机械工业调结构促转型增效益的指导意见》工作部署，坚持融合发展为指导原则，促进跨领域、跨行业、跨企业协同，加快开放合作，行业积极开展网络化协同设计制造、电子商务的应用和推广，促进企业互联网化转型，目前智能制造就绪率达到 4.7%、互联网化转型发展水平达到 29.8。

数字化、网络化、智能化水平。机械行业装备数字化和网络化水平整体偏低，生产设备数字化率、联网率、关键工序数控化率分别达为 37.7%、28.6%和 32.4%（26.5%）[14]，行业正着眼于此依托工业强基工程，重点实施传感器、控制器、控制系统、伺服系统等应用计划，发展高端数控机床、工业机器人、增材制造等重点产业，推动数字化装备水平整体提升。行业内企业在提高研发、制造、销售、服务等方面流程的数字化、智能化的同时强化各类工控软件的应用和集成。企业管理类（ERP）、制造执行类（MES）、产品全生命周期管理类（PLM、PDM）自主工业软件的普及应用，ERP、MES、PLM 普及率分别达到 56.7%、18.3%、17.4%。各细分行业内龙头企业率先建立工业云平台，行业整体云平台应用率达到 35.2%，探索众包、协同设计等新模式以及集成应用，引导企业将重心逐步向产品全生命周期转移延伸。

---

[14] 对于"关键工序数控化率"，括号内的数值是算数平均值，反映该指标企业平均水平；括号外的数值是按照规模的加权平均值，反映该指标国家（行业、区域）的综合水平。

新模式培育。机械制造业是为各行业提供技术装备及设备的战略性产业，产业关联度高，技术资金密集，整个产业与先进技术体系（包括管理技术、制造技术、信息技术等）的深度融合催生了行业内新的商业模式。一方面，机械行业企业逐步由单纯提供产品向提供整体解决方案、批量定制、融资租赁转变，服务要素比重不断增加，产业链、供应链和价值链不断延伸和提升，形成主配牵手平台，萌生出整机（系统）和基础件协同发展、利益共享的一体化组织模式，2016 年，机械行业开展远程在线服务[15]、网络精准营销的企业比例分别为21.9%、8.4%。此外，绿色、智能制造也是机械行业重要的发展趋势，在保证产品的功能、质量和成本的前提下，通过改进制造工艺、采用回收再生和复用技术、构建一体化循环经济产业链等方法，从设计、制造、使用到报废的整个产品生命周期中不断节能降耗，为用户和社会创造更大的经济价值。

2016 年机械行业信息经济发展概况如表 5-8 所示。

表 5-8　2016 年机械行业信息经济发展概况

指　　标			数　　值
总体水平	信息经济总量（亿元）		5537.6
	两化融合发展水平（分）		49.5
	互联网化转型发展水平（分）		29.8
	智能制造就绪率（%）		4.7
发展阶段	达到集成提升及以上阶段的企业比例（%）		18.2
数字化、网络化、智能化水平	数字化装备	生产设备数字化率（%）	37.7
		关键工序数控化率（%）	32.4（26.5）
	工业软件	数字化研发工具普及率（%）	76.4
		ERP 普及率（%）	56.7
		PLM 普及率（%）	17.4
		MES 普及率（%）	18.3
	设备互联	数字化生产设备联网率（%）	28.6

---

[15] 开展远程在线服务的企业比例：指能基于智能化产品进行远程在线实时监控、故障诊断、预警和维护等的企业比例。

续表

指 标			数 值
数字化、网络化、智能化水平	云平台	云平台应用率（%）	35.2
	企业间业务协同	电子商务普及率（%）	54.9
		实现产业链协同的企业比例（%）	5.8
		开展网络化协同设计或制造的大型企业比例（%）	45.4
新模式培育	开展远程在线服务的企业比例（%）		21.9
	开展网络精准营销的企业比例（%）		8.4
	开展个性化定制的企业比例（%）		4.0

数据来源：基于中国两化融合服务平台（http://www.cspiii.com）七万余家企业两化融合评估数据计算。
其中：1.对于"关键工序数控化率"，括号内的数值是算数平均值，反映该指标企业平均水平；括号外的数值是按照规模的加权平均值，反映该指标国家（行业、区域）的综合水平。2."开展网络化协同设计或制造的大型企业比例"以及新模式培育涉及的三个指标仅针对离散型行业计算。

（三）装备行业信息经济发展趋势

1. 基于客户需求的产品定制研发

装备制造业，尤其是汽车、机械等行业，越来越多的企业通过有效对接客户需求，以实现产品的快速定制研发（见表5-9）。在客户需求对接方面，通过建立数字化研发平台，对客户个性化需求进行快速响应和有效对接，并将客户定制需求快速转化为研发需求；在定制研发方面，数字化产品设计的基础上，推动产品模块化设计，提高产品设计标准化、系列化、通用化水平，扩大产品和零部件数据库中通用标准件的覆盖范围；在产品协同设计方面，通过推动研发过程中用户、研发人员、资源提供方等多主体之间实时深入的交流与互动，建立用户全流程交互和参与的产品协同研发体系，创新众包设计、云设计等新型研发模式。

表5-9　基于客户需求的产品定制研发

趋势	典型做法	企业案例
基于客户需求的产品定制研发	客户需求对接：通过建立数字化研发平台，对客户个性化需求进行快速响应和有效对接，并将客户定制需求快速转化为研发需求	苏州金龙客车
	定制研发：数字化产品设计的基础上，推动产品模块化设计，提高产品设计标准化、系列化、通用化水平，扩大产品和零部件数据库中通用标准件的覆盖范围	北京四方继保、昆明船舶
	产品协同设计：通过推动研发过程中用户、研发人员、资源提供方等多主体之间实时深入的交流与互动，建立用户全流程交互和参与的产品协同研发体系，创新众包设计、云设计等新型研发模式	潍柴、中国航天科技集团

数据来源：课题组基于企业案例整理。

2. 基于智能终端的敏捷售后服务

随着产品的智能化程度的不断提升，装备制造企业通过终端产品与用户进行深层次互动并实现用户服务需求快速响应能力也不断提升。在服务调度方面，通过建立以用户为中心的平台化、网络化、智能化备件体系和用户服务体系，实现跨业务和跨区域的专业服务和调度支持；在服务响应方面，通过物联网技术和大数据分析等信息技术的应用，及时响应用户服务请求，快速派工排除装备产品故障，提高用户服务响应速度和质量，降低用户服务成本，提供更加主动、精准和增值化的服务；在营销服务方面，通过建立互联网化的用户营销服务体系，基于互联网平台和大数据分析精准定位市场需求和用户购买意向，创新线上线下一体化的O2O用户营销服务模式，基于用户信息管理和财务风险管理面向用户提供直销和信用销售服务等（见表5-10）。

表5-10　基于智能终端的敏捷售后服务

趋势	典型做法	企业案例
基于智能终端的敏捷售后服务	服务调度：通过建立以用户为中心的平台化、网络化、智能化备件体系和用户服务体系，实现跨业务和跨区域的专业服务和调度支持	北汽福田

趋势	典型做法	企业案例
基于智能终端的敏捷售后服务	服务响应：通过物联网技术和大数据分析等信息技术的应用，及时响应用户服务请求，快速派工排除装备产品故障，提高用户服务响应速度和质量，降低用户服务成本，提供更加主动、精准和增值化的服务	中联重科
	营销服务：通过建立互联网化的用户营销服务体系，基于互联网平台和大数据分析精准定位市场需求和用户购买意向，创新线上线下一体化的 O2O 用户营销服务模式，基于用户信息管理和财务风险管理面向用户提供直销和信用销售服务等	中联重科，北汽福田

数据来源：课题组基于企业案例整理。

3. 面向制造领域的分享经济

继消费领域涌现出的包括滴滴出行、小猪短租、春雨医生等的分享经济新模式后，在制造领域也逐渐出现了例如分享机床、分享工厂等（见表 5-11）。制造业分享经济蓬勃发展的标志是形成一批基于互联网的开放式分享平台，例如工程机械制造厂商将已出售的机械装备通过联网，把客户的富余加工时间或能力进行出租或出售，帮助客户按照加工时间或加工精度进行收费；先进制造企业通过为缺乏资金、技术等的企业改造或新建智能工厂获得工厂部分或全部所有权，以建立分享工厂的新模式等。制造领域的分享经济，有效解决了制造企业在向智能工厂转型的过程中，缺乏系统解决方案、技术、资金、人才等难题。

表 5-11　制造领域的分享经济

趋势	典型做法	企业案例
制造领域的分享经济	分享装备：例如工程机械制造厂商将已出售的机械装备通过联网，把客户的富余加工时间或能力进行出租或出售，帮助客户按照加工时间或加工精度进行收费	沈阳机床、宁夏共享
	分享工厂：先进制造企业通过为缺乏资金、技术等的企业改造或新建智能工厂获得工厂部分或全部所有权，以建立分享工厂的新模式等	上海名匠智能

数据来源：课题组基于企业案例整理。

四、消费品行业信息经济发展情况

消费品行业是与民生关系最为紧密的工业行业，包括轻工、纺织、服装、医药、食品、家电等多个细分行业。消费品绝大多数细分行业集中度较低，庞大的中小企业群体使得消费品行业两化融合整体水平显著低于原材料和装备行业，离用户端较近的行业特征使得消费品工业互联网化转型趋势更为显著。作为产业链下游行业，消费品行业在以用户为核心的个性化定制、精准化营销以及产品全生命周期追溯和监管方面开展创新性探索。

（一）消费品行业信息经济发展全景图

总体水平。 2016 年，我国消费品行业信息经济总量约 3878.3 亿元，两化融合发展水平达到 49.2。近年来，"互联网+"在消费品行业中的不断渗透和深化应用，促进了消费品产业结构优化升级，行业互联网化转型发展水平为 33.1，高于原材料和装备行业。两化融合发展达到集成提升及以上阶段的企业比例为 15.4%，作为典型的中小企业主导、劳动密集型行业，行业中处在起步建设阶段的企业仍然占有较高比例。2016 年，消费品行业智能制造就绪率为 4.4%，与原材料、装备行业相比，水平有待进一步提升。按照《关于开展消费品工业"三品"专项行动营造良好市场环境的若干意见》的部署，消费品行业将大力推进智能制造、绿色制造、服务型制造、"互联网+"协同制造。

数字化、网络化、智能化水平。 行业自动控制与感知、工业软件等制造业发展新基础在消费品行业发展中所起的作用日益显著，应用也更加普遍，为未来消费品行业进一步发展提供了必要基础。2016 年，消费品行业生产设备数字化率、关键工序数控化率指标分别为 43.6%和 41.5%（30.2%）[16]，基本持平于全国平均水平。为适应市场的快速发展和用户不断变化的需求，快速、敏捷地适应和满足市场的细小变化和需求,消费品行业的研发设计方式不断改进优化，2016 年行业数字化研发工具普及率为 54.9%。近些年，消费品行业企业逐渐构建起线下线上一体化的 O2O 移动营销体系，创新基于移动互联等新媒体的新型营销模式，洞察用户需求，提升用户营销服务体验。2016 年开展电子商务的企业比例为 56.4%，比原材料行业高出 10.6 个百分点，其中纺织、轻工、医药等行业均接近或达到 50%以上。消费品行业在产业链上下游的协同管理方面具有一定优势，实现产业链协同的企业比例达到 8.1%，高于原材料、装备行业。

新模式培育。互联网在促进消费品行业发展新模式新业态的重要地位越发重要，部分企业已经开始利用互联网开展精准营销和提供个性化定制服务，有效地促进了消费品行业产品质量和服务质量提升。2016 年开展网络精准营销的企业比例为 8.0%，许多企业不断进行营销模式创新，并将移动互联网媒介产生的大量数据用于营销决策支撑；2016 年，消费品行业开展个性化定制的企业比例[17]为 6.1%，企业通过互联网、大数据更好地了解消费者需求，使产品更加个性化与差异化，从而有针对性地进行销售和生产。消费品行业融合另一重点是产品的改进创新和质量的追溯保证，2016 年开展远程在线服务的企业比例为 17.3%，通过完善消费品标准体系，构建质量技术基础公共服务平台等手段，消费品行业产品和服务质量提升显著。

2016 年消费品行业信息经济发展概况如表 5-12 所示。

---

[16] 对于"关键工序数控化率"，括号内的数值是算数平均值，反映该指标企业平均水平；括号外的数值是按照规模的加权平均值，反映该指标国家（行业、区域）的综合水平。
[17] 开展个性化定制的企业比例：指可围绕用户个性化需求进行快速产品设计、成本测算与报价、生产资源动态配置，以及用户订单全流程跟踪和准时交付的企业比例。

表 5-12　2016 年消费品行业信息经济发展概况

指 标		数 值
总体水平	信息经济总量（亿元）	3878.3
	两化融合发展水平（分）	49.2
	互联网化转型发展水平（分）	33.1
	智能制造就绪率（%）	4.4
发展阶段	达到集成提升及以上阶段的企业比例（%）	15.4
数字化、网络化、智能化水平	数字化装备　生产设备数字化率（%）	43.6
	关键工序数控化率（%）	41.5（30.2）
	工业软件　数字化研发工具普及率（%）	54.9
	ERP 普及率（%）	49.2
	PLM 普及率（%）	12.6
	MES 普及率（%）	14.4
	设备互联　数字化生产设备联网率（%）	35.9
	云平台　云平台应用率（%）	33.6
	企业间业务协同　电子商务普及率（%）	56.4
	实现产业链协同的企业比例（%）	8.1
	开展网络化协同设计或制造的大型企业比例（%）	49.3
新模式培育	开展远程在线服务的企业比例（%）	17.3
	开展网络精准营销的企业比例（%）	8.0
	开展个性化定制的企业比例（%）	6.1

数据来源：基于中国两化融合服务平台（http://www.cspiii.com）七万余家企业两化融合评估数据计算。其中：1.对于"关键工序数控化率"，括号内的数值是算数平均值，反映该指标企业平均水平；括号外的数值是按照规模的加权平均值，反映该指标国家（行业、区域）的综合水平。2."开展网络化协同设计或制造的大型企业比例"以及新模式培育涉及的三个指标仅针对离散型行业计算。

（二）消费品重点行业信息经济发展情况

1. 医药行业

总体水平。当前，全球医药科技发展突飞猛进，信息技术的应用使医药产业深刻调整变革。2016 年，我国医药行业信息经济总量达到 382.7 亿元。随着信息技术应用的深入，医药行业两化融合水平增长势头强劲，2016 年达到 51.8，行业互联网化转型发展水平为 34.5，高于全国平均水平，智能制造就绪率均为 5.1%，与全国水平持平，达到集成提升及以上阶段的企业比例为 18.6%，基本持平于全国平均水平。

数字化、网络化、智能化水平。由于医药产品的特殊性，医药行业对于产品质量保证具有极大的现实需求，GMP、GSP 认证也对医药企业各个业务环节提出了明确要求，通过推动生产设备的自动化、数字化、网络化水平，以及 ERP、MES 在医药企业的广泛应用，提高了医药企业生产效率和产品质量，增强了医药企业精细化管理水平。医药企业数字化设备比例达到 45.6%，关键工序数控化率为 47.4%（32.7%）[18]。通过推动医药企业信息技术与业务深度融合，促进了企业管理制度和业务流程的规范化和标准化，58.5%的企业应用了 ERP，数字化研发工具普及率为 53.3%。2016 年有 10.2%的企业实现产业链协同，云平台应用率为 34.6%，为医药行业信息化的进一步发展奠定基础。

新模式培育。物联网技术在医药行业应用广泛，越来越多的药品企业开展了产品的全生命周期追溯，致力于对原材料采购、物料流转、生产加工、物流仓储、销售及流通渠道管控、售后服务等产品全生命周期各个环节进行监控，对原材料信息、产品加工信息、质检信息、流通信息、客户服务信息进行关联、集成、分析和应用，实现产品正向可追踪、流向可管控、经销商窜货可防止、反向可追溯、实时定位可召回、相关责任可追究。通过建立生产企业、消费者、销售终端多方参与的互动沟通平台，为消费者提供产品真伪验证查询、产品全生命周期信息查询与渠道验证、产品价格规范管理、消费者意见反馈及处理、历史消费记录与分析等增值服务。与此同时，医药行业也不断收集、分析、挖掘包括消费者健康状况、药品流向等来自消费终端的海量数据，逐步提高了企

---

[18] 对于"关键工序数控化率"，括号内的数值是算数平均值，反映该指标企业平均水平；括号外的数值是按照规模的加权平均值，反映该指标国家（行业、区域）的综合水平。

业对用户消费习惯和市场趋势的感知能力和快速反应能力。

2016年医药行业信息经济发展概况如表5-13所示。

表5-13　2016年医药行业信息经济发展概况

指　标			数　值
总体水平	信息经济总量（亿元）		382.7
	两化融合发展水平（分）		51.8
	互联网化转型发展水平（分）		34.5
	智能制造就绪率（%）		5.1
发展阶段	达到集成提升及以上阶段的企业比例（%）		18.6
数字化、网络化、智能化水平	数字化装备	生产设备数字化率（%）	45.6
		关键工序数控化率（%）	47.4（32.7）
	工业软件	数字化研发工具普及率（%）	53.3
		ERP 普及率（%）	58.5
		PLM 普及率（%）	12.3
		MES 普及率（%）	15.0
	设备互联	数字化生产设备联网率（%）	35.1
	云平台	云平台应用率（%）	34.6
	企业间业务协同	电子商务普及率（%）	52.5
		实现产业链协同的企业比例（%）	10.2
		开展网络化协同设计或制造的大型企业比例（%）	—
新模式培育	开展远程在线服务的企业比例（%）		—
	开展网络精准营销的企业比例（%）		—
	开展个性化定制的企业比例（%）		—

数据来源：基于中国两化融合服务平台（http://www.cspiii.com）七万余家企业两化融合评估数据计算。
其中：1.对于"关键工序数控化率"，括号内的数值是算数平均值，反映该指标企业平均水平；括号外的
数值是按照规模的加权平均值，反映该指标国家（行业、区域）的综合水平。2."开展网络化协同设计或
制造的大型企业比例"以及新模式培育涉及的三个指标仅针对离散型行业计算。

2. 服装行业

总体水平。服装行业是典型的劳动密集型行业，2016 年，我国服装行业两

化融合发展水平达到 47.7；15.3%的企业达到集成提升及以上阶段，行业内龙头企业已在综合集成基础上开展业务协同和模式创新。近些年，部分服装企业开始推行生态式、平台型的发展战略，向开放分享的新的商业营运模式转型，2016 年服装行业的企业互联网化转型指数达到 30.9，但在消费品行业中属中下水平，仍存在较大的提升空间。《中国服装行业"十三五"发展纲要》指出，"十三五"期间，服装行业要以智能制造为主攻方向，以生产过程智能化为重点领域，大力开展人工转机械、单机转单元、机械转自动、自动转智能，2016 年服装行业智能制造就绪率为 4.4%，基本持平于消费品行业平均水平。

数字化、网络化、智能化水平。2016 年，服装行业生产设备数字化率及联网率分别达到 39.7%、35.8%，《中国服装行业"十三五"发展纲要》对于提升服装生产装备自动化水平，加强各管理系统的集成应用作出明确要求，并指出要加快柔性供应链管理系统和以 RFID 为核心的智能仓储物流配送系统建设，加强服装 CAT、CAD、CAM、PDM、CAPP、CRM、SCM、ERP 等技术及管理系统的二次开发和集成应用，提高系统功能与企业业务流程再造的适应度，实现各管理系统的无缝连接。2016 年服装行业各软件普及率整体偏低，ERP、PLM、MES 普及率分别达到 44.4%、14.5%、16.5%。此外，大数据、云平台等技术的应用也为服装企业提升经营决策智能化水平，大力推广大规模定制技术及其制造模式，推动服装制造向服务化转型奠定基础，2016 年，服装行业云平台应用率达到 35.6%，较消费品行业平均水平高出 2 个百分点。

新模式培育。服装行业与人们的日常生活息息相关，行业的发展要充分关注消费者的需求、喜好和满意度。大数据、互联网等信息技术与服装行业生产、销售、流通、服务等各个环节的深度融合使得服装行业中涌现了诸如大规模个性化定制、网络精准营销等商业模式的创新。近些年，行业内一些大的服装企业逐步构建终端消费者与制造商互动的个性化服装定制平台，实现了消费者个性化需求的有效交互与收集，生产过程中，以订单为主线，以海量标准化数据为基础，以生产过程自动化为支撑，实现规模化生产下的个性化定制，2016 年服装行业开展个性化定制的企业比例达到 7.3%，较全国平均水平高出 1.9 个百分点。与此同时，通过推动电子商务与互联网平台的广泛应用以及与企业生产经营系统的集成，实现对用户需求数据的动态感知，促进了服装行业C2B、C2M、O2O等新兴商业模式发展，提升了企业基于互联网平台实现精准营销水平，2016年服装行业开展网络精准营销的企业比例为8.2%。

2016年服装行业信息经济发展概况如表5-14所示。

表5-14　2016年服装行业信息经济发展概况

指标		数　值
总体水平	信息经济总量（亿元）	645.2
	两化融合发展水平（分）	47.7
	互联网化转型发展水平（分）	30.9
	智能制造就绪率（%）	4.4
发展阶段	达到集成提升及以上阶段的企业比例（%）	15.3
数字化、网络化、智能化水平	数字化装备　生产设备数字化率（%）	39.7
	数字化装备　关键工序数控化率（%）	38.8（31.6）
	工业软件　数字化研发工具普及率（%）	62.2
	工业软件　ERP普及率（%）	44.4
	工业软件　PLM普及率（%）	14.5
	工业软件　MES普及率（%）	16.5
	设备互联　数字化生产设备联网率（%）	35.8
	云平台　云平台应用率（%）	35.6
	企业间业务协同　电子商务普及率（%）	58.1
	企业间业务协同　实现产业链协同的企业比例（%）	5.8
	企业间业务协同　开展网络化协同设计或制造的大型企业比例（%）	46.4
新模式培育	开展远程在线服务的企业比例（%）	19.0
	开展网络精准营销的企业比例（%）	8.2
	开展个性化定制的企业比例（%）	7.3

数据来源：基于中国两化融合服务平台（http://www.cspiii.com）七万余家企业两化融合评估数据计算。其中：1.对于"关键工序数控化率"，括号内的数值是算数平均值，反映该指标企业平均水平；括号外的数值是按照规模的加权平均值，反映该指标国家（行业、区域）的综合水平。2."开展网络化协同设计或制造的大型企业比例"以及新模式培育涉及的三个指标仅针对离散型行业计算。

3. 家电行业

总体水平。 2016 年，我国家电两化融合发展水平达到 62.0，38.2%的企业达到集成提升及以上阶段，积极探索企业内部集成互联以及企业间的业务协同和模式创新。家电行业作为典型消费近端行业，消费者用户体验是行业发展的重要影响因素，因此家电业行业转型升级不仅仅是生产线的升级，更是产品以用户为导向的智能化的变革。云计算、物联网、大数据等新的信息技术与现代制造业不断融合，为家电制造业孕育了产业智能化、打造新的产业增长点提供了支撑。近些年，越来越多的家电企业探索"互联网工厂"的生产模式，将企业和用户真正融为一体，力求创造出用户的最佳生活体验。2016 年家电行业互联网化转型指数为 40.8，在消费品行业中处于领先水平。

数字化、网络化、智能化水平。 根据家电行业协会预测，"十三五"时期，我国家电工业由资源驱动、规模驱动向效率驱动和创新驱动转变，以提质增效为中心，以加快信息技术与家电业深度融合为主线，加速家电工业从要素驱动到创新驱动的转型升级，其中，生产装备的数字化、网络化是基础。2016 年，家电行业生产设备数字化率及联网率分别达到 38.8%、32.1%。近些年，用户参与设计是家电行业近些年在研发环节的典型发展趋势，2016 年，家电行业数字化研发工具普及率达到 85.2%，开展网络化协同设计或制造的企业比例达到 57.4%，高于消费品行业平均水平；生产企业也逐步向电商化发展，包括传统的家电连锁渠道、家电生产厂商、电网上商城等都把发展电子商务作为当前的首要任务，2016 年，家电行业电子商务普及率达到 75.0%。

新模式培育。 家电是我国居民生活中重要的耐用消费品，家电工业在轻工业中居于支柱地位。近些年，家电行业逐步从大规模生产模式向大规模定制模式转变，行业内部分大型家电企业相继开展以用户为中心的产品协同研发设计，推动研发过程中用户、研发人员、资源提供方等多主体之间实时深入的交流与互动，建立用户全流程交互和参与的产品协同研发体系，创新众包设计、云设计等新型研发模式，2016年行业内有57.4%的大型企业开展了网络化协同设计或制造，较全国平均水平高出近10个百分点。此外，家电作为重要的家居产品，伴随着智能家居行业的快速发展，海尔、美的等传统家电巨头相继推出了智能家电产品甚至智能家电互联系统，例如，海尔的U-Home系统平台和U+智慧生活操作系统，不仅可以支持自己品牌的各种家电，甚至可以实现跨品牌的多产品品种互联互通，这些企业往往提供的已经不再是某一款单一的产品，而是一个相对完善、全面的智能家居解决方案。2016年，家电行业开展个性化定制的企业比例为6.1%。

2016年家电行业信息经济发展概况如表5-15所示。

表5-15　2016年家电行业信息经济发展概况

指　标			数　值
总体水平	信息经济总量（亿元）		381.8
	两化融合发展水平（分）		62.0
	互联网化转型发展水平（分）		40.8
	智能制造就绪率（%）		3.8
发展阶段	达到集成提升及以上阶段的企业比例（%）		38.2
数字化、网络化、智能化水平	数字化装备	生产设备数字化率（%）	38.8
		关键工序数控化率（%）	31.3（23.9）
	工业软件	数字化研发工具普及率（%）	85.2
		ERP普及率（%）	73.3
		PLM普及率（%）	25.6
		MES普及率（%）	26.7
	设备互联	数字化生产设备联网率（%）	32.1
	云平台	云平台应用率（%）	44.2
	企业间业务协同	电子商务普及率（%）	75.0
		实现产业链协同的企业比例（%）	10.2
		开展网络化协同设计或制造的大型企业比例（%）	57.4

续表

指　标		数　值
	开展产品在线服务延伸的企业比例（%）	29.2
新模式培育	开展网络精准营销的企业比例（%）	11.4
	开展个性化定制的企业比例（%）	6.1

数据来源：基于中国两化融合服务平台（http://www.cspiii.com）七万余家企业两化融合评估数据计算。
其中：1.对于"关键工序数控化率"，括号内的数值是算数平均值，反映该指标企业平均水平；括号外的数值是按照规模的加权平均值，反映该指标国家（行业、区域）的综合水平。2."开展网络化协同设计或制造的大型企业比例"以及新模式培育涉及的三个指标仅针对离散型行业计算。

（三）消费品行业信息经济发展趋势

1. 以用户为核心的个性化定制和精准化营销

消费品企业通过利用互联网、物联网、大数据、云平台等手段，开展社交化客户关系管理，建立用户数据库，对用户信息、市场信息进行广泛搜集和深入挖掘，形成对用户需求、消费行为习惯、市场趋势的准确定位和深度认知，对用户群体和用户价值进行细分管理，针对不同用户群体开展精准营销，不断完善营销策略，有效投放营销资源，变被动满足用户需求为交互式主动营销。同时，构建起线下线上一体化的O2O移动营销体系，创新基于移动互联等新媒体的新型营销模式，洞察用户需求，提升用户营销服务体验（见表5-16）。

表5-16　以用户为核心的个性化定制和精准化营销

趋势	典型做法	企业案例
以用户为核心的个性化、差异化、精准化营销	社交化用户关系管理：通过开展社交化客户关系管理，建立用户数据库，对用户信息、市场信息进行广泛搜集和深入挖掘，形成对用户需求、消费行为习惯、市场趋势的准确定位和深度认知，对用户群体和用户价值进行细分管理，针对不同用户群体开展精准营销	青岛红领 广东嘉士利食品集团
	营销模式创新：通过构建起线上线下一体化O2O移动营销体系，创建基于移动互联等新媒体的新型营销模式，洞察用户需求，提升用户营销服务体验	波司登、九牧厨卫

数据来源：课题组基于企业案例整理。

2. 基于物联网标识技术的产品质量信息全程追溯和监管

由于食品药品的特殊性,食品和医药企业致力于对原材料采购、物料流转、生产加工、物流仓储、销售及流通渠道管控、售后服务等产品全生命周期各个环节进行监控,充分利用信息化、物联网标识、移动互联网等技术,对原材料信息、产品加工信息、质检信息、流通信息、客户服务信息进行关联、集成、分析和应用,实现产品正向可追踪、流向可管控、经销商窜货可防止、反向可追溯、实时定位可召回、相关责任可追究,有效提升企业对产品质量保证水平(见表 5-17)。建立起生产企业、消费者、销售终端多方参与的互动沟通平台,为消费者提供产品真伪验证查询、产品全生命周期信息查询与渠道验证、产品价格规范管理、消费者意见反馈及处理、历史消费记录与分析等增值服务,同时,提高企业对用户消费习惯和市场趋势的感知能力和快速反应能力。

表 5-17　基于物联网标识技术的产品质量信息全程追溯和监管

趋势	典型做法	企业案例
基于物联网标识技术的产品质量信息全程追溯和监管	产品信息全产业链信息追溯:通过对产品、物料等进行统一标识,综合集成信息化、物联网、数据库管理、条码、信息安全等技术,实现对原料、生产、加工、包装、仓储、运输到终端销售等各环节信息追溯,实现质量安全信息全程追溯和监管,以及对市场防伪、经销商管控等	深圳致君制药、北京三元股份有限公司、伊利、蒙牛

数据来源:课题组基于企业案例整理。

第六章

信息经济发展展望

全球信息化发展处于全面普及、深度融合、加速创新、引领转型的新阶段，对各国的增长动力、经济社会运行、生产生活方式产生了根本性、全局性影响，成为重构国际经济格局的重要力量。只有深刻把握信息经济发展的新趋势，才能在未来竞争中占据主动。

当前，物联网、云计算、大数据等新的基础性信息通信技术不断演进，人工智能、区块链等新兴技术日新月异。新一代信息通信技术的持续进步及其产业的加速融合，推动全球信息经济进入新的发展阶段，消费互联网不断向产业互联网延伸边界，释放更大的发展潜力。

与消费互联网不同，产业互联网的发展受新的技术经济规律支配。首先，产业互联网的连接基础是物联网、云计算等新基础设施，对网络通信的实时、可靠和安全等属性提出了更高要求。其次，有别于消费互联网的"眼球经济"，产业互联网是一种"价值经济"，传统企业通过与互联网融合，创新管理与组织模式，为消费者提供更好的产品和服务体验。这也就意味着产业互联网更注重通过生产效率的提升来创造价值，而非只是价值的传递和转移。再次，与消费互联网不同，产业互联网的竞争基础是更好的技术和产品，因而需要协调的群体利益较少，以鼓励和支撑发展为主。最后，消费互联网企业的客户积累和运营经验主要集中在个人客户，其在向产业互联网拓展过程中优势已不再明显，产业互联网的主力军将变为制造企业。由于产业互联网的潜在规模远大于消费互联网，随着产业互联网的不断推进，将成为推动经济发展的主要动力（见表6-1）。

表 6-1　消费互联网与产业互联网的差异

项　　目	消费互联网	产业互联网
连接载体	计算机、手机	物物互联、人物互联网
网络属性	统一标准协议，开放网络 尽力而为的传输	互不兼容协议、标准 实时、可靠、安全
经济属性	眼球经济	信息经济（优化要素配置）
价值属性	价值传递	价值创造
技术效应	交易效率	生产效率
政府监管	鼓励创新、加强监管	支撑鼓励发展为主
面临挑战	不同社会群体利益调整	企业技术、产品、商业模式的竞争
主力军	互联网企业	制造企业

资料来源：课题组绘制。

　　适应新的发展形势，各国政府和企业主动行动，抢抓信息技术与产业融合发展带来的红利。首先，把大力发展信息经济，尤其是促进信息技术与制造业融合创新，作为推动国家转型发展的新动力已成为世界各主要经济的战略共识。其次，主要国家在信息技术和标准等方面出台战略举措，以抢占发展先机和竞争制高点。与此同时，适应产业开放化、平台化发展新需要，多种形式的产业联盟快速兴起，产业链协同创新体系不断完善，推动信息技术与产业融合跨越壁垒，向深度融合持续挺进。最后，信息技术与产业融合发展引发了产业管理模式变革，安全、包容、协作的网络治理体系正加速形成，为深度融合扫清了制度障碍。

一、深化信息通信技术与制造业融合发展成为各国战略布局的重心，围绕智能制造产业生态主导权的竞争愈演愈烈

金融危机以来，世界经济增长复苏缓慢，亟待寻求新的增长动力以走出阴影。恰逢此时，以信息技术为核心的新一轮科技革命和产业变革蓄势兴起，孕育强大的增长潜力。各国纷纷出台战略举措来推动信息经济发展，以助力经济转型升级。在信息经济发展战略中，各国尤其致力于推动信息技术与制造业的融合发展。相应地，也使得各国围绕智能制造生态系统主导权的竞争愈演愈烈。

（一）把发展信息经济作为推动国家转型的新动力已成为主要经济体的战略共识

全球信息经济的发展与各国经济转型形成历史性交汇。金融危机八年后的今天，世界经济仍处在深度调整期，增长缓慢，复苏乏力。新旧动能断档是造成当前全球经济增长困局的根本原因。传统的劳动力、资本、贸易和金融等动能开始消退，基础型信息经济以及信息技术在消费领域的融合应用日益成为新动能，但因此类信息经济的总体规模较小，有待扩展和壮大。与此同时，全球信息经济进入信息技术与产业深度融合新阶段，将不断释放新的增长潜力，为经济转型发展，走出金融危机阴影提供强劲的新动能。

顺应技术经济发展新趋势和国家转型新需要，世界主要经济体不断升级数字经济发展战略。例如，德国 2014 年发布《数字议程（2014—2017）》，英国 2015 年推出《2015—2018 年数字经济战略》，日本从 2001 年以来持续推出《e-Japan 战略》《u-Japan 战略》以及《i-Japan 战略》等。2016 年 9 月在杭州

召开的 G20 峰会上发布了《G20 数字经济发展与合作倡议》，这标志着发展数字经济推动经济持续健康增长已经成为各国的战略共识。

（二）推动信息技术与制造业深度融合成为各国信息经济战略布局的重心

历史发展经验表明，在每一轮科技革命和产业变革引发的国际竞争中，决定一国能否占据主导地位的关键是新技术与产业融合发展的领先程度。金融危机以来，以美国、德国为首的世界大国逐渐认识到了制造业在国民经济各行业中的战略主导地位，在推出的信息经济发展战略中，布局的重心都是推动信息技术与制造业的融合发展。

无论是领先的美国的"先进制造业伙伴关系"计划和德国的"工业 4.0"战略，还是紧随其后的英国的"英国制造 2050"、法国的"新工业法国"、韩国的"制造业创新 3.0"等计划以及中国的"中国制造 2025"，既体现了这些国家对制造业传统发展理念的深刻反思，又反映了其抢占新一轮国际制造业竞争制高点、调整产业结构的战略意图，其根本目的在于打造制造业国际竞争新优势，抢占新一轮工业革命和信息革命的主导权。

（三）围绕智能制造生态系统主导权的竞争越来越激烈

智能制造生态系统正在形成。 在国家强力支持和企业自主行动的推动下，集成电路、新型传感器、人工智能、移动互联、大数据、3D 打印等新技术持续演进，带来了产品、机器、人、业务从封闭走向开放，从独立走向系统，从跨平台开放操作系统到芯片系统解决方案，传感器网络到泛在连接的标准协议，从智能装备创新能力到智能工厂系统解决方案能力，从客户需求实时感知能力到需求链、产业链、供应链、创新链的快速响应与传导能力，从制造资源的碎片化、在线化、再重组、再封装到新技术、新产业、新业态、新的商业模式创新，都构成了信息经济时代企业、国家智能制造产业生态系统的核心，一个超级复杂的智能制造产业生态系统正在悄然形成。

围绕智能制造生态系统主导权的竞争日益激烈。智能制造生态正在形成，赢得产业发展和国际竞争主导权的窗口期稍纵即逝，为抢抓机遇树立先发优势，在信息技术与制造业融合发展中的战略布局中，美国、德国等发达国家尤其强调对智能制造生态系统主导权的抢夺。德国工业 4.0、美国产业互联网概念体系的背后，不是简单地强调一两项新技术的突破，而是注重技术体系和标准规范的整体进步和更迭，更是致力于推动智能制造生态系统的完善。事实上，当前围绕智能制造生态系统主导权的竞争已经愈演愈烈。以德国为例，一方面，德国正全面、体系化地布局和推动工业 4.0 关键技术；另一方面，通过强调打造领先供应商和大力推广市场应用的双轮驱动，推动制造生态系统的快速完善和普及，以获得领先优势，夺取发展主导权。

不同国家智能制造生态主导权竞争的目标存在差异。各国因技术产业基础和要素禀赋的不同衍生出了不同的战略目标。美国欲凭借制造和信息技术的双重优势，维持第一梯队的领先地位。德国则欲凭借强大的制造优势，确保第二梯队的领导地位。中国则欲在制造大国和网络大国的基础上，发挥市场优势，成为第三梯队的领头羊，并逐渐向第一和第二梯队迈进。

二、物联网成为制造业转型升级的新基础设施，以新四基为核心的技术和标准成为竞争制高点

物联网技术的发展和应用成为推动信息技术-经济范式进入新阶段的重要动力。物联网是智能制造生态的技术基础和产业基础，是推动制造业转型升级的新基础设施。同时，作为智能制造生态系统的基础技术体系，智能感知、工

业软件、工业互联网以及工业云和大数据平台等技术成为各国技术竞争的制高点。此外，为了抢占规则主导权，各主要经济体正大力推进和推行工业互联网标准。

（一）物联网日益成为制造业转型升级的新基础设施

物联网不仅是互联网应用范围的延伸，更是通信网和互联网的综合集成和拓展应用。物联网是智能生态系统得以实现和推广的技术基础和产业基础，成为推动制造业转型升级的新基础设施。

物联网成为智能制造的技术基础。迄今为止，全球制造业在经历了"机械化""电气化"和"自动化"3个阶段后，正朝着"智能化"快速前进。制造业智能化的核心是智能制造，而智能制造得以实现的技术基础是信息—物理系统（CyberPhysical Systems，CPS）。信息物理系统是指借助物联网系统将相关的物理部件，包括设备或产品，与信息网络连接起来，综合运用云计算、大数据和远程控制技术，构建起一个人、机、物之间数据信息实时交互，可自主运行、维护和优化的工业物联网环境。从本质上看，信息—物理系统是将物联网技术应用于制造业生产过程所形成的全新技术解决方案，也是物联网是智能制造生态系统实现的技术基础。

物联网成为智能制造生态系统的产业基础。首先，物联网是智能制造生态系统的核心组成部分之一。物联网产业链长，涉及的支撑产业众多，包括传感器、射频识别设备、智能仪器仪表、集成电路、微纳器件等。这些支撑产业技术先进，体系庞大复杂，处于智能制造产业体系的核心。其次，物联网将丰富和完善智能制造生态系统。依托物联网，将衍生出一系列诸如大数据存储、云计算服务、应用基础设施组件服务、软件服务、系统集成服务等生产性服务产业。这是对智能制造产业的丰富和完善。最后，物联网将重构智能制造生态系统的价值创造方式。物联网的融合渗透将推动企业竞争方式的重构，比如使得数据成为企业重要的竞争优势来源，推动制造业朝着服务化、定制化演进，并日益将分散的经济活动串联成一个紧密的协作网络，重塑现有价值链的价值创造模式。

当前，全球物联网正进入实质性推进和规模化发展的新阶段。物联网已经在制造业得到应用，并逐渐向更广范围、更深程度渗透。此外，物联网还在农业、军事、能源、物流、环境监测、医疗、家居等社会生产生活的方方面面渗透，正不断重塑生产、生活和社会管理模式。随着物联网应用的进一步普及和持续深化，它不仅将成为智能制造生态系统的新基础设施，也将成为整个信息社会的新基础设施。

（二）推动"新四基"创新发展成为技术竞争的制高点

"新四基"是支撑智能制造产业发展的基础型技术体系。所谓"新四基"指的是：第一，智能的感知和处理，要有高性能、低成本、高可靠的传感器和处理器作为硬件支撑；第二，工业软件，包括传统的研发设计软件、管理软件、车间执行系统软件，也包括智能制造的操作系统；第三，工业云和大数据服务平台，所有数据最终都会汇集到工业云和大数据智能服务平台；第四，工业互联网，要建立一个高可靠、低延时、安全的连接物和物的互联网。"新四基"覆盖了从基础感知到传输网络，再到数据计算乃至应用，构成了支撑智能制造产业发展的完整基础型技术体系。

围绕以"新四基"为核心的技术竞争日趋激烈。市场主导权的竞争归根到底是技术实力的竞争。作为智能制造的基础技术体系，围绕"新四基"的竞争日益激烈，已经成为智能制造主导权竞争的核心。以工业云平台和大数据的竞争为例，世界各主要领军企业已经在围绕数据获取能力、集成能力、分析能力和服务能力上展开激烈竞争。例如，西门子自2007年以来就在各类软件工具方面加强资源整合，打造工业大数据分析能力，2015年以来则将原有平台整合起来，构建了一个 Sinalytics 平台，并以此为数字化服务奠定基础。GE 的 Predix 平台则致力于实现全层级的工业数据打通和系统集成。SAP 则以强大的应用软件为核心，将解决方案从上层管理智能化向底层生产智能化覆盖等。表 6-2 总结了世界领先企业在工业云平台和大数据的布局。

表 6-2 世界领先企业在工业云平台和大数据的布局

平台产品	设备连接与信息采集	基于第三方开发的工业软件及开发环境	工业云和大数据平台
GE Predix	与 Cisco 合作开发 Gateways、内嵌 GE 操作系统/软件、与 Intel 合作开发内置芯片	Predix I.O、SDK、API	基于云的数据分析平台，集成多个数据服务产品
Simens Sinalytics	Gateways（MindConnect Nano）、通过 SIMATIC 集成西门子产品	—	大数据服务平台，通过 TERADATA IBM 等软件工具丰富数据服务功能
IBM Bluemix	外置 Gateways 硬件	为第三方提供开发服务和社区来扩展应用程序的功能。提供开发基础架构或 API	加载 Waston 应用，实现基于云平台的大数据分析应用
Ayla	嵌入式固件在设备或网关	通过 AMAP 应用开发解决方案实现第三方应用开发，通知适用于移动应用	基于亚马逊云（AWS）提供 PaaS 云服务，并通过 Ayla Insight 提供 IOT 数据服务
微软 Azure	SQL Azure Gateway、ISS（职能系统服务）	Azure SDK for .NET、Visual Studio	提供 IaaS 和 Paas 服务的云平台
PTC ThingWorx	通过 ThingWork edge micrlservice 实现设备远程打通	通过提供 SDK 和 API 以及应用程序组件，构建 Thingworx marketplace 应用开发环境	与亚马逊（AWS）和微软（Azure）集成，搭建设备云服务平台；通过 Neuron 实现大数据预测分析功能
SAP HANA	OPC 标准协议、Gateways（MindConnect Nano）	XS Engine、SAP HANA Studio	内存计算提供大数据分析服务，提供基于云平台的微服务
Oracle 平台	外置 Gateways、在设备布置协议转换器	JD Edwards applications 组件实现第三方应用开发	提供 IaaS、PaaS 和 SaaS 云平台服务，基于原有产品体系提供大数据应用分析
ARM Mbed	基于 ARM® Cortex®-M 的 MCU、内嵌 mbed OS 操作系统	mbed Device Server 采用开发免费+商业授权的形式提供用户使用 mbed REST API 和 SDK	与 IBM 合作，提供基于 ARM 的设备云服务

续表

平台产品	设备连接与信息采集	基于第三方开发的工业软件及开发环境	工业云和大数据平台
Intel 平台	外置 Gateways、内嵌操作系统/软件，内置 Intel 芯片	通过 API management Solutions 向第三方提供 API	Intel datqacenter manager,具备数据分析平台功能
华为 Ocean Connect IOT 平台	开源物联网操作系统 Huawei LiteOS	针对终端、集成和应用开发者分别提供 Agent、API 以及 SDK	可以与第三方云平台进行对接

资料来源：课题组绘制。

专栏6-1　未来3年对产业转型影响最重要的十大新兴技术

当前全球物联网应用呈现重点突破态势，以产业互联网为主要应用内容的"物联网+"时代，正深刻改变着人类社会的生产方式，以制造业为核心的国家战略性基础行业的转型升级，成为全球经济发展的主要驱动力，也是新一轮产业竞争的制高点。"物联网+"时代正向我们走来。为此，针对未来3年内将在物联网应用中发挥重大影响的新兴技术，中国信息化百人会在广泛征求专家意见的基础上，提出了20项备选技术，继而通过邀请行业专家评选、问卷调查等多种形式，从中选出了影响最大、贡献最突出的十大新兴技术，按照票数由高到低排序如下。

1. 人工智能和高级机器学习

人工智能（Artificial Intelligence，AI），是研究、开发用于模拟、延伸和扩展人的智能的理论、方法、技术及应用系统的一门新的技术科学。它企图了解智能的实质，研究使计算机来模拟人的某些思维过程和智能行为（如学习、推理、思考、规划等），主要包括计算机实现智能的原理、制造类似于人脑智能的计算机，使计算机能实现更高层次的应用。机器学习（Machine Learning，ML）专门研究计算机怎样模拟或实现人类的学习行为，以获取新的知识或技能，重新组织已有的知识结构使之不断改善自身的性能。它是人工智能的核心，是使计算机具有智能的根本途径，其应用遍及人工智能的各个领域。

2. 协作机器人

协作机器人（Cobots）是专为工作安全与人类合作共事而设计的机器人。协作机器人采用创新的安全技巧，从而完全无须在人类与机器人之间设立安全屏障，它们很容易就能适应新任务，这使之很适合用于辅助小批量生产中。在传统的工业机器人逐渐取代单调、重复性高、危险性强的工作之时，协作机器人也将会慢慢渗入各个工业领域，与人共同工作。作为全球最大的工业机器人制造商之一，ABB在2014年推出了其首款协作机器人YuMi，目标市场为消费电子行业，主要用于小组件及元器件的组装。YuMi于2015年4月在德国汉诺威工业博览会上推向市场。

3. 工业互联网

工业互联网是全球工业系统与高级计算、分析、感应技术以及互联网连接融合的结果。它通过智能机器间的连接并最终将人机连接，结合软件和大数据分析，重构全球工业、激发生产力，让世界更美好、更快速、更安全、更清洁且更经济。工业互联网的实质是在全面互联的基础上，通过数据流动和分析，形成智能化变革，形成智能化生产、网络化协同、个性化定制、服务化延伸等新的模式和新的业态。

4. 工业大数据

工业大数据，是在工业领域信息化相关应用中所产生的海量数据。随着信息物理系统（CPS）的推广、智能装备和终端的普及以及各种各样传感器的使用，将会带来无所不在的感知和无所不在的连接，所有的生产装备、感知设备、联网终端，包括生产者本身都在源源不断地产生数据，这些数据将会渗透到企业运营、价值链乃至产品的整个生命周期，是智能制造的基石。工业大数据的数据类型包括：产品数据、设备数据、研发数据、运营数据、管理数据、销售数据、消费者数据、产业链数据等。工业大数据的典型应用包括需求预测、产品创新、产品故障诊断与预测、工业企业供应链优化和产品精准营销等各个方面。

5. 虚拟和增强现实

虚拟现实（Virtual Reality，VR）技术，是一种可以创建和体验虚拟世界的计算机仿真系统，它利用计算机生成多源信息融合的交互式三维动态视景和实体行为的系统仿真，使用户沉浸其中。虚拟现实主要包括模拟环境、感知、自然技能和传感设备等方面。

增强现实（Augmented Reality，AR）技术，是一种实时计算摄影机影像位置及角度并加上相应图像、视频、3D模型的技术，这种技术的目标是在屏幕上把虚拟世界套在现实世界并进行互动。和 VR 不同的是，AR 的工作方式是在真实世界当中叠加虚拟内容，这些内容可以是简单的数字或文字通知，也可以是复杂的虚拟图像。

6. 工业云服务平台

工业云服务是为中小企业提供购买或租赁信息化产品服务，整合 CAD、CAE、CAM、CAPP、PDM、PLM 一体化产品设计以及产品生产流程管理，并利用高性能计算技术、虚拟现实以及仿真应用技术，提供多层次的云应用信息化产品服务。工业云服务平台在制造业领域的应用日益深化，使得制造企业可以对散落在生产制造各环节的数据、信息和知识进行集中管理，可以充分利用内外部创新和制造资源，进一步加快推动制造企业组织结构的扁平化、资源配置的高效化、业务流程的精简化。

7. 窄带物联网

窄带物联网（Narrow Band Internet of Things，NB-IoT）是万物互联网的一个重要分支。NB-IoT 构建于蜂窝网络，聚焦于低功耗广覆盖（LPWA）物联网（IoT）市场，支持低功耗设备在广域网的蜂窝数据连接，只消耗大约 180kHz 的带宽，可直接部署于 GSM 网络、UMTS 网络或 LTE 网络，支持待机时间长、对网络连接要求较高设备的高效连接，具有覆盖广、连接多、速率低、成本低、功耗低、架构优等特点。

8. 基于 MEMS 的传感器

MEMS 即微机电系统（Microelectro Mechanical Systems），是在微电子技术基础上发展起来的多学科交叉的前沿研究领域。MEMS 传感器是采用微电子和微机械加工技术制造出来的新型传感器。与传统的传感器相比，它具有体积小、重量轻、成本低、功耗低、可靠性高、适于批量化生产、易于集成和实现智能化的特点。同时，微米量级的特征尺寸使得它可以完成某些传统机械传感器所不能实现的功能。目前主要研究领域包括微机械压力传感器、微加速度传感器、微机械陀螺、微流量传感器、微气体传感器、微机械温度传感器等，主要应用于医疗、汽车电子、运动追踪系统等。

9. 智能硬件

智能硬件是以平台性底层软硬件为基础，以智能传感互联、人机交互、新型显示及大数据处理等新一代信息技术为特征，以新设计、新材料、新工艺硬件为载体的新型智能终端产品及服务。智能化之后，硬件具备连接的能力，实现互联网服务的加载，形成"云＋端"的典型架构，具备了大数据等附加价值。随着技术升级、关联基础设施完善和应用服务市场的不断成熟，智能硬件的产品形态从智能手机延伸到智能可穿戴、智能家居、智能车载、医疗健康、智能无人系统等，成为信息技术与传统产业融合的交汇点。

10. 区块链和分布式分类账

区块链（Block Chain），是一种分布式分类账（Distributed Ledgers），是利用块链式数据结构来验证与存储数据、利用分布式节点共识算法来生成和更新数据、利用密码学的方式保证数据传输和访问的安全、利用由自动化脚本代码组成的智能合约来编程和操作数据的一种全新的分布式基础架构与计算范式。通俗来讲，区块链数据库就像一个全世界一起维护的账本，读写数据库就可以看做是一种全民参与记账的行为。

（三）大力推行工业互联网标准成为规则竞争的先手棋

工业互联网要实现技术创新、互联互通、系统安全和产业提升均离不开标准化的引领。当前工业互联网的标准化工作已经获得了国内外的普遍重视，包括美国工业互联网联盟（IIC）、德国工业 4.0 平台、中国智能制造标准工作组等组织均在积极布局推进。

美国工业互联网联盟以参考架构为引领，通过多个企业在各垂直领域的应用探索，支持建立测试床，提供验证支撑，并借助其他标准组织力量，推动工业互联网加快落地。德国工业 4.0 平台建立统一的"工业 4.0"参考体系模型。2013 年 12 月，发布《"工业 4.0"标准化路线图》，提出有待标准化的 12 个重点领域，包括体系架构、用例、概念、安全等。2015 年 4 月，发布《工业 4.0实施战略》将需要制定的标准数量进一步聚焦于网络通信、信息数据、价值链、企业分层等标准上。2016 年 2 月，包括微软、英特尔、高通、三星、思科、通用电气、伊莱克斯在内的多家国外科技巨头，又联合发起成立一个新的物联网标准组织（Open Connectivity Foundation，OCF），以期加强其对全球标准的主导权争夺。为推进中国智能制造标准化工作，2015 年 2 月，在工业和信息化部装备司的指导下，智能制造综合标准化工作组成立。目前，工作组已经形成《智能制造综合标准化体系建设指南（征求意见稿）》，并已在工业和信息化部相关司局开始意见征求工作。

整体上，工业互联网标准化还处于刚刚起步阶段，标准组织大多采取由上而下的设计方法，将工作重点放在了路线战略、参考架构、需求用例、测试床等方面，并依据情况再开展其他具体的标准化工作。工业互联网的标准化仍然需要一个长期的探索研究过程。但随着发达国家纷纷在物联网国际标准制定方面加紧"抢滩登陆"，标准制定的步伐将加快，竞争也将愈加激烈。

三、开放化、平台化成为产业演进升级新趋势，产业协同创新体系加速形成

万物互联的新时代，产业模式的开放化发展态势不断强化，产业组织的平台化变革方兴未艾。产业体系开放化和平台化变革将政府、企业、科研院所、竞争对手、消费者等不同的主体纳入开放的产业体系中。不同主体间的协同创新效率成为推动技术发展、决定产业体系竞争优势的关键。适应新的竞争形势，各类独具特色的产业协同体系纷纷成立，以推动产业创新发展。

（一）产业体系朝着开放化、平台化演进的趋势加快

产业模式开放化发展趋势不断强化。信息技术拓展连接范围，降低连接成本，产业模式从封闭走向开放的趋势日益明显。首先，开放式创新模式渐成潮流。在传统工业经济时代，向外部机构寻求科技创新资源只是少数领先企业的开拓性行为。30 多年前，将用户纳入创新体系也只在机械、软件等少数行业中应用。如今，随着信息技术，尤其是互联网技术的应用，外部机构、用户等参与创新的成本大幅降低，开放式创新模式已经在许多新兴行业和企业中得到应用，并大范围向传统产业和企业扩散，同时涌现出众包等开放式创新的新模式。随着物联网、云计算和大数据等新一代信息技术的进步和应用，开放式创新模式将进一步扩展应用范围，并成为数字经济时代创新的基本形态。其次，开放型制造模式不断拓展应用范围。随着信息技术等的不断进步和应用，企业外包的协作成本大幅度下降，催生了将部分非核心环节外包的半封闭型制造模式。当部分生产环节的外包开始跨越国界在全球布局，由此形成了以全球生产网络为基本结构的相对开放型的制造模式。这种开放型的生产制造模式不仅在纺织服装等传统经济部门应用，而且在电子信息制造等高技术产业部门应用。如今，物联网、大数据等信息技术的兴起以及 3D 打印技术等的不断进步，制造环节

的跨企业协同成本将进一步降低,推动制造模式朝着分散化和开放化持续演进。

产业组织的平台化变革趋势不可阻挡。在新的技术-经济范式下,平台正日益成为产业生态的基本组织方式。平台最早出现在软件、电商、社交等高科技、数字化行业。随着互联网技术的不断发展,平台型产业组织模式不断向传统行业拓展应用边界。如今,几乎所有行业的领先者都认识到在数字化转型中,平台模式所蕴含的增长和投资机会,并采取了行动,这推动了平台模式从信息服务行业向农业、制造、交通、能源等各行各业广泛渗透。无论是早期的电子商务,还是近期出行、租房、制造等领域的共享经济,其主要的支撑模式都是平台。

产业体系的开放化、平台化变革带来的一个重大变化是政府、企业、科研院所、竞争对手、消费者等不同的主体加入产业体系中成为重要的构成主体。相应地,不同主体间的协同创新效率成为推动技术发展、决定产业体系竞争优势的关键。适应新的竞争形势,大量产业协同体系涌现。从协同机制来看,总体上可以分为政府主导的产业协同和企业主导的产业协同两类。

(二)以平台为基础,由政府主导推动智能制造生态系统协同的政产学研体系快速兴起

产业生态体系发展初期,主导技术架构没有确立,产业的风险和不确定性较大,产业协同创新难度大。由政府相关部门牵头,对基础型共性技术进行投资,推动技术标准化工作的完成和普及,协助跨部门间的协同等,是产业体系演进初期推动产业协同创新的核心机制之一,也被实践证明是有效的机制之一。

当前智能制造生态系统仍处在初级阶段,主导的技术架构和标准体系还没有出现,由政府来主导推动产业协同成为重要的产业生态推进机制。德国工业4.0平台是这类产业协同创新体系的典型代表。最初,工业4.0平台是一个由德

国机械设备制造业联合会（VDMA）、德国电气电子制造商协会（ZVEI）和德国信息技术、电信与新媒体协会（BITKOM）共同组织搭建的民间协会组织，随着政府力量的不断加入，最终便成为一个综合的体系化的权威的政产学研机构。表 6-3 总结了德国工业 4.0 平台的基本构成。该平台的基本运作机理是在产业开发推广过程中，以平台为基础，由政府主导重要协议的推动、关键技术的领投以及跨部门的协调实施等活动，从而帮助产业生态体系中各主体克服协同困难，共同推动产业生态的正常循环。工业 4.0 平台是德国工业 4.0 战略的发起者、组织者、引领者和实施者，在其推动下形成了面向国内高度协调的产业生态。

表 6-3　德国工业 4.0 的基本构成

国别	平台	构成主体	组织机构	主要职能
德国	工业 4.0 平台（Platform-i4.0）	德国经济和能源部，教育和研究部，德国机械及制造商协会（VDMA）、信息技术、通信与新媒体协会（BITKOM）、电子电气制造商协会（ZVEI）等	工业 4.0 平台董事会、指导委员会、科学顾问委员、秘书处办公室、业务工作组 5 个组织机构	与电气电子信息技术协会（VDE）和电工委员会（DKE）以及相关企业联合组成跨行业、跨领域的工作组；由工业 4.0 平台下面的工作小组专门处理标准化和参考架构的问题；推动标准化路线图的实施

资料来源：课题组绘制。

（三）以市场为导向，由领军企业主导推动智能制造生态系统协同的产业联盟快速涌现

应对产业体系发展初期因不确定性导致的产业协同困难，除了依靠政府的力量外，领先大企业也可以大有作为。领军大企业通过结成联盟，成立指导委员会，共同推动产业技术架构和标准的推行，克服协同困境。

在智能制造生态系统中，依靠企业力量来完成产业协同的典型代表是美国

的工业互联网联盟。美国的工业互联网联盟是由 GE、思科、AT&T 等大企业发起成立的。如今，这个自发的企业团体汇聚着全球资源，已经成为拥有超过 20 个国家，200 多个会员的国际型大联盟，是推动工业互联网的超级组织。表 6-4 总结了美国工业互联网联盟的基本构成。

表 6-4 美国工业互联网联盟的基本构成

国别	平台	构成主体	组织机构	主要职能
美国	工业互联网联盟（IIC联盟）	AT&T、思科（Cisco）、通用电气（GE）、IBM 和英特尔（Intel）等 80 多家企业	由企业、研究人员和公共机构组成；非营利性团体，对外部开放成员资格；建立指导委员会，负责执行领导和管理工作，创始成员在 IIC 指导委员会中拥有永久席位，其他会员竞争四席席位	一是将现有和新创建产业的使用案例和试验基地用于真实生活应用；二是提供最佳实践、参考架构、案例研究和标准要求；三是影响互联网和工业系统的全球标准制定流程；四是促进开放式论坛，以分享和交流真实生活中的技术理念、实践、经验教训和见解；五是对新式和创新的安全方式建立信心

资料来源：课题组绘制。

该联盟的运行机理是在指导委员会的领导下，通过向相关垂直领域的优秀企业开放成员资格，在成员企业中大力推动关键共性技术创新和扩散、协调不同垂直领域内企业间冲突、推行标准化等举措来克服联盟内部企业间的协同困难，以促进智能制造生态的发展。与由政府主导协同的德国工业 4.0 平台相比，美国工业互联网联盟的优势是市场导向更加明确，活力更足，但缺陷是缺少权威的强力领导机构，整体协同效率和推进速度有不足。

四、信息通信技术与产业融合发展引发产业管理模式变革、安全、包容、协作的网络治理新体系加速构建

信息技术不断从网络空间向实体空间扩展边界，新业态层出不穷，传统业态不断焕发新貌，传统产业管理模式变革压力加大。适应新的需要，政府、企业和用户积极探索，一个安全、包容和协作的网络治理新体系加速形成。

（一）物联网标识管理和网络安全治理在产业网络治理体系中的重要性日益凸显

物联网标识管理加快推进。 从人与人之间的通信，到引入对物理世界的感知后建立的人与物、物与物之间的通信，标识技术及其应用的发展都起到了重要的影响与推动作用，并且随着物联网的推进，围绕标识的应用、技术标准和需求都在不断增强和拓展。物联网标识类应用和管理近年来发展迅速。条形码技术、RFID 技术在供应链管理、物流管理、资产跟踪、防伪识别、公共安全管理、车辆管理、人员管理等方面应用日益广泛，国际上 RFID 标准已经形成比较完善的布局。但各领域出现了成熟程度不一、应用范围不等的多种标识体系，也呈现了众多标识技术共存且应用现状复杂的状态。

物联网安全治理日益受到重视。 随着物联网在各领域的融合应用深度和广度得到不断拓展，越来越多的物理设备联网，网络安全威胁被放大。尤其是在工业领域，工业设备，工控系统与公共网络互联互通日渐增多，针对工控网络的攻击也愈演愈烈，带来的后果也更加严重。2015 年 12 月，乌克兰电力系统遭到网络攻击，黑客获得了远程控制发电系统的能力，造成乌克兰境内 1/3 的地区发生断电事故。2015 年被美国工控系统网络应急响应小组收录的工控系统攻击事件达到 295 起，机场、电网、核电站、钢铁厂都成为网络攻击的目标。网络安全已经成为网络治理的重要内容，并得到各国越来越多的重视。

（二）构筑包容型产业管理模式成为网络治理体系变革新趋势

适当放宽市场准入成为网络治理体系变革的新方向。 当前，至少有两重力量在推动着市场准入的适当放宽。第一，全球经济的复苏要求新动力提供强大支撑，放宽市场准入限制，破除行业进入壁垒，更好激发市场创新活力和社会创造力，是培育和壮大新动力的关键环节。适当放宽市场准入有了外生动力。

第二，信息技术与产业融合渗透带来的最重要的改变是降低事前的信息不对称程度。这从根本上削弱了严格事前监管的必要性。适当放宽市场市场准入有了内在要求。事实上，对信息技术与产业融合产生的新模式新业态保持适度宽松的市场准入，是融合业态发展强劲的国家的基本做法，也是引致其快速发展的内部原因。

创新管理方式成为网络治理体系变革的新动向。 在管理手段上，各国管理机构正在综合运用信用管理、大数据等技术创新管理手段。在管理机制上，各国正努力加强部门间协作配合，形成管理合力，同时加强跨部门的信息共享和联合惩戒，实现信息互换、监管互认、执法互助。在管理模式上，在适度放宽事前市场准入的同时，加强事中和事后治理。

（三）政府主导、平台自律、用户参与的网络协同治理体系不断完善

在传统经济体系中，市场秩序的维持除了依靠企业和行业的自律外，主要的治理力量是政府。在数字经济时代，平台和个人日益成为新的治理力量。各国的网络治理体系正在朝着政府主导、平台自律和用户参与的协同治理模式转变。

平台日益成为网络协同治理的新主体。 平台作为协同治理主体地位的确立有两个动因。一方面，在数字经济时代，平台成为一种基础设施，大量经济活动发生在平台之上，平台除了是市场活动的参与者之外，还是市场组织者，因而对平台之上的经济活动的秩序负有一定的治理责任。另一方面，与政府相比，平台对发生于其上的不规范发展问题更加了解，治理手段也更多，总体治理成本更小。在实践发展中，平台也承担着越来越多的治理任务。随着平台的继续扩张，平台作为治理主体的责任也将得到进一步明确。

　　用户在网络治理中扮演的角色越来越重要。信息经济时代用户参与治理的手段和成本大幅度降低。在信息技术的辅助下，用户可以方便地将其使用后的体验反馈给下一个用户，将违法犯罪信息快速地反馈给相关管理部门，从而大幅度提高了产品和服务供给者机会主义行为的成本，降低了政府发现和治理的成本。总的来看，用户参与治理提高了市场力量在维持市场秩序上的有效性，减轻了政府治理的重担。实践中用户参与治理的程度越来越高，形式也越来越多样化。

专 题 篇

第七章

释放物联网工业领域价值

一、 物联网在工业领域的价值潜力

物联网是下一个万亿级的业务，目前已经在制造、家居、能源、交通、医疗、农业等多个领域得到应用。本书将探讨物联网应用在制造业领域的价值潜力和价值创造，讨论的范围既包括强调生产过程的工业物联网，也包括物联网在生产流程之外的应用。

（一）物联网与工业物联网的概念区别

物联网与工业物联网、工业 4.0 的概念既有交集也有差异。物联网强调的是生活和生产中一切硬件设备的连接；工业物联网是指在工业环境下，生产设备和产品的连接；工业 4.0 则涵盖整个制造生态系统（见图 7-1）。

随着工业化与信息化的深度融合，企业内部及企业间生产控制系统和生产管理系统互联互通的需求渐增，通过接入网络进而达到提高产品质量和运营效率的需求更为强烈，工业物联网应运而生。

工业物联网将生产过程的每一个环节、设备变成数据终端，全方位采集底层基础数据，并进行更深层面的数据分析与挖掘，从而提高效率、优化运营。

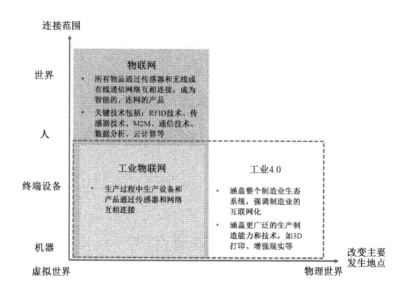

图 7-1 物联网、工业物联网、工业 4.0 概念区别

资料来源：德勤研究。

与物联网在消费行业的应用不同，物联网在工业领域的基础已经存在了几十年。如过程控制和自动化系统、工业化以太网连接和无线局域网（WALN）等系统已经在工厂运行多年，并接连可编程逻辑控制器（PLC）、无线传感器和射频识别技术标签（RFID）。但是在传统工业自动化环境下，一切都只是发生在工厂自己的系统里，从来没有与外部世界连接。

工业物联网相较于传统工业自动化有以下四个特点[1]。

数据收集范围：工业物联网利用 RFID、传感器、二维码等手段随时获取产品从生产到销售到最终用户使用各个阶段的信息数据，而传统工业自动化的

---

[1] 赛迪智库. 工业物联网面临的信息安全形势非常严峻[EB/OL]. 2016-11-10，http://www.ccidnet.com/ 2016/1110/ 10207421.shtml.

数据采集往往局限于生产质检阶段。

互联传输：工业物联网利用专用网络与互联网相结合的方式，实时准确地传递物体信息，对网络依赖性更高，更强调数据交互。

智能处理：工业物联网综合利用云计算、云存储、模糊识别、神经网络等智能计算技术，对海量数据和信息进行分析和处理，并结合大数据技术，深入挖掘数据价值。

自组织与自维护：工业物联网的每个节点为整个系统提供自己处理获得的信息或决策数据，当某个节点失效或数据发生变化时，整个系统会自动根据逻辑关系做出相应调整。

（二）物联网在工业领域的价值潜力

在今天的商业环境里，所有企业都面临一个挑战或者说机遇——从"后知后觉"到"先见之明"的转变。仅仅在事件发生后解释原因并做出响应已经无法适应快速变化的商业环境。随着更多的传感器的使用和数据质量的提高，物联网使得企业提前做出响应避免损失和创造价值变得可能。

> "今天的企业面临着一个根本的问题和机遇：从解释到预测的转变，以及超越。促成这个转变的原因包括快速变化的现代商业环境，不断提高数据的可用性和越来越多的传感器的使用。仅仅解释过去发生了什么，然后才对各种信号（如销售、市场、客户购买行为、温度）做出延迟的反应是不够的。未来企业必须在事件发生之前就进行预测并采取行动。
>
> —— Bill Hardgrave，RFID 研究中心创始人、奥本商学院院长

Forrest Research 预测到 2020 年，世界上物物互联的业务将是人人互联业务的 30 倍。各大机构普遍预测物联网设备的安装数量将快速增长（见表 7-1）。

表 7-1 各大机构对物联网市场潜力预测[2]

机构	物联网设备安装数量
Gartner	2016 年全球物联网设备数目达到 64 亿，比 2015 年增长 30%，2020 年这个数字将达到 208 亿
IDC	物联网设备的安装基数将以 17.5%的年复合增长率在 2020 年达到 281 亿
IHS	全球物联网设备的安装基数将从 2015 年的 154 亿增长到 2020 年的 307 亿。2025 年，这一数字更将达到 754 亿

资料来源：福布斯、德勤研究。

Gartner 预测 2016 年全球物联网终端支出（Endpoint Spending）达到 14140 亿美元，包括消费者应用 5460 亿美元、跨行业企业级应用 2010 亿美元和垂直行业应用 6670 亿美元。到 2020 年，物联网总支出将达到 30110 亿美元，上述各细分市场将分别增长至 15340 亿美元、5660 亿美元和 9110 亿美元，复合年增长率分别为 29%、30%和 8%（见图 7-2）。

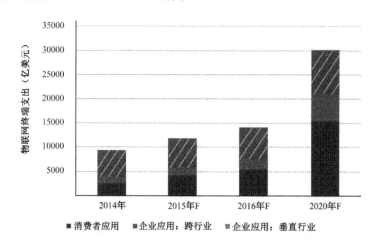

图 7-2 全球物联网终端支出按细分市场划分

数据来源：Gartner（2015 年 11 月）、德勤研究。

工业领域目前是物联网项目最多的应用领域。IoT Analytics 认为制造业在物联网应用的占比约为 25%，Harbor Research 和 CISCO 估计为 27%左右，

---

[2] 福布斯. 2016 年物联网预测和市场估算总结[EB/OL]. 2016-11-30，http://tech.163.com/16/1130/07/C73 Q381P00097U7R.html.

Gartner 预计在 15%左右[3]。尽管各机构预计数据有差距，但制造业在物联网中的重要地位显而易见（见图 7-3）。

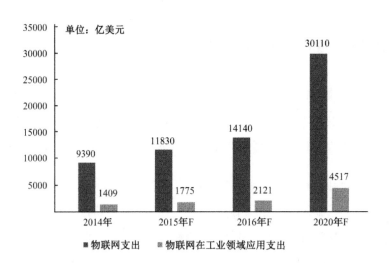

图 7-3　全球物联网与工业物联网终端支出

数据来源：Gartner，德勤研究。

另外，Industry ARC 预测工业互联网有可能会在 2025 之前每年产生高达 11.1 万亿美元的资金，其中 70%将在企业间消化；通用电气（GE）预测在未来 15 年中，工业物联网领域的投资最高可达 60 万亿美元。

中国物联网生态环境日趋成熟，物联网在工业领域的应用需求逐渐强烈。根据中投顾问估算，2014 年中国工业物联网规模达到 1157 亿元，在整体物联网产业中的占比约为 18%，2015 年规模接近 1500 亿元，增长率达到 29%。到 2020 年，工业物联网在整体物联网产业中的占比将达到 25%，规模将突破 4500 亿元[4]。

---

[3] IT 硬件与设备物联网专题研究工业物联网空间巨大[EB/OL]. 2015-7-30,
http://pg.jrj.com.cn/acc/Res/CN_RES/ INDUS/2015/7/30/9ffde3f7-2e3e-4d12-bbcb-574acfafd389.pdf.

[4] 中投顾问、"十三五"数据中国建设下物联网行业深度调研及投资前景预测报告.

二、价值来源及体现

（一）物联网的价值来源

鉴于物联网在工业领域的巨大市场潜力，我们需要思考其价值究竟从何而来。物联网几乎可以把任何物体转化为有关该物体的信息源。它创造了一种区别产品和服务的新方式以及能够自主管理的全新价值源——信息及洞察力。

物联网使制造企业的竞争领域不仅限于产品功能及服务，而且扩展到通过使用这些产品或服务所创造的信息和数据。在清晰的战略指引下，数据分析可以帮助企业将物联网产生的信息转化为有意义的洞见，帮助决策者更清楚地了解他们的客户、产品和市场，继而协助企业开发新产品、服务和商业模式。

德勤在 2015 年首次提出物联网环境下的全新价值源——"信息价值环路"概念（见图 7-4）。以产品和服务的形式创造价值造就了"价值链"的概念，企业将输入转化为输出的一系列活动以及活动的顺序。同样，充分发挥物联网的潜力有助于形成一个能获取一系列活动以及活动顺序的框架，企业由此通过信息创造价值，即"信息价值环路"。

德国食品生产商 Seeberger 使用物联网技术便能够清楚知道某个商品在生产过程中任何阶段的数据信息，以达到对食品的可追溯性与保障质量安全的目的。例如，如果一包原料没有被打开，DTV 会通过无线网络收到提示信号，联网设备会将原料送回恒温控制的库存区。

物联网技术的远程监控和优化资产的能力使得很多的石油天然气项目的实施与运行得到了技术与效益方面的提升。卡塔尔 Ras Laffan 市的 RasGas 液化天然气设备监控项目使用了工业物联网技术对液化天然气的设备进行预测性维修与资产的管理，以保障整个项目更好地运行。

专栏 7-1　信息价值环路[5]

信息价值环路始于在全新环境中创造和交互信息。传感技术让一切行为都能产生信息，即"创造"阶段。网络（一般由通信服务供应商提供和管理）将"创造"和"交互"阶段连接起来，释放信息，激活闭环剩余环节。在两者的接合处诞生了新形式的合作机遇。

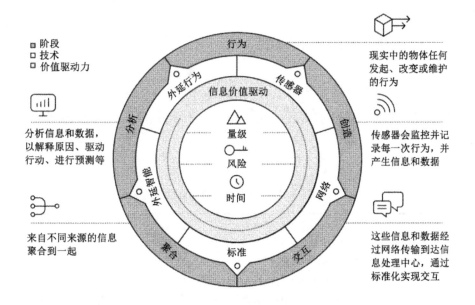

图 7-4　信息价值环路

需要注意的是，信息价值环路是一个闭环，即行为—现实世界中物体的状态或行为—产生信息。而后这些信息将被用于预知未来的行为。对于使闭环完整并创造价值的信息，它将会经历闭环内各个阶段，且每一个阶段都由特定的

[5] "信息价值环路" 概念源自 Michael E. Raynor 和 Mark J. Cotteieer. "The more things change: Value creation, and the internet of Things" Deloitte Review 17[EB/OL]. 2015-7-27，http://dupress.com/articles/value-creation-value- capture-internet-of-things.

"技术"推动。创造信息的"传感器"会监控每一次行为。这些信息经过"网络"实现交互，而后技术、法律、监管或者社会的"标准"使它们跨越时空聚合到一起。"外延智能"是获取用于分析信息的各种形式分析支持的通用术语。信息价值环路最终由"外延行为"技术完成，这些技术能引发自动化的自发行为或以一种能够改进行为的方式形成人类决策。

资料来源：Deloitte Review，德勤研究。

（二）物联网商业价值的体现

物联网大幅降低设备个别运算和数据储存的成本，更颠覆以往对于商业价值的定义与框架，我们可以从以下几项指标来思考物联网所开启的商业价值和机会（见表 7-2）。

表 7-2 物联网商业价值衡量维度

财务指标	公司的营收、支出和资产维持了它的营运平衡，但大部分公司的管理方式都在于减少开销、提高资产效率、降低负债等，而并非去发现如何经由创新方案开拓收入来源
运营指标	由公司的财务指标变动可以了解一间公司的三大核心营运流程：客户生命周期、产品生命周期和设备生命周期。目前大部分企业在物联网上的投资专注于设备生命周期（例如优化设备运转、增加使用率等）。对于客户生命周期及产品生命周期，智能型的联网设备不但可以提供新的分析与性能，更可以有效管理公司如何发展客户和产品，甚至详细地知道客户存在周期、产品以及相关收入和利润等细节
企业绩效改善	目前物联网解决方案大多被应用在特定的事件，如减少库存或机器故障等。只有一小部分是通过物联网分析出的数据去改善整体生产流程和产品设计。若欲善用物联网解决方案，应延长绩效改进的期限，针对长期性的改善，而非专注在单一交易上（例如对客户或是供货商的买卖），如此企业才能对比过去与未来的绩效，并做一个持续性的增值

资料来源：德勤大学、德勤研究。

通过以上三个维度的分析，物联网商业价值将以效率提升、业务成长和风险管理提升为体现，无数的益处归纳如表 7-3 所示。

表 7-3　物联网商业价值体现

效率提升	● 提高资产利用率并减少停机时间 ● 提高商业敏捷性和变化的反应 ● 减少供应链或供应链网络成本 ● 确保计划的稳定性和准确性 ● 提高合规性
业务成长	● 寻找核心业务增长的来源 ● 增加售后市场收入来源 ● 深化客户理解和洞察 ● 加强客户整合和渠道 ● 创造新的产品和服务 ● 创造新商业模式
风险管理提升	● 确保产品的安全性 ● 提高资产安全性 ● 提高作业环境安全性 ● 有效管理保修和召回

资料来源：德勤研究。

三、中国工业物联网应用的价值体现

（一）应用现状

制造企业普遍认同工业物联网的重要性，但尚未形成清晰的物联网战略。 在德勤中国制造业工业物联网应用调查显示，89%的受访企业认同在未来 5 年内工业物联网对企业的成功至关重要，72%的企业已经在一定程度上开始工业物联网应用，但仅有 46%的企业制定了比较清晰的工业物联网战略和规划（见图 7-5）。

与物联网在消费领域近乎从零开始的情况不同，传感器、PLC 等物联网技术已经在工业领域存在了几十年。这也是为什么多数受访企业认为自己已经在一定程度上开始工业物联网应用的原因。但目前制造企业物联网应用主要集中于感知,通过硬件、软件和设备的部署收集并传输数据,这只是物联网应用的开始。由于工业物联网整体解决方案设计和实施的复杂性,虽然深知物联网战略的重要性,很多企业还不确定自己是否做好准备,也尚未形成工业物联网的清晰战略。

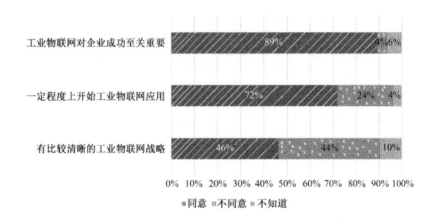

图 7-5 受访企业工业物联网认知及实施情况

资料来源:2016 年德勤中国制造业工业物联网应用调查、德勤研究。

制造企业仍处在数据应用的初级阶段,从"后知后觉"到"先见之明"尚需时日。 工业物联网是数据驱动的产业。如工业传感器实时采集设备及生产线上的温度、压力、振动等信息,汇集成海量数据,再通过挖掘分析、处理、应用,最终实现价值创造。典型应用包括故障预测、远程诊断、工业生产线分析、能耗优化等诸多方面。

大部分受访企业已经开始或计划开始利用传感器采集产品和设备数据。就产品数据而言,45%的受访企业已经开始采集,31%的企业计划开始;就设备数据而言,53%的企业已经开始采集,26%的企业计划开始采集(见图 7-6)。

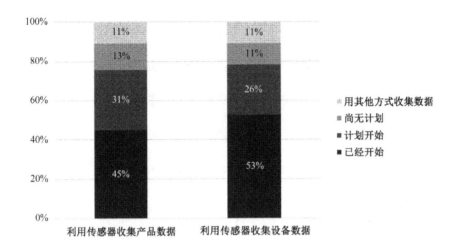

图 7-6　受访企业利用传感器采集数据情况

资料来源：2016 年德勤中国制造业工业物联网应用调查、德勤研究。

　　正如前文所述，数据采集只是"信息价值环路"发挥作用的开始，如何分析和利用所采集到的海量数据支持决策才是价值创造的重点。

　　我们的调查发现，受访企业目前仍处在数据应用的感知阶段而非行动阶段。大部分企业利用采集到的数据解释历史表现的规律和根本原因——65%受访企业将采集的数据进行数据可视化，57%的企业利用数据进行根本原因分析，51%的企业利用数据生成管理报告。仅有少部分企业开始将数据用于预测性分析指导企业行动——37%的企业利用数据开发预测模型支持决策，26%的企业进行进一步数据挖掘以发现新的洞见（见图 7-7）。

　　更深层次的工业物联网应用需要企业改变利用数据的方法——从"后知后觉"到"先见之明"。企业需要思考除了利用从各种传感器采集到的数据解释历史业绩的规律和根本原因，企业如何利用数据驱动后台、中间和前台业务流程改善？未来什么样的产品和服务可能带来新的收入？什么样的物联网应用可能开拓新的市场？

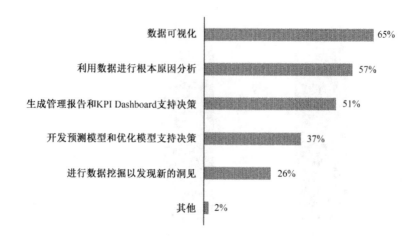

图 7-7　受访企业如何利用所采集到的数据

资料来源：2016 年德勤中国制造业工业物联网应用调查、德勤研究。

（二）价值驱动

制造企业工业物联网应用以效率提升、收入增长和风险管理为主要驱动，其中供应链优化、提升客户体验和确保产品安全性最受企业关注。

德勤的调查结果显示，中国制造企业应用工业物联网的主要目标是效率提升、收入增长以及风险管理提升（见图 7-8）。

1. 效率提升

在效率提升方面，通过工业物联网应用优化供应链最受企业关注。156 家受访企业中有 116 家企业（占比 74%）希望借助工业物联网应用提高供应链的效率并减少成本，110 家企业（占比 70%）希望利用预测性维护等技术提高资产运营效率并减少停机时间，其他目标还包括提高商业敏捷性和提高合规性（见图 7-9）。

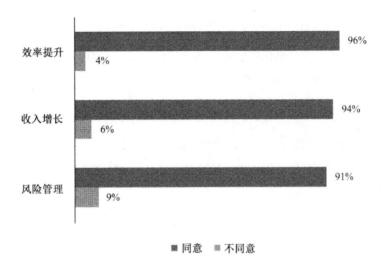

图 7-8　受访企业工业物联网应用的主要目标

资料来源：2016 年德勤中国制造业工业物联网应用调查、德勤研究。

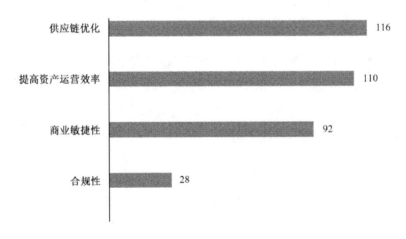

图 7-9　受访企业应用工业物联网提升效率的重点领域

资料来源：2016 年德勤中国制造业工业物联网应用调查、德勤研究。

　　以优化供应链为例，获取实时供应链信息有助于在问题发生之前确定问题，减少库存并可能降低资本要求。工业物联网可以帮助制造商更好地了解这些信息。通过将工厂连接到供应商，参与供应链的所有各方都可以追踪其互动、物料流和制造周期时间。支持工业物联网的系统可以实现位置跟踪，库存的远程监控以及获得零件和产品在供应链中移动时的报告。它们还可以收集和提供交付信息到 ERP，PLM 和其他系统。

我们已经看到一些工业物联网在供应链领域的应用。现在已经有公司分析社交媒体上的信息和留言，通过分析更精准地把握用户需求，更好地规划库存。也有企业开始利用智能眼镜技术，通过集中式的专家队伍指导远程工厂，甚至海外工厂的现场生产经营[6]。

2．收入增长

工业企业思考物联网的价值定位时，不仅局限于提高效率及节约成本，还将目光投向业务成长。通过数据分析——包括以前尚未开发的数据——将其转化为具备可操作性的市场洞察力将帮助企业实现更高程度的客户服务转型，为企业提高客户忠诚度和满意度提供新的机遇。

156 家受访企业中 113 家企业（占比 72%）希望借助工业物联网应用提升客户体验并实现收入增长，107 家企业（占比 69%）希望通过工业物联网产生的数据开发新的产品和服务，95 家企业（占比 61%）希望利用物联网数据帮助企业实现商业模式创新（见图 7-10）。

轮胎制造商米其林开发了一项基于工业物联网的全新服务——Dubbed Effifule。该服务为其客户在卡车轮胎和引擎上安装传感器。传感器会将收集到的油耗、胎压、温度、速度和位置等数据传到云端服务器。米其林的专家团队会据此进行数据分析，并为客户提供建议和驾驶培训。这项服务帮助客户每百公里减少耗油 2.5 升。

---

[6] 德勤. 万物互联与企业数字供应链战略转型[EB/OL]. 2016-11-26.

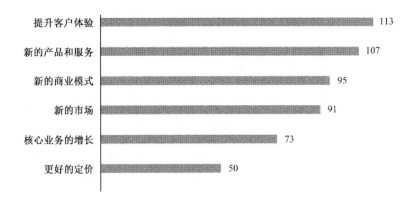

图 7-10　企业希望通过何种途径实现收入增长

数据来源：2016 年德勤中国制造业工业物联网应用调查、德勤研究。

3．风险管理提升

风险管理方面，企业的关注点主要集中在确保产品安全性（77%），资产安全性（65%），提高作业环境安全性（65%）以及有效管理保修和召回（61%）几方面（见图 7-11）。

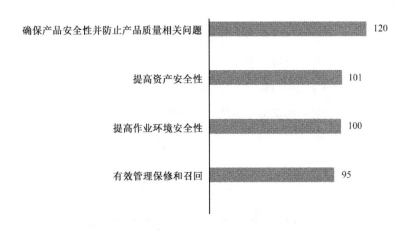

图 7-11 工业物联网带来的风险管理提升的主要体现

数据来源：2016 年德勤中国制造业工业物联网应用调查、德勤研究。

产品安全性方面,有企业通过维护从原材料到最终产品的数字线程(Digital Thread)的完整可追溯性,提高质量,加强质量控制。也有企业凭借人工智能算法和优化方案,减少返工和浪费。

资产安全性方面,随着工业 4.0 制造业的全面升级,工业信息化管理,24 小时不间断的远程监控、产品信息、基础设备设施信息,均以远程形式进行连接,因此对于所有物联网设备制定安全标准显得尤为重要,所有已部署和新部署的基础设施平台,无论部署在现场或云端,其安全问题都应该从基于安全和防护要求的端到端系统建设角度进行全面解决。

提高作业环境安全性方面,生产制造过程的检测、实时参数的撷取、机台设备与产品的监测管理、原物料的耗用监测,乃至于生产环境因子的调控,一旦善用物联网技术,都可望加以实现。除了攸关产能与营运绩效的机台设备,确实需要借助物联网技术执行监管外,若谈到真正出了事、后果更加严重可怕的工安环卫议题,同样可通过物联网技术加以妥善处理。一旦善用物联网,即能够将检测机制由传统的人工模式转向自动化,如此一来,就可望大幅提升监测效率,减少事故发生的概率。

有效管理保修和召回方面,工业物联网中对无线射频识别技术的使用,将更好地跟踪生产过程中的每一个环节。这种无需电池的通信技术使得设备能够在电脑中以唯一的身份标识显示出来。也就是说,每一个 RFID 芯片都能够以唯一的身份发送信息,这使得人们几乎毫不费力就能追踪到任何物品。

(三)未来趋势

未来企业工业物联网应用的重点由设备和资产转向产品和客户。

工业企业借助物联网实现业务成长的主要途径包括新的产品和服务和更紧密的客户关系。为了开发更具吸引力的产品或提升现有客户关系,企业将需要大量产品和客户的相关信息支持。

目前工业企业所获得的产品和客户的信息量远少于资产和设备的信息量，在效率提升和业务成长的双重诉求驱动下，未来企业工业物联网应用的关注度将由设备和资产转向产品和客户。

当问到企业希望获得哪些更详细和具有操作性数据时，69%的企业希望获得产品数据、61%的企业希望获得客户数据，超过对运营数据（53%）、销售数据（53%）和资产设备数据（42%）的需求（见图7-12）。

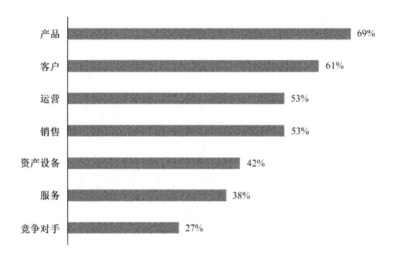

图 7-12　企业希望获得哪些更详细和具有操作性的数据

数据来源：2016 年德勤中国制造业工业物联网应用调查、德勤研究。

业务成长需要形成更紧密的客户关系。67%的企业将借助物联网应用提高产品的质量和可靠性，从而加深客户关系，50%企业用以支持销售，48%的企业将努力更好地了解客户使用行为以加深客户关系（见图7-13）。

数据能力提升将以数据分析计算能力提升为投资优先选择。

物联网的整体突破不仅依赖于硬件能力和商业模式创新，算法与数据同样不可或缺。中国制造企业多年基于应用研发积累了大量经验数据，如果将这些数据提取并模型化，形成可实用的专家算法，数据将变成具有良好盈利能力的金矿。

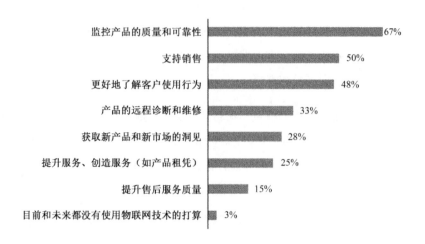

图 7-13　在客户关系提升方面的主要应用

数据来源：2016 年德勤工业物联网调查报告、德勤研究。

　　我们的调查发现，受访企业未来数据能力提升以计算分析能力提升、数据使用能力和功能性提升为优先投资选择。62%的受访企业将投资于提升数据分析计算能力，如购买计算机或其他硬件、软件；56%的受访者将投资于提高员工对数据的使用能力，如提供更多的数据应用培训；56%的受访企业将投资于数据功能性提升，如购买数据分析工具（见图 7-14）。

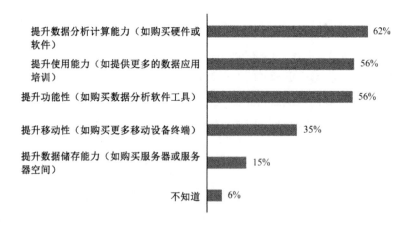

图 7-14　受访企业提升数据能力的投资优先选择

数据来源：2016 年德勤中国制造业工业物联网应用调查、德勤研究。

（四）主要挑战

制造业企业工业物联网的应用受到来自技术、监管、组织层面的挑战。例如，工业企业是否在系统和管理方面都做好向以数据驱动的决策方式转型，数据隐私和安全性将受到怎样的监管和保护。

德勤调查发现受访企业工业物联网应用面临的最大三项挑战分别为：缺乏互联的标准、数据所有权和安全问题以及相关操作人员技能不足（见图 7-15）。

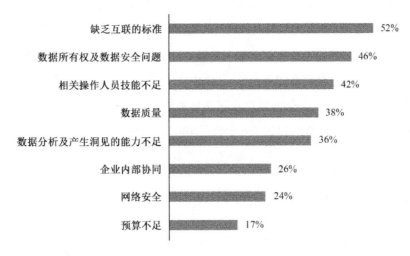

缺乏互联的标准　52%
数据所有权及数据安全问题　46%
相关操作人员技能不足　42%
数据质量　38%
数据分析及产生洞见的能力不足　36%
企业内部协同　26%
网络安全　24%
预算不足　17%

图 7-15　受访企业工业物联网应用面临的主要挑战

数据来源：2016 德勤中国制造业工业物联网应用调查、德勤研究。

1. 缺乏互联的标准

52%的受访企业认为缺乏互联的标准是企业工业物联网应用的主要挑战之一。工业物联网将是一个多设备、多网络、多应用、互联、互相融合的大网。在工业物联网建设中，传感器、接口标准、通信协议、管理协议等方面都需要标准化。标准能够保障应用间的互操作性，通过统一的安全规范保护环境、工厂、设备和用户，通过标准化的术语和定义协调所有相关方面的通信。也唯有标准才能够建立制造商和用户的信心，并对投资提供必要保障[7]。有关研究显示，缺乏互联的标准，工业物联网40%的潜在价值将无法实现[8]。

工业物联网发展需要信息的共享和信息服务，就意味着要破除跨行业间的壁垒，建立新的共享与协同型的管理体系和生产流程。

2. 数据所有权及数据安全问题

46%的受访企业认为数据所有权及数据安全问题是企业工业物联网应用的主要挑战之一。数以亿计的互联设备产生数据的速度和数量将推进有洞察力的商业决策，加速破坏性的创新，并改变商业模型。随着数据所产生的价值显现，数据所有权越来越成为数据共享的争论焦点，目前市场尚无定论究竟是设备制造商还是设备用户拥有数据所有权。多数的设备供应商倾向于给客户提供原始数据访问的有效途径，鼓励用户共同参与制造的改进与提升。不论以何种角色——数据拥有者或数据保管者——设备供应商只有通过共享数据并且提供给客户有价值的服务才能从工业物联网的设备数据中获得回报。

安全性问题是工业物联网面临的另一个障碍。联网设备数量的持续暴增，给工业系统带来了空前增长和性能提升的机会。但这一增长同时也给运营工业过程的企业带来新的风险，尤其是考虑到暴露的数据将呈现指数级的增长。工业物联网系安全性的挑战来自以下三方面。

（1）工业生产设备对系统响应的实时性要求高。无论感知数据的上传，还是控制指令的下发，都需要在很短的时间内完成，这就给安全防护技术的实施带来了挑战。

---

[7] 计世研究. 工业互联网怎样破解国际标准化这道难题？[EB/OL]. 2016-12-6 http://www.ccw.com.cn/magazine/ magazineView/123665?number=48&stage=3.

[8] GS1 全球统一条码组织. Gaining Interoperability in the Digital Economy[EB/OL]. 2015-7-17, http://www.gs1.org/ docs/technical_industries/GS1_Technical_Industries.PDF.

（2）控制系统中的主机设备系统老旧，更新困难。在生产过程中，很难对一个控制系统进行维护和软件更新，包括对操作系统和安全防护软件的更新，以及硬件设备的添加，因此许多防护措施只能通过旁路方式进行。尽管这种方式可对一些非正常数据提供报警，对攻击行为实施隔离等措施还要辅以其他方案。

（3）工业物联网系统的入侵者攻击目标不仅是主机，攻击者一般会通过入侵的主机系统，非法控制该主机系统所能控制的受控设备以达成既定攻击任务，而这些受控设备可能根本不具有智能判断能力。

工业物联网的安全涉及各个方面，从工业过程和应用，到安全和可靠性需求，因此安全问题无法孤立解决。

3．缺乏相关技术人才

42%的受访企业认为缺乏相关技术人才是企业工业物联网应用的另一大挑战。考虑到各种各样的工业物联网应用案例与场景，其中也包括新数据源，改变系统架构的数据以及多结构化数据等因素，我们今天的制造企业并不完全拥有适当的分析能力与相关的人才。不少制造业企业的确有很多数据分析的经验，但主要是集中在结构性数据集的基础上进行描述性分析，而不是利用大数据融合实时与各种非结构化数据共同进行预测性和规范性分析[9]。

尽管许多大学都在努力培养优秀的数据科学人才，但是数量毕竟有限。对于高端人才的竞争则会变得更加激烈。公司应该认识到，他们需要和教育机构建立更加紧密的联系。在公司和大学之间构建一个真正的合作关系已经变得日益重要。

---

[9] 张礼立，玖道科技.采用工业物联网与大数据分析的四个重点[EB/OL]. https://kknews. cc/zh-sg/tech/ep93a4.html.

四、释放工业物联网的商业价值

工业物联网将为制造业创造新的收入来源、提升其效率和安全性，从而创造新的价值，要实现这些价值，企业需要考虑如下策略。

（一）目光长远、小处着手、价值驱动、快速升级

工业物联网架构能力很大程度上依赖于清晰的战略。工业物联网战略的作用在于设定其范围和目标。没有清晰战略的企业往往专注于单项技术和解决离散的企业问题，有清晰战略的企业则更关注综合利用多种技术转变企业的运营和业务方式。

幸运的是，企业有大量的机会可以通过局部的技术应用，快速实现工业数字化的潜在价值，从而为进一步全局的提升奠定基础。德勤的数字化供应网络（Digital Supply Network）研究从德勤全球的企业客户实践中收录记载了大量的数字技术应用场景，其中包括了许多工业物联网应用场景，可以通过局部应用，帮助企业快速实现价值。

但是由于工业物联网的潜在影响巨大，而且大范围实施对企业文化、基础设施、技术能力和人才资源都提出很高的要求。企业在试图解决全局问题的同时，其发展很可能会陷入停滞。

企业需要目光长远、从小处着手并且快速升级。只有当一系列小的目标达到时，大的变革才可能发生。企业先重点实施那些将支持其长期目标的具体试点项目，并在试点过程中发现所需要的技术要求以便日后快速推广和升级。

（二）关注产品生命周期和客户生命周期

工业物联网的价值来源不仅限于产品和设备的管理，而是延伸到产品和客户生命周期管理。

延长产品生命周期和客户的生命周期的关键在于，工业企业需要寻找将产品的一次性交易转化为持续收入来源的方法。例如基于价值定价的制造即服务（Manufacturing-as-a-Service）模式，按使用付费的模式（Pay per Use），或其他可以加深客户关系，使企业可以持续创造价值并收费的方式。

三一重工利用物联网将产品销售拓展到产品金融服务。三一重工联手创投机构成立国内首家基于物联网的专业保险公司，为客户提供基于使用量付保费的保险模式（Usage Based Insurance，UBI）。受益于物联网，三一重工得以对设备做实时的关注、维修透明，从而大幅度降低保险公司的成本。基于这个方案，投保方可以降低保费成本，保险公司也可以降低风险和成本。

（三）强化大数据应用能力

企业大数据应用的重点不是在于如何获取更多的数据，而是围绕业务目标和具体业务问题，通过大数据分析的手段，深入分析解决问题或做出预测指导决策。

企业在构建大数据应用时，应从企业的业务战略和IT战略出发，构建大数据应用的顶层框架设计。主要包括大数据战略，即大数据应用的目标、策略、应用/平台建设路线图；大数据应用场景，从企业价值链和客户生命周期入手，梳理大数据应用的业务场景；大数据分析建模，分析挑战，通过多种算法的运用，找到解决问题的方向；大数据技术平台，追踪技术发展趋势并结合企业内部各种应用系统，构建大数据技术平台。

在汽车行业，随着市场逐渐成熟，保留客户的重要性日益凸显。客户行为分析提高客户保留率是汽车企业大数据应用场景之一。客户生命周期主要分为三个阶段：购买、售后和再次购买。通过在每个接触点进行详细的客户数据分析，可以获得有价值的见解。例如，对主机厂和经销商的客户信息库进行分析，就可以发现客户详细联系资料中不准确或不完整的地方。将此信息与每位客户优选的联系方式相结合，主机厂就能找出客户流失的原因，并设计战略性的客户信息管理方法。与之相似，客户保留的其他方面，例如互动（由价值链服务和产品驱动）和客户满意度（由客户体验驱动）也要全面分析，才能在最大限度上实现客户保留。

（四）提升安全性

在互联互通的世界，从保护数据到保护系统性能，企业面临的信息安全压力越来越大。这种压力既来自企业内部的系统运行安全，又来自可能的泄密风险。如果被入侵者攻击，企业不仅面临操作系统无法正常使用和大量隐私信息如核心工艺参数被窃取的风险，甚至关键基础设施的工业设备遭到入侵者控制或破坏，造成巨大的经济损失和人员伤亡。

许多公司选择建立信息安全的架构和机制，从而将安全风险降到最低。信息安全机制包括信息安全目标（如生产事故发生次数、泄密事故、生产终端时间的最低值）、安全策略（如物理、网络、主机、数据、人员、应急事件、文件管理的安全策略）以及安全管理制度（如数据中心管理办法、网络系统管理制度、涉密设备管理制度等）。

除了传统的信息安全风险，网域风险（Cyber Risk）日益成为物联网的重点议题。企业可以从已下几个层面进行网域风险管理。

（1）定义互操作性标准：只遵循一个标准可以帮助确保网域中的设备安全有效地进行通信和协作。

（2）使用专用设备或附加组件，而非改造旧系统：旧系统并非为解决物联网安全问题而设计，企业应该考虑使用专为物联网设计的新的安全技术，或者使用专门针对网域安全问题的附加组件。

（3）明确生态系统参与者的责任：生态系统中各参与者所需承担的责任和责任的起点终点都必须十分明确，评估每个节点的潜在风险并确保参与者知道这些风险将有助于制定更安全的解决方案。

（4）建立数据基线：数据基线帮助企业辨别正常情况和可疑情况，并在数据偏离正常范围时采取行动。

（5）加强数据治理：对数据收集、使用和存储的管理制度有利于防止不必要的破坏和负面影响扩大。

（6）建立具有弹性的耦合系统，松散耦合及弹性系统环境下，一个设备的故障不会导致大规模的损失。

（五）生态系统里的定位和合作

工业物联网的整体系统，非单一厂商能够独力完成，而是需要透过一个完整的生态体系来让架构更为完备。

GE 数字公司正与 Dell、EMC、微软、SAP、诺基亚等数十家公司合作构建工业物联网平台，让合作公司在平台上开发新的工业应用程序，并允许客户使用增值应用程序。无独有偶，霍尼韦尔、施耐德和思科、IBM、埃森哲等公司也在合作开发工业物联网平台。

当然，像 GE 成为生态系统的搭建者和主导者显然并不适合所有工业企业，尤其是考虑到目前市场上充斥着各种物联网平台，行业也许很快会迎来物联网平台的整合与淘汰潮[10]。企业自我定位为生态系统的搭建者，还是模块化产品的提供者，或者渠道搭建者，将取决于企业自身的业务设计和对最终用户的了解程度。

生态系统还将促成有前瞻意识的制造商以新的方式来使用不一定属于他们的能力。就像 Uber 和 Airbnb，尽管没有资产所有权，但一样可以利用这些资产创造价值。同样变化也正在制造业内发生，特别是用于提高产品开发和市场测试的灵活性。

FirstBuild 是 GE 和 Localmotors 之间合作打造，致力于汽车制造的微型工厂。 GE 和 Localmotors 使用这个工厂来开发设计、构建原型和测试新产品的市场。如果产品被证明对市场具有吸引力，GE 将开始进行大规模生产。

> **物联网平台泡沫？**
>
> 目前市场似乎充斥着太多物联网平台，2017 年我们可能会看到物联网平台市场整合与淘汰。这种情形好像 20 年前，当时市场上充斥各种互联网搜索引擎，但留到今天的成功案例屈指可数。
>
> "目前市场上大约有 700 个物联网平台，我们也许能看到 20 个赢家，最终只剩下 3、4 个。"
>
> ——Don Deloach, Infobright 首席执行官

技术的进步大大增加了物联网解决方案在工业领域的潜在实力，物联网解决方案将提高工业企业运营效率，增加其收入来源并激发创新。物联网也证明了它可以帮助企业制造更多的持续性价值，像是从过去一次性的交易转变成长久的客户关系。虽然面临连接性和安全性的问题，但我们仍可预期物联网将席卷工业领域各大产业。

---

[10] Brian Buntz. Drones, AR, and IoT Survival of the Fittest: 10 Tech Trends for 2017[EB/OL]. 2016-12-8, Internet of Things Institute http://www.ioti.com.

第八章

信息经济新模式新业态

信息通信技术在计算、存储和传输三个方面的快速发展，及其与传统工业、服务业日益深度融合，正在引发传统领域商业模式、组织模式和生产模式的变革。分享经济实现供给需求的有效对接，大幅提升闲置资源的利用效率，正在加速由生活领域向生产领域的拓展延伸。工业电商围绕核心企业，通过对信息流、物流、资金流的控制，将供应商、制造商、分销商、零售商、最终用户，连成一个整体的功能网链结构。服务型制造带动以产品为核心的经营模式加快向依托产品提供综合服务的新方向转变。个性化定制在收集用户的个性化产品需求的同时，逐步改变原有相对固化的生产线和生产体系，使设计研发、制造、销售的全环节更加紧密高效协作，实现"个性化"与"规模化"理念的相辅相成。

一、分享经济

当前世界范围内新一轮科技革命和产业变革加速演进，以云计算、大数据、物联网、智能化、移动互联网等为代表的新一轮信息技术变革持续发展，新业态、新产业、新模式不断涌现，正在推动经济格局和产业形态深刻调整，成为驱动发展和提升国家竞争力的关键所在。分享经济作为其中的典型代表，在全球范围内蓬勃发展，分享领域不断拓展，平台企业持续增加，世界各国纷纷制定相关发展战略或行动指南，发展分享经济已经成为大势所趋。对于我国而言，转型发展的迫切需求为分享经济创造了难得的历史机遇，广阔的市场空间和网民大国红利提供了有利条件。在政策支持下，未来中国分享经济将迎来更大的发展空间。

（一）分享经济的基本概念

现代意义上的分享经济理念可以追溯到 1978 年，美国社会学教授马科斯·费尔逊（Marcus Felson）和琼·斯潘思（JoeL Spaeth）发表了《社区结构与协同消费：一个常规方法》，首次提出了"协同消费"（collaborative consumption）的概念，其背后的理念是"人们需要的是产品的使用价值，而非产品本身"。

20 世纪 90 年代，随着互联网的兴起，协同消费理念开始大规模付诸实践。从虚拟领域的音乐、知识分享到实体领域的汽车分享，分享经济的触角也在不断延伸。2008 年金融危机之后，Uber、Airbnb 等企业的崛起引领分享经济进入发展快车道。

与快速发展的实践相比，分享经济理论研究显得有点"捉襟见肘"。目前关于分享经济的定义还没有一个统一的说法。就词语本身来说，与分享经济内涵接近的词语都有许多个，如分享经济、协作经济、点对点经济、按需经济、零工经济等多种说法。国内外的学者和业内人士对分享经济的理解和描述也是千差万别（见表 8-1）。

尽管人们对分享经济的描述各异，但其中蕴含着一些关键的共同点：借助互联网平台、存在尚未充分利用的资源，通过分享大幅提高了资源利用效率。《中国分享经济发展报告 2016》指出，分享经济是指利用互联网等现代信息技术整合、分享海量的分散化闲置资源，满足多样化需求的经济活动总和。这一定义至少包含以下三个基本内涵。

表 8-1　国内外有关分享经济的定义

作者	定义
Oliver Bussmann	分享经济是指以数字化的形式将企业经济活动串联起来，以最快的速度实现信息与资源的分享与利用，是一种全新的决策、运营和管理模式
Mike Jaconi	分享经济是指信息技术公司借助即时的商品和服务供给满足消费者需求的一种经济活动
Benita Matofska	分享经济指的是一个建立在人与物质资料分享基础上的社会经济生态系统
Nancy Koehn	分享经济是指个体间直接交换商品与服务的系统
Debbie Wosskow	分享经济是帮助人们分享资产、资源、时间和技能的在线平台
Minna-Maari Harmaala	分享经济是连接点对点供给与需求的平台
Matthew Feeney	分享经济是一种新颖、快速流行并持续增长的点对点经济模式
Christopher Koopman	分享经济是基于互联网以实现个体的闲置资源任意分享或交换的服务场所
Adam Parsons	分享经济是指借助信息技术在个体或组织间实现过剩商品或服务的分配、分享与再利用
Erving & Ellyn E	分享经济指的是每个人都能够付出并精准地获得所需要的任何事物，从而消除不平等
Cusumano	分享经济是一种更广义的服务，企业能够通过把产品租赁给惯购买商品的人群从而扩大潜在市场
Altimeter Group	分享经济是在企业、创业者和人们之间分享所有权和使用权的一种经济模式
Rachel Botsman	分享经济指的是一种通过分享闲置资源以换取收入的经济模式
姜奇平	分享经济是伴随开放源代码、云计算等互联网开放技术的发展而兴起的，以生产资料和生活资源的使用而非拥有为特征，通过以租代买等模式创新，实现互通有无、人人参与、协同消费，充分利用知识资产与闲置资源的新型经济形态
腾讯研究院	分享经济是公众将自己的闲置资源，通过社会化平台与他人分享，进而获得收入的经济现象

资料来源：课题组整理。

第一，分享经济是信息革命发展到一定阶段后出现的新型经济形态。互联网（尤其是移动互联网）、宽带、云计算、大数据、物联网、移动支付、基于位置的服务（LBS）等现代信息技术及其创新应用的快速发展，使分享经济成为可能。

第二，分享经济是连接供需的最优化资源配置方式。面对资源短缺与闲置浪费共存的难题，分享经济借助互联网能够迅速整合各类分散的闲置资源，准确发现多样化需求，实现供需双方快速匹配，并大幅降低交易成本。

第三，分享经济是适应信息社会发展的新理念。工业社会强调生产和收益最大化，崇尚资源与财富占有；信息社会强调以人为本和可持续发展，崇尚最佳体验与物尽其用。分享经济集中体现了新的消费观和发展观。

（二）全球分享经济发展态势

目前分享经济浪潮正席卷全球，平台企业持续增加，分享领域不断拓展，市场规模高速增长，涌现出一批"独角兽"企业，行业竞争越发激烈。未来，全球分享经济将呈现稳步发展态势。

分享经济成为全球热点。美国在分享经济的浪潮中独占鳌头，发展水平与公众参与热情最高。从经济体量来看，据估算美国分享经济市场规模约有 5100 亿美元，占其 GDP 的 3%。从企业数量来看，截至 2016 年上半年，在 Justpark 统计的 993 个分享经济企业中，超过一半以上（483 个）集中在北美地区，其中美国是世界上拥有分享经济企业最多的国家，共有 455 个；欧洲有 264 个，亚洲有 182 个，是分享经济企业较为集中的区域。而在大洋洲、拉丁美洲和非洲，虽然当前企业数量有限（分别为 24 个、32 个和 8 个），但已有分享经济在本土生根发芽。

分享内容精彩纷呈。从最初的汽车、房屋分享迅速渗透到金融、餐饮、空间、物流、教育、医疗、基础设施等多个领域和细分市场。随着分享经济渗透到越来越多的行业，其模式创新也丰富多样。如劳务分享平台 Instacart

以 O2O（Online to Offline，即线上到线下）方式为消费者提供代买日用杂货的服务，用户通过网站或移动应用下订单，几小时后就会送货上门。GrubHub 通过手机 APP 整合多项服务，实现线上和线下的无缝衔接，为用户提供订餐服务。2011 年以来营业收入以每年 50% 的速度递增，2013 年达到 13 亿美元。目前公司业务覆盖全美 600 多个城镇，大约 3 万家餐馆，拥有 340 万活跃用户，俨然是美国最大的在线及移动外卖平台。未来一切可分享的东西都将被分享，人们的工作和生活方式将因之发生深刻变化。

初创企业迅速成长。 分享经济的快速市场估值超过 10 亿美元的"独角兽"企业接踵而来。根据调研公司 CB Insights 的数据，截至 2016 年 6 月，这些企业包括分享汽车的 Uber、Lyft、Olacabs、BlablaCar、Grab Taxi、滴滴快车、神州租车，分享房屋的 Airbnb、途家网，分享网络存储空间的 Dropbox，分享开源软件的 Github，分享邻里信息的 Nextdoor，分享办公空间的 WeWork，分享医疗信息和预约挂号的挂号网、平安好医生，提供金融 P2P 服务的 Funding Circle、Social Finance、陆金所，分享补习老师信息的 TutorGroup 以及生活类服务的 Delivery Hero、HelloFresh、Instacart、饿了么等。更重要的是，多数公司创业时间不到 5 年就达到数十亿甚至上百亿美元的市场估值，其中估值超过 50 亿美元的企业有七家。

（三）中国分享经济发展现状

近年来，国内分享经济保持高速发展态势，创新实践丰富，对拉动经济增长和解决就业起到重要作用。从发展现状和演进态势看，当前中国分享经济发展呈现以下特点。

产业规模高速增长。 近年来，国内分享经济规模高速增长，平台企业快速成长。在交通出行领域，2016 年上半年滴滴出行日均 1400 万单，易到用车日均 271 万单、神州专车日均 35 万单/日,三家平台交易单量超过 30 亿单,同比增长超过 150%。在网贷领域,上半年成交量达 8423 亿元,接近 2015 年全年成交量。总体来看,当前分享经济处于高速增长期,许多领域才刚刚起步,未来还有较大增长空间。

分享领域更加广泛。近年来,国内分享领域不断拓展,从在线创意设计、营销策划到餐饮住宿、物流快递、交通出行、生活服务等,几乎渗透到所有领域。2016 年以来,单车出行、医疗、制造、物流等领域的平台企业也在不断成长,如摩拜单车、ofo、硬蛋科技、货满满等。

对就业的影响日益显现。分享经济打破了传统的"全时雇佣"关系,在使就业方式更加灵活的同时,也增加了就业渠道与岗位。滴滴出行发布报告显示,截至 2016 年 4 月仅滴滴平台就为 1330 万司机提供了灵活就业的机会,对降低结构性失业起到就业蓄水池作用。5 月,滴滴平台对其司机发放的问卷显示,滴滴为国家去产能计划中的 17 个重点省份提供了 388.6 万个就业机会,其中101.9 万名司机来自去产能行业,包括来自钢铁行业的 21.9 万名以及煤炭行业的 31.1 万名。在生活服务领域,"饿了么"平台注册配送员超过 100 万人。截至 6 月底,"回家吃饭"平台已注册家厨 16 万余人,其中创造稳定收入的家厨1 万余人。

强化平台治理成为关注焦点。实践的发展使得平台治理受到重视,领先企业为保障用户权益纷纷推出了一系列的安全举措。例如,从 6 月开始,滴滴平台已陆续上线"分享行程""紧急求助""号码保护"及"人像认证"等安全功能。在所有司机及车主信息都确保"三证验真"的基础上,滴滴平台还增加了"人脸识别""声纹识别"等生物识别技术,以升级对司机的管控,增加用户乘车安全性;在生活服务领域,"回家吃饭"推出了硬件审核、健康双证、美味审核、后厨可进、数据把控、保险把关、供应保障 7 大安心保障举措。

市场格局尚不明朗。当前分享经济企业的发展仍然依赖融资,发展较快的领域开始向更加精细化、差异化的方向发展，市场竞争日趋激烈。在互联网金融等少数领域，问题平台大量出现以及监管加强致使行业走向更加模糊。在医疗领域，平台企业纷纷从不同环节切入，重度垂直的商业模式仍在探索中。在单车出行领域，摩拜、ofo纷纷涌入市场，盈利模式仍然存疑。未来一段时期，分享经济各领域竞争尚存在较大不确定性。

生态化发展趋势明显。随着分享实践发展，平台企业在主营业务基础上衍生出一系列配套服务，如交通领域除了汽车分享以外，还有代驾、试驾服务；短租领域衍生出保洁、入住管家等服务；家政领域出现中介服务、居家养老、日间照料等服务。另外，平台企业之间探索深度合作模式，如知呱呱与优客工场合作，为入驻企业定期举办知识产权讲座、沙龙、培训等活动，将知识产权服务与办公分享深度融合。在更加激烈的市场竞争格局下，未来跨界合作会更加普遍。

（四）当前存在的主要问题

所有新生事物都会遭遇"成长的烦恼"，分享经济也不例外。对于中国而言，发展分享经济也会遇到一些特殊的矛盾和问题。

实践发展加快，法律地位模糊。基于网络的分享经济具有典型的网络化、跨区域、跨行业等特征，快速发展的实践使得许多制度变得越来越不适应。当前许多新业态游走在监管的灰色地带，平台企业的法律地位尴尬，如按现有法律和制度要求，多数分享经济模式都有"违法"嫌疑，面临随时都可能被叫停的灭顶之灾。在法律地位不明的前提下，衍生来更多的问题，如监管、纳税以及市场公平竞争等，诸如此类的问题还有很多。

安全问题受关注，监管面临挑战。实践的快速发展引发人们对分享经济安全问题的关注，由于法规不到位、监管缺失，以及政府、平台、用户间的责任边界不明，致使部分领域安全问题频发。如在 P2P 网贷领域，2016 年上半年累计停业及问题平台数继续快速增加，达到 1778 家，较 2015 年年底增加了 515 家，占整个平台数量比例也上升到 43.1%；网络众筹平台倒闭数量高达 72 家，超过过去三年总和。

产业发展尚不成熟，许多问题有待解决。 分享经济模式下产品与服务的供给方通常是大量不确定的个人或组织，尤其是当前诸多领域的分享经济都处于探索阶段和发展初期，其服务和产品的安全性、标准化、质量保障体系、用户数据保护等方面仍存在不足和隐患。多数企业并未找到有效的商业模式，同质化竞争普遍，多数领域仍处于乱战状态。部分领域提供个性化、非标化产品或服务，导致定价难；各平台在安全、卫生和服务上标准不一致，用户体验难以保障。

鼓励发展的政策落地存在困难。 党的十八届五中全会和 2016 年政府工作报告中明确提出发展分享经济，但地方政府在制定政策或执法过程中仍然沿用传统思维来看待新兴事物，使用传统手段来管理新兴业态，致使行业发展受阻，鼓励发展的政策难以有效执行。

（五）未来趋势

分享经济是信息技术革命与人类社会发展需求相适应而产生的必然结果。分享经济加速发展的趋势不可逆转，并将成为人类从工业社会走向信息社会的重要推动力。未来几年，分享经济发展将呈现以下趋势。

以用户为中心是分享型企业保持优势的有效途径。 由于市场潜力大、进入门槛低，目前尚未形成稳定的竞争格局，未来几年分享经济领域的竞争将更加激烈。网络经济具有赢家通吃的特点，部分发展较快的领域将有少数企业独占鳌头。未来几年在中国出现若干家巨无霸平台型企业是完全有可能的。

分享型企业要想立于不败之地，应该坚持以"用户为中心"，依靠价值创造来获取可持续发展能力。在发展过程中，企业应加强自我监督，主动履行社会责任，不能因为当前存在制度缺失或管理的灰色地带就放松对自身的要求，更不能以侥幸心理利用制度漏洞获取不正当收益。从国外经验看，加强自我监管不仅有助于企业获得公众信任和塑造品牌，对于政府完善相关制度进而推动行业健康发展也具有重要意义。如美国的 eBay 公司，在国家缺乏在线交易市场监管法规的情况下，自己制订了一系列规则，很多都成为后来国家制定正式法规制度的重要参考和依据。

制造业将成为分享经济的主战场。 当前，越来越多的制造业企业正在积极推进基于互联网的个性化、网络化、柔性化制造模式和服务化转型。宝马、奔驰、奥迪等汽车巨头引入分享经济模式，在以租代售、停车共享等领域已经取得了很好的效果。海尔集团提出了"人人创客"的转型战略，努力推动海尔从制造产品向制造创客转型，以满足当前需求个性化、生产分散化的市场新动向和消费者新需求。徐工集团成立了为道路工程机械用户提供一站式解决方案的综合服务平台——徐工"路之家"工程机械信息服务平台，推动"互联网+"工程机械融合发展。硬蛋科技致力于打造全球最大的制造业分享经济平台。

从商业模式来看，企业采取的转型策略及分享的内容各有侧重。如上述三家汽车巨头及徐工集团采取以租代售的形式；沈阳机床厂的 I5 系统及上海名匠分享的是闲置产能；深圳的硬蛋科技提供的是从创意到产品的一揽子服务。无论哪种形式，未来所有的企业都将成为分享经济的参与者和受益者。

专栏 8-1　硬蛋科技：打造全球最大的制造业分享经济平台

硬蛋科技（以下称为"硬蛋"）成立于 2014 年，作为科通集团旗下独立运营公司，硬蛋依托集团 20 多年来积累的庞大供应链体系，通过标准化的行业服务，采用分享经济模式，向中小企业、特别是创新创业企业提供以智能硬件供应链为核心的软件、云、供应链金融、营销等一站式企业服务，建立了完整的闭环生态系统。硬蛋平台上主要提供四大服务。

(1) 硬蛋 Link。"硬蛋 Link"是硬蛋面向全球 IOT 智能硬件创新者推出的供应链 O2O 服务。客户线上（online）提交需求，硬蛋专家线下（offline）提供咨询与资源对接服务。不仅帮助创业者评估产品可实现性，同时对接方案设计、PCB、模具、测试组装、零部件等合适的供应链厂商。

(2) 硬蛋 Consult。"硬蛋 Consult"是面向全球 IOT 创新者的供应链项目咨询服务。硬蛋专家评估项目的可实现性、产品的可制造性、开发成本及开发周期，并给出包括报价建议等的一整套智能硬件供应链解决方案。

(3) 硬蛋 Direct。"硬蛋 Direct"是硬蛋面向全球 IOT 创新者推出的电子产品设计、制造、采购等供应链环节的总包服务。硬蛋专家提供项目评估、技术咨询、项目跟踪、成功交付等一站式项目管理制度。

(4) 硬蛋 IOT 超市，为硬件创业团队推荐方案和相应的元器件采购。

成立至今，硬蛋平台已经汇聚了 1 万多个智能硬件项目，其中 80% 来自国内，平台还链接了 8000 多家智能硬件供应商，建立了几十家线上线下的渠道分销商，聚集了近 1250 万智能硬件粉丝且仍在快速增长，2015 年平台上用户销售、采购等环节的在线交易额达到约 10 亿元。硬蛋已经把 O2O 企业服务平台推广到北京、上海、重庆、香港等国内多个城市。同时，硬蛋也在把服务推向硅谷、以色列、欧洲、韩国等国家和地区，打造一个全球的头脑和中国制造的连接平台，成为制造领域分享经济的典范。

协同治理是分享经济发展的客观要求。分享经济的全面发展既对政府治理创新产生了显著的"倒逼"效应，也为构建多方参与的协同治理模式提供了经验积累、技术与数据支撑。未来，政府、企业、社会组织、用户在其中分别发挥重要且不可替代的作用。

就政府而言，既要为分享经济发展创造宽松环境，又要妥善处理创新引发的利益平衡矛盾。尤其是在分享经济发展初期，多数企业和产业发展仍处在探索创新阶段，政府可以在建立和完善补位性、底线性和保障性的制度和规范等方面多做一些工作，如及时修改已经明显不适用的法律法规，研究制定以用户安全保障为底线的创新准入政策，尽快完善适应新业态发展的社会保障机制。加快推进公共数据开放和社会信用体系建设，积极利用大数据等新技术手段实现精准治理。

对企业而言，企业内生性治理将成为社会协同治理的重要组成部分，并发挥日益重要的作用。分享经济平台在发展过程中形成的准入制度、交易规则、质量与安全保障、风险控制、信用评价机制等自律监管体系，既保障了自身的可持续发展，也成为政府实现有效监管的重要补充。企业发展过程中形成的大数据为政府监管提供重要依据，在个人信息保护方面的责任也明显加大。

就社会组织而言，产业联盟、行业协会在加强产业间联系与协作、推进信息共享和标准化建设等方面将发挥越来越重要的作用。美国的 Indiegogo 公司、RocketHub 公司和 Wefunder 公司三家自发联合成立了众筹业务监管协会，英国的 Zopa 公司、Funding Circle 公司和 RateSetter 公司发起成立了 P2P 网贷协会，对加强行业自律、促进与监管部门沟通等发挥了重要作用。近年来国内分享经济各领域也出现了许多行业组织，在促进协调沟通、资源共享、行业自律等方面将发挥更大作用。

二、工业电子商务

工业电子商务作为制造业与互联网融合发展的先导领域，贯穿企业研发设计、采购、生产制造、销售及售后服务等全流程管理环节和企业间商务协同全过程，近年来取得蓬勃发展，不仅在交易规模、普及应用和平台建设等方面取得重要突破，更不断引导企业生产组织方式和管理思维革新，催生大量新兴业态，驱动制造业发展模式深刻变革。

（一）工业电子商务概念

从概念构成来看，工业电子商务包括工业和电子商务两个关键词。其中工业是指采集原料并将其生产成产品的工作和过程，包括工业原材料、工业企业、工业生产和工业产品等基本要素。关于电子商务概念，国内外则形成了狭义和广义之分。狭义的电子商务（E-Commerce）指利用电子工具进行的商业交易活动，包括网上广告、订货、付款以及相应的货物配送和客户服务等，这种电子商务的实质就是电子交易。广义的电子商务（E-Business）则指通过电子手段进行的一切商业事务活动，其本质是利用信息技术和网络资源重塑业务流程，实现商务运行的一体化和高效化，此处的"商务"涵盖了贸易、经营、管理、服务等各个层次和领域。

从以上概念出发，本书中将工业电子商务概念界定为电子商务在工业领域中的应用。狭义上指工业企业为生产运营投入要素的采购及产品和能力的销售而开展的电子交易活动；广义上则指工业企业在公司内部、上级供应商、下级经销商、客户和合作伙伴之间，通过电子工具共享信息，完成企业内和企业间业务流程电子化再造，提高企业在研发、生产、销售、资金周转、战略决策等各项活动中的效率。

（二）中国工业电子商务发展现状

从狭义上看，随着制造业与互联网融合发展进程的加快，近年来我国工业电子商务发展十分迅猛，在交易规模、普及应用、行业渗透、区域发展和平台建设等方面均取得了一些重要进展和突破。

工业电子商务交易额稳步扩大，占据"半壁江山"。根据 2015 年国家统计局对 90.6 万家企业的电子商务情况调查结果，2014 年全国规模以上企业电子商务交易额为 6.4 万亿元，其中工业企业电子商务交易额达 3.5 万亿元，占比 54.8%（见表 8-2）。据估计，2015 年规模以上工业企业电子商务交易额达 4.2 万亿元，较上年增长 20.0%。

表 8-2 2014 年规模以上工业企业电子商务采购、销售和交易额及占比

行业	电子商务交易额（亿元）	占比（%）	电子商务销售额（亿元）	销售给单位金额（亿元）	销售给个人金额（亿元）	电子商务采购额（亿元）
总计	64169.8	100	79657.9	68276.2	10622.5	48681.6
工业行业总计	35120.4	54.8	40541.5	38375.0	1955.6	29699.2
采矿业	547.3	0.9	154.5	153.4	0.5	940.1
制造业	32385.0	50.5	40314.4	38154.0	1950.8	24455.6
电力、热力、燃气及水生产和供应业	2188.1	3.4	72.6	67.6	4.3	4303.5

数据来源：国家统计局。

工业电子商务应用广度和深度取得双拓展。狭义上，企业电子商务（电子交易）应用由浅入深可分为网上询报价、发布需求计划或销售意向、订单交互、网上结算、物流交互等多个层次，为客观反映我国工业电子商务发展现状，本报告中特以是否产生"订单交互"作为我国企业是否真正开展电子商务（电子交易）应用的判断标准。据此测算得知，采购方面，2016 年我国工业企业电子商务采购普及率[1]已达 39.9%，比上年增长 2.2%，网上采购率[2]为 25.5%。其中，大型、中型和小微企业的网上采购率分别为 28.7%、24.3% 和 21.8%（见图 8-1），较上年分别增长 0.3%、1.5% 和 0.3%。销售方面，2016 年我国工业企业电子商

---

[1] 电子商务采购普及率：电子商务采购应用中产生了订单交互的企业比例，反映电子商务采购应用广度。

[2] 网上采购率：企业年度网上采购额占年度采购总额比例的加权平均值，反映电子商务采购应用深度。

务销售普及率[3]达 41.4%，比上年增长 1.6%，网上销售率[4]为 22.0%。其中，大型、中型和小微企业电子商务销售普及率分别为 46.0%、42.8%和 38.1%，较上年分别增长 3.5%、2.6%和 1.1%（见图 8-1）。

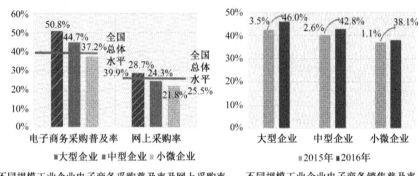

不同规模工业企业电子商务采购普及率及网上采购率　　　不同规模工业企业电子商务销售普及率

图 8-1　2016 年不同规模工业企业电子商务采购及销售情况

数据来源：基于中国两化融合服务平台（http://www.cspiii.com）七万余家企业两化融合评估数据计算。

工业电子商务应用普及现显著梯度差异，并呈"两极增长"态势。综合电子商务采购和销售应用情况，2016 年，我国工业企业电子商务普及率达 54.0%[5]，较 2015 年增长 1.7%。横向比较看，天津、山东、江苏、安徽、上海、浙江、江西、福建和广东等东部和南部沿海地区成为工业电子商务广泛普及的集中区域，普及率普遍高于全国平均水平，部分省市高达 65%以上（见图 8-2）。纵向比较看，普及发展速度较快的地区除了天津、浙江、上海等工业电子商务普及程度最高的省市外，还涌现出贵州、海南、黑龙江等一批工业电子商务普及程度最低的中西部省市，呈现"两极增长"的态势。2016 年部分省市工业电子商务普及率及其年度增长水平如图 8-3 所示。

---

[3] 电子商务销售普及率：电子商务销售应用中产生了订单交互的企业比例，反映电子商务销售应用广度。

[4] 网上销售率：企业年度网上销售额占年度销售总额比例的加权平均值，反映电子商务销售应用深度。

[5] 电子商务普及率：在电子商务应用（包括采购和销售应用）中产生了订单交互的企业比例。

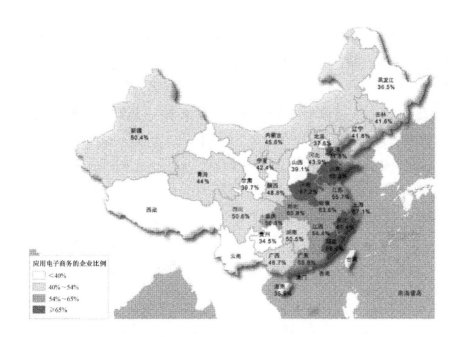

图 8-2　2016 年全国工业电子商务普及率分布

数据来源：基于中国两化融合服务平台（http://www.cspiii.com）七万余家企业两化融合评估数据计算。

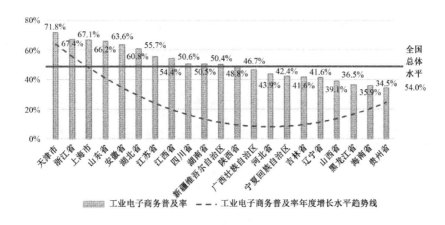

图 8-3　2016 年部分省市工业电子商务普及率及其年度增长水平

数据来源：基于中国两化融合服务平台（http://www.cspiii.com）七万余家企业两化融合评估数据计算。

　　装备和消费品行业电子商务综合应用水平领先，化工行业发展势头趋好。2016 年，装备和消费品行业电子商务普及率普遍高于全国总体水平，汽车和电子行业均在 60%以上（见图 8-4）。综合来看，汽车、电子、轻工和食品行业在电子商务采购和销售应用中均属于均衡领先型[6]，且电子和食品行业的电子商务采购和销售普及率年度增幅均明显高于全国总体水平。相比，原材料行业总体电子商务应用水平较低，但其中化工行业却呈现出较好发展态势，不仅在电子商务采购和销售应用中均属于深度应用型[7]，且采购和销售普及率还分别实现了 1.8%和 2.0%的年度增长，有望向均衡领先型跃升（见图 8-5 和图 8-6）。

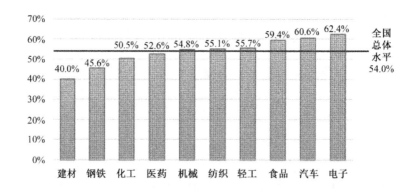

图 8-4　2016 年重点行业电子商务普及率

数据来源：基于中国两化融合服务平台（http://www.cspiii.com）七万余家企业两化融合评估数据计算。

---

[6] 均衡领先型：行业电子商务采购（销售）普及率和网上采购（销售）率均高于全国总体水平，行业电子商务采购（销售）综合应用水平较高。

[7] 深度应用先导型：行业网上采购（销售）率高于全国总体水平，但行业电子商务采购（销售）普及率低于全国总体水平，电子商务在部分企业采购（销售）环节得到较深应用，但行业总体应用范围较小。

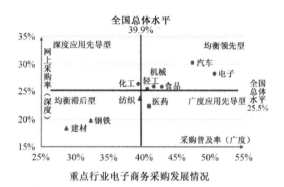

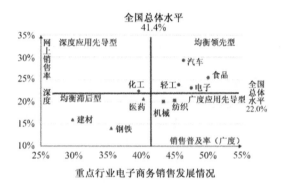

图 8-5　2016 年重点行业电子商务采购及销售发展情况

数据来源：基于中国两化融合服务平台（http://www.cspiii.com）七万余家企业两化融合评估数据计算。

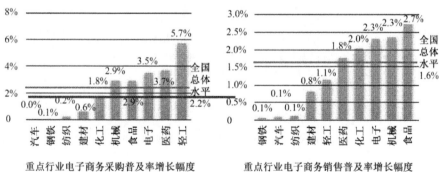

图 8-6　2016 年重点行业电子商务采购及销售普及率增长幅度

数据来源：基于中国两化融合服务平台（http://www.cspiii.com）七万余家企业两化融合评估数据计算。

工业电子商务平台加速涌现，运营模式基本形成。当前，我国大宗商品电子商务平台总数突破 1100 家，化工、汽车、机械、纺织、医药等领域的知名电商平台均达到数 10 家。根据平台服务的用户情形，平台运营模式也基本形成 *N*-1（多对一），1-*N*（一对多），*N*-*N*（多对多）三种（见表 8-3）。*N*-1 和 1-*N* 分别为大中型工业企业自建的集采或集销平台，为企业集团级采购或自身产品销售、服务和品牌培育等搭建一站式通道；*N*-*N* 主要为互联网企业、贸易商、物流企业等建立的行业性平台，为多方用户尤其是中小企业提供对接渠道。

表 8-3 工业电子商务平台主要运营模式

平台模式	类型	运营主体	特征	作用	典型代表
N-1（多对一）	集采平台	大中型工业企业	交易数量和金额大，交易品种丰富； 自定义采购流程，实现从采购计划到采购合同的全业务流程覆盖和企业内多层级采购平台的覆盖； 支持公开招标、邀请招标、询价、竞价等多种采购方式； 具备标准管理、供应商管理、决策支撑等管理功能	规范采购业务流程，实现各级采购业务和各方人员的网上协同； 实现集中管控和阳光管理； 降低采购成本，提高采购效率	中石化物资采购平台 宝钢采购平台 中国中车采购平台
1-*N*（一对多）	集销平台	大中型工业企业	可扩展性高，围绕企业自有产品提供一站式解决方案和个性化服务； 依托成熟的线下渠道网络，以 O2O 模式实现线上与线下紧密对接； 在产品真实性和货源充足性等方面具备独特优势	缩减中间环节，拓宽销售渠道，促进产销一体化； 为产品尤其是新品宣传搭建官方渠道，助力品牌培育； 加快市场和用户的数据及资源积累，构筑研发、生产、服务新优势	车享网 厦工商城 中联重科商城 格力商城 华为商城
N-*N*（多对多）	行业性平台	互联网企业、贸易商、物流企业等	或通过综合性的多品类产品或聚焦于某行业领域的专业产品打造平台产品优势； 具备良好的聚集效应，集合产业链上下游的多方用户，尤其是中小企业用户； 在产品宣传、平台运营、综合服务等方面具备独特优势；	缩短流通渠道，加快流通模式变革； 为中小工业企业应用电子商务搭建快速通道，加快集聚产业链关键环节中的各方主体，推动上下游深化合作，形成电子商务综合生态圈；	慧聪网、敦煌网、钢银、奇才网、易车网、工程机械在线

续表

平台模式	类型	运营主体	特征	作用	典型代表
N-N（多对多）			纯撮合轻资产模式，平台本身不参与用户间交易，仅为供需双方搭建互通桥梁，形成简单、透明的网上交易市场，平台通过其他配套服务获得收益	撮合+自营；重资产模式，平台除提供撮合服务外，还参与部分产品交易，通过快速增大流量，占领市场	

数据来源：课题组总结。

（三）工业电子商务发展特征

从广义上看，工业电子商务正在成为构建新型采购和营销体系的引领力量，并加快推动全球供应链一体化和制造业发展模式产生深刻变革。

工业电子商务正成为投资新焦点。随着流通行业电子商务的逐渐成熟，工业电子商务正成为新蓝海，向多个行业领域垂直延伸，掀起新一轮投资浪潮。美国聚焦于眼镜行业的 Warby Parker 平台自成立以来融资已超过 1 亿美元，估值超过 12 亿美元，而专注于中小企业采购的 Kinnek 平台和智能家居平台 Augus 等新兴平台也均获得了千万美元融资。我国仅 2016 年上半年，B2B 电商行业就发生了 92 起投融资事件，金额总计 79.16 亿元，其中工业领域发生 55 起（涉及钢铁、化塑、汽车、纺织、建材等多个行业），占比 56.5%，成为获投主体[8]。印度作为最具潜力的新兴市场，更是吸引了资本的广泛关注，工业材料 B2B 电商平台 Bizongo、工业产品 B2B 电商平台 Moglix、个性化家具定制平台 Pepperfry 和 Urban Ladder 等纷纷获得百万级甚至亿级美元融资，成为行业焦点。

网上采购正成为构建新型采购体系的有力手段。电子商务正逐渐成为帮助企业，尤其是大中型企业整合、拓展供应商资源，实现采购全程监控和优化的

---

[8] 数据来源：中国电子商务研究中心，《2016 年（上）中国电子商务市场数据监测报告》。

重要途径，有效解决企业传统采购中面临的采购规范执行不严、分散采购管控不力、采购成本居高不下、采购效率低下等问题，加快构建了信息化环境下高效、阳光、低成本的采购新体系。据联合包裹对 1500 家美国工业企业的调查结果，2013 年，超过 63%的企业开展了网上采购，其中一半采购者将年度预算的至少 50%花费在现有供应商的电商平台上，而 34%的企业则在现有供应商基础之外进行了网上采购，有效拓展了供应商范围。另据英国国家统计局数据，2008—2015 年，英国制造业 10 人以上规模企业的电子商务采购普及率从 32.5%迅速增至 49.7%，加快实现高效协同的采购新模式。

网上销售正成为建立产销一体化营销体系的关键路径。随着客户对交货周期、产品质量、库存配送要求越来越高，企业线上销售比例正逐步扩大，以电子商务为依托积极打造线上线下融合、产销一体化的新型营销体系，加快从以生产为中心向以客户为中心转变，有效提升企业核心竞争力。2009—2013 年，美国制造业电子商务年销售额由 1.9 万亿美元迅速增至 3.3 万亿美元，占制造业销售总额比例也从 42.8%稳步提升至 57.1%[9]。2008—2015 年，英国制造业 10 人以上规模企业的电子商务销售额从 1280 亿英镑稳步增至 1551 亿英镑，年复合增长率达 2.78%[10]。我国传统工业企业也纷纷加快转型步伐，积极依托电子商务实现市场、品牌、经营模式的多维度拓展。如沙钢通过电子商务平台和 ERP 财务集成项目等，实现了企业内部信息系统的全面整合、产供销一体及管控衔接，全面提升了生产经营管理水平，2015 年实现营收 2058 亿元、利润 18.97 亿元，位居全国同行第 2 位。

平台正成为工业电子商务创新发展的核心载体。电子商务平台不断突破原

---

[9] 数据来源：美国人口普查局. E-Stats 2013: Measuring the Electronic Economy[R]. 2015-5-28，https://www.census.gov/ econ/estats/.

[10] 数据来源：英国国家统计局. E-commerce and ICT Activity, 2015[EB/OL]. https://www.ons.gov.uk/businessindustryandtrade/itandinternetindustry/bulletins/ecommerceandictactivity/2015, 2016-12-3.

有业务范围，积极创新商业模式、交易模式和服务模式，加快信息服务、网上交易、在线供应链金融、物流配送、支付结算、技术服务等多品类服务的专业化、精细化和一体化发展，为工业企业电子商务业务拓展提供全面支撑。尤其通过电子合同、实时价格、电子仓单和定向支付货款等新型优势，部分平台有效打造了集透明的商流、对称的信息流、安全的物流和可控的资金流于一体的新型在线供应链金融体系，为融通社会资金、缓解中小企业融资难题、拓展平台盈利空间构建了新的着力点。而以美国 Operator 平台顾问式引导购物为代表的新兴服务模式，则进一步拓展了平台的服务空间，有效提升交易效率和客户体验，获得市场青睐。

工业电子商务正成为打造全球供应链体系的重要媒介。跨境电商平台尤其是全球性供应链交易平台的兴起，在全球范围内加快了研发、设计、生产、物流、金融、保险等供应链各环节主体的充分集聚，有效破除不同企业、不同行业、不同地域间的信息壁垒，并推动供应链成员企业间实现市场信息协同、产品设计协同、生产制造协同、采购协同、区域预测协同、订单库存协同、物流执行协同和账务结算协同，极大促进全球供应链的一体化及全社会范围内的资源共享和优化。如 SAP Aribanetwork 作为全球最大的供应链交易平台，覆盖全球 190 个国家和地区，76%的全球 2000 强企业和 85%的世界 500 强企业在该平台上完成采购，170 万家公司参与平台交易。2014 年平台交易额超过 8350 亿美元，年增长率高达 30%以上。2016 年 1 月 8 日，该平台的中国版 SAP-Zber 落户南京，为跨境交易提供端到端的全套解决方案，全面助力中国优质制造企业融入全球供应链交易网络，在促进我国企业产品利润和品质双提升、有效增强国际竞争力的同时也将推动全球供应链体系的协同优化。

工业电子商务正成为驱动制造业发展模式深刻变革的先导力量。工业电子商务驱动网络化协同制造。一是电子商务有效引导甚至倒逼企业对生产设备、业务流程、组织结构等各方面进行深度革新，促进 ERP、MES、PLM、SRM、CRM 等信息系统全面互联和综合集成，实现企业内全流程信息共享和业务协同。二是电子商务通过逐步吸纳产业链各方主体，推动形成以生产企业为核心、具有趋同利益诉求的虚拟组织，有效促进产业链协同。三是制造能力在线发布和交易平台的出现，促进面向制造环节的分享经济快速兴起，加快实现社会协作式的新型网络化协同制造。**工业电子商务驱动个性化定制。**一是电子商务可使企业直达海量的个性化需求，并通过聚合效应形成相对规模化的碎片化市场，为实现个性化定制创造重要的基础条件。二是通过与企业内部信息系统的有效集成，电子商务将促进工业企业内外部数据的高效流动和实时共享，实现从个性化定制订单到工艺路线、物料需求计划、生产指令的实时转化，并有效推动制造过程的自动化、智能化及供应链的协同优化，切实动态感知并实时响应消费需求。**工业电子商务驱动服务型制造。**一是电子商务充分聚集用户、产业链、社会等创新资源，推动众包和众创等新型研发模式快速发展，为企业开展专业研发设计服务搭建了新平台。二是电子商务通过在交易环节整合物流、库存管理、实时补货等服务，有力推动企业开展精准化供应链管理服务，大幅提高产品交易环节的附加值。三是电子商务积极带动在线供应链金融等新业态发展，并促进线上线下资源整合与优化，为基于产品整合的增值服务拓展了新空间。四是依托电子商务可深入挖掘客户潜在需求，推动企业超越原有产品范围，积极开展定制化生产和服务，加快从基于产品的服务到基于需求的服务转变。

（四）工业电子商务发展存在的问题

虽然近年来工业电子商务取得了重要进展，但总体来看，还存在一些问题，亟待解决。

相关法律法规有待健全。根据联合国贸发会议《2015 年信息经济报告》中对 194 个国家在电子交易、网上消费者保护、数据保护及隐私和网络犯罪四个电子商务相关关键领域中立法情况的勘察结果，发达国家的立法最为完备，各领域立法的通过率均超过 80%，但亚洲及大洋洲国家消费者保护法和数据保护及隐私法通过率仅分别为 37.5% 和 29.2%，中部非洲的立法覆盖情况则为最差，九个国家中仅有两个具备电子交易、网上消费者保护和数据保护方面的法律，只有一个国家制定了网络犯罪法规。

工业电子商务应用有待拓展。 除个别发达国家外，工业电子商务在多国的应用广度和深度都存在广阔发展空间。从狭义上看，英国制造业 10 人以上规模企业 2015 年的电子商务销售普及率仅为 27.1%[11]，日本制造业 2016 年电子商务普及率则更低，仅为 5%[12]。我国 2016 年电子商务网上采购率和网上销售率也仅达 25.5% 和 22.0%，这与我国庞大的线下交易量和美国发展水平相比都存在较大差距。从广义上看，工业电子商务在企业内外部协同及从交易环节向制造和研发等关键环节延伸等方面也亟待提升。

工业电子商务支撑服务体系有待完善。 物流、信用、认证、支付和网络安全等服务体系是工业电子商务实现长远发展的有力支撑。但总体而言，当前相关支撑服务体系发展还存在诸多不足，给工业电子商务的飞速发展带来瓶颈。如物流方面，物流基础设施的配套性和兼容性不高，支持多式联运、跨区域运输和仓储的服务能力不足，物流资源运转效率低下，尚不能有效满足工业产品，尤其是大宗或大件产品快速、长距离流动的需要。

（五）工业电子商务发展趋势

数据将成为驱动工业电子商务发展的新要素。 数据作为新经济时代的一种全新生产要素，将同土地、资本、技术和劳动力一起，参与到价值创造和分配过程中。工业电子商务发展运行中所积累的海量产品信息、库存信息、交易记

---

[11] 数据来源：英国国家统计局. E-commerce and ICT Activity, 2015[EB/OL]. https://www.ons.gov.uk/businessindustryandtrade/itandinternetindustry/bulletins/ecommerceandictactivity/2015, 2016-12-3.

[12] 数据来源：日本统计局. Japan statistical yearbook 2017[EB/OL], http://www.stat.go.jp/english/data/nenkan/66nenkan/index.htm, 2016-125.

录、配送记录、用户行为记录等新型数据资产，将帮助企业间快速实现信息共享，推动商务协同一体化和市场服务精准化，并加快构建基于真实交易基础和行为特征的新型商业信用体系。

交易对象将从产品向能力快速拓展。随着生产制造环节互联网化进程的加快，工业企业将逐渐实现生产、加工、物流等环节的数字化、智能化并与电商平台完成数据对接，从而促进产品交易在线化向设计、制造、加工、配送能力交易在线化拓展，有效提高闲置设备、空间、人员的利用率，积极化解过剩产能，推动工业企业服务化转型。同时将使大量中小企业可以低成本、低门槛地使用一些更优质的制造资源，加快形成大中小企业协同的新型生产体系。

工业电子商务将成为企业创新创业的重要渠道。随着一批知名电子商务平台的快速兴起和工业企业对上下游辐射引领作用的不断加强，工业电子商务将充分集聚人才、技术、设备、市场渠道、资金等创新创业资源，并推动研发服务、技术服务、加工服务、咨询服务、金融服务等专业化服务快速发展，从而有效激发社会活力，加快构筑产业链各主体间携手共进的创新发展新格局。

三、服务型制造

产业升级的本质是生产要素成本攀升与产业价值链提升之间的一场马拉松式的竞赛，这场竞赛决定着一个国家能否迈过中等收入陷阱、能否冲破高收入之墙。以服务型制造提升产业价值链，是信息化时代一个企业乃至一个国家赢得这场竞赛的关键。

（一）服务型制造的基本概念与特点

服务型制造是制造企业为了强化市场竞争优势，通过在产品全生命周期中不断融入服务环节，实现制造价值链中各利益相关者的价值增值，通过推动产品和服务的融合，建立提供产品全生命周期活动（包括市场研究、研发与设计、制造装配、销售、运行维护、回收等）的生产体系，实现高效、系统、智能、创新的一种制造新模式。服务型制造是生产制造与销售服务全面融合的新生产方式，是面向制造的服务和面向服务的制造协同发展的新产业业态，是基于生产的产品经济和基于消费的服务经济融合发展的新经济形态。

服务型制造发展的过程是制造业不断服务化的过程，制造企业通过创新优化生产组织形式、运营管理方式和商业发展模式，不断增加服务要素在投入和产出中的比重，从以加工组装为主向"制造+服务"转型，从单纯出售产品向出售"产品+服务"转变，从而延伸和提升价值链，提高全要素生产率、产品附加值和市场占有率。与传统制造相比，服务型制造不再是只从企业的角度出发，更多是从消费者角度出发，不再只重视产品的生产过程，更重视产品的使用过程，不再只强调产品质量，更强调相应的服务质量。总之，服务型制造是一个从被动到主动、从自发到自觉、从局部到全局的过程，是一个持续推进、不断探索的过程，是一个理念、技术、管理、战略、商业模式全方位、全流程创新过程。

从实践来看，进行服务化转型的企业通常有以下共同特点：有一位具有服务化转型战略意识的领导者；制订了清晰的服务化转型发展战略；开展基于服务业务的兼并重组与剥离；创新性地开拓面向服务的新业务；构建面向服务业务的企业组织新架构；推动制造业发展的商业模式创新。

（二）服务型制造发展的动力机制

服务型制造的本质是一种范围经济，企业具有实现范围经济的内在动力，制造技术变革、竞争格局调整、市场需求变化等诸多因素正在影响和制约制造企业的服务化转型。总的来看，全球制造业正面临四个转变，即市场需求从产品导向向产品服务系统转变，高价值环节从制造环节为主向服务环节为主转变，竞争优势从规模化供给能力向个性化供给能力转变，客户交易从一次性短期交易向长期交易方式转变。

市场需求正在从产品导向向产品服务系统转变。服务型制造发展的动力来自市场竞争，来自客户市场需求的变化，这种变化既可能是由客户行为引发的，也可能是由产品的技术特征所决定的。首先，随着经济的发展，越来越多的顾客不再满足于企业提供的产品本身，而是需要更多的服务，需要与物品相伴随的服务。其次，随着新技术、新工艺的不断涌现，产品技术和功能的复杂性越来越高，使得产品的设计、生产、销售、流通、交付、安装、培训、维护、回收等各个环节对于服务的需求越来越强烈，产品服务的难度提高，这为制造企业提供相应的服务产品创造了条件。再次，随着信息通信技术创新应用不断加快，传感、计算机、软件、通信等技术不断"嵌入"制造业的产品中，产品的智能化水平不断提高，企业能够开展基于智能产品的远程诊断、在线检测等各类增值服务。

高价值环节从制造环节为主向服务环节为主转变。从产业价值链来看，能够决定产品异质化程度的环节往往是获利最丰厚的环节，这些环节往往在价值链的两端：一端是价值链的上游环节，例如研发设计；另一端是价值链的下游环节，例如售后服务。于是，制造企业纷纷"打服务战"，进入产业价值链的不同环节，进行价值链的重构，将产品和服务进行"捆绑销售"，以便在满足消费者需求的同时实现价值链多环节的利润。首先，研发设计信息化推动了制造业价值链重构。服务型制造的关键在于实现产业价值链的最大化，而研发与设计正成为创造制造业价值最重要的组成部分，部分研发设计也从传统的制造企业分离出来，成为独立的业态，如在集成电路、汽车、手机等行业中，涌现出了一批专门从事研发和设计的企业。其次，物流现代化成为企业价值的重要来源。在信息技术的推动下，物流正在进入供应链时代，物流与生产、采购、销售以及信息相结合，加快了企业内部和企业之间所有物流活动和商业活动的集成，也推动了第三方物流实现物流作业的高效化、物流管理的信息化、物流设施的现代化、物流运作的专业化、物流量的规模化，从而提高产品流通的及时性、准确性，并降低成本。最后，电子商务已成为提升企业核心竞争力的重要途径。信息化正在改变企业传统的采购和销售模式，有效降低交易成本，提高运作效率，提供便捷有效的客户服务。

竞争优势从规模化供给能力向个性化供给能力转变。在从短缺经济向过剩经济转变的过程中，企业都在通过产品的差异化竞争寻求和巩固自身的竞争优势。产品差别化可以深刻地影响顾客的需求，使顾客对某些企业或某些品牌的产品产生偏好甚至愿意多付钱。因此，个性化定制减少了产品的可替代性，成为企业获取竞争优势的一种手段。当前，由于技术的进步使得几乎没差别的产品大量进入市场，而让价格变化成为消费者选择产品的关键因素。利用互联网平台和智能工厂建设，将用户需求直接转化为生产排单，从而为用户提供按需的产品服务，正成为制造企业实施差异化策略，形成企业竞争优势的重要途径。许多管理者把服务看成创造新商机的途径，而成熟行业的管理者则把服务作为差异化的工具，延伸产品的生命周期。

客户交易正在从短期交易向长期交易方式转变。市场竞争形态正在从单一企业竞争演变为产业链竞争，竞争的不断加剧正使得企业更加关注产业链上下游企业及供应商之间的关系，企业试图建立更加稳固的供应链体系以不断降低交易成本、消除生产经营的不确定性、形成更紧密的合作关系，传统的基于一次性购买的短期接触变为持续的多次服务过程，甚至是终身服务的长期共生关系，客户交易正在从一次性交易向长期服务方式转变。首先，长期交易降低了企业间的交易成本。就企业生产而言，与交易发生的频率有关的合作常常发生在有纵向联系的制造企业和经销商、供应商之间，这些处于上下游的企业之间由于存在较高的交易频率而易于建立供销联盟来稳定交易关系，它降低了发现价格、谈判签约、监督履约等相关费用，企业试图建立一个将供应商、分销商、零销商，直到最终用户连成一个整体网络。其次，长期交易有利于制造企业提供更好的产品和个性化服务。生产企业越来越倾向与顾客开展长期合作协议，在长期接触过程中，生产者可以更全面、更系统、更准确了解到顾客需求，围绕产品研发设计、供应链管理、设备监测与维护等领域开展各种协作，在顾客的参与下可以容易满足其需求，这将促使生产者提供更好的个性化产品、更完善的供应链体系，以提高其核心竞争力。最后，长期交易有利于消除企业经营中的不确定性。从交易的不确定性特征看，建立企业间长期协作关系，可充分利用组织的稳定性抵消外部市场环境中的不确定性，有利于借助组织制度形式来分摊组织风险和提高组织效率。

（三）我国服务型制造发展现状

近年来，国务院印发了《中国制造2025》《关于加快发展生产性服务业 促进产业结构调整升级的指导意见》等相关文件，工业和信息化部、国家发展改革委、中国工程院出台了《发展服务型制造专项行动指南》，有关主管部门在深化服务领域体制改革、降低服务业门槛、扩大出口退税政策等方面出台了一系列政策措施，为服务型制造发展创造了良好的市场环境。在市场需求和政策推动下，国内一些制造企业开始借助互联网加快服务化转型步伐，在发展服务型制造方面开展了富有成效的探索，在航空航天、工程机械、汽车制造、通信设备、信息技术等行业领域涌现出一批成功的案例，2016年制造企业开展远程在线服务、产品全生命周期管理与服务、网络精准营销的比例分别达到21%、13.6%、8.6%，与2015年相比均有不同程度提升（见图8-7）。

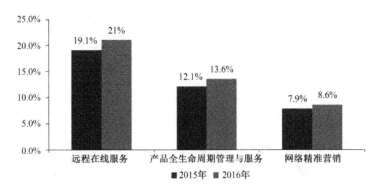

图 8-7　制造企业开展不同形式服务型制造的比例

数据来源：基于中国两化融合服务平台（http://www.cspiii.com）七万余家企业两化融合评估数据计算。

从地域分布来看，东部沿海、中西部地区服务型制造发展领先，广东、福建、浙江、上海、江苏、山东、天津等东部沿海地区以及陕西、湖北等中西部地区制造业服务化水平较高，内蒙古、宁夏、河北、安徽等能源与原材料大省在服务化转型方面发展相对滞后（见图 8-8）。

图 8-8　服务型制造发展领先的省份

数据来源：基于中国两化融合服务平台（http://www.cspiii.com）七万余家企业两化融合评估数据计算。

从服务形态来看,当前我国服务型制造主要呈现出以下几种类型。

基于产品设计的增值服务。当前,国内制造企业越来越重视通过对产品的功能、结构、形态及包装进行设计创新,以满足消费者不断提升的深层功能需求和个性化需求,许多在市场竞争中占优势的制造企业都把产品设计服务看成提高产品附加值、提升产品品牌价值的重要手段,看成抢占市场、赢得顾客的有效途径。**一是工业设计服务。**一些制造企业密切关注产品设计的细节,为将产品做到极致满足目标消费群体而服务,在此过程中逐渐将卖产品转变成卖服务,以产品功能和外观设计服务为主要内容的工业设计已广泛应用于轻工、纺织、机械、电子信息等行业。**二是个性化的产品设计服务。**在服装、电子、汽车、家具等领域,以产品为核心的传统制造向以消费者为中心的服务型制造转变,消费者深度参与的个性化产品设计模式是大规模定制的基本内容,制造企业通过将消费者的个性化需求融入产品设计过程之中,引进消费者成为"合作生产者",在价值链各环节为消费者提供符合其个性化需要的"产品系统",实现顾客的价值(见表 8-4)。

表 8-4 部分企业基于产品设计的增值服务模式

类型	典型企业	服务模式
工业设计服务	李宁	运用工业设计改变传统的制鞋工艺,例如 MIX 运动鞋,由柔韧的外骨骼状框架、一体式外中底、内靴三个独立部件组合而成,部件间的连接原理利用中国传统木制家具常用的"榫卯"扣合结构,该产品无化学黏合,环保效果良好
工业设计服务	京东方	围绕产品的功能进行设计创新,并在研究产品性能的基础上,通过工业设计使产品能够具有符合产品性能并与环境协调的产品形态,能够适应和引导用户的美学品位和时尚追求,从而提升产品竞争力和市场价值
个性化的产品设计服务	青岛红领	构建了集订单提交、设计打样、生产制造、物流交付于一体的个性化定制平台 RCMTM(Redcollar Made to Measure),开发了信息化版型数据库和工艺管理数据库,款式数据和工艺数据囊括了海量设计流行元素,能满足超

续表

类型	典型企业	服务模式
个性化的产品设计服务	青岛红领	过百万万亿种设计组合，覆盖99.9%的个性化设计需求，通过大规模个性化定制服务红领已实现业务接单量年提升100%以上，利润率提高100%以上
	海尔集团	改变了过分强调规模经济体现竞争优势的发展模式，营造出在信息化时代满足用户多样化、个性化的需求，提供品种更多、成本更低、个性化大规模的客户定制服务，实现零库存下的即需即供
	维尚家具	根据客户的个性化需求进行设计生产，改变了人们传统的家装和家具购买方式，使耗时、耗力、耗钱、影响环境、装修结果无法控制的家庭装修工作变得方便、放心、快捷和可控制。利用信息技术独创的大规模定制技术进行产品生产，整个过程采用数字化的生产模式，使原本复杂的生产程序变得简单、高效，从而以大规模生产的成本和速度来实现多样式、个性化的定制生产

资料来源：课题组整理。

基于产品效能提升的增值服务。市场竞争的加剧使得制造企业通过服务不断提升产品价值，满足客户的需要，实现产品运行的稳定性、效用的最大化，更好地体现差异化竞争，创造利润并锁定顾客，并在新一轮的竞争中脱颖而出。**一是产品全生命周期服务。**信息技术不断融入工业产品中，产品的智能化水平不断提升，生产设备（制造装备、电信设备等）及大宗消费品（汽车等）的智能化水平不断提升，为产品的实时诊断、预警和及时服务创造了条件。在这一背景下，越来越多的企业把产品全生命周期服务支持作为收入的重要来源，与之相关的服务包括远程诊断服务、实时维修服务、外包服务和运营服务等。2016年，我国装备制造业、消费品行业开展产品在线服务延伸[13]的企业比例分别达到21.1%、17.3%。**二是实时响应的个人数字化服务。**以互联网为代表的信息通信技术加速向传统产业融合渗透，从根本上改变了服务产品无形性、不可存储

---

[13] 产品在线服务延伸：产品在线服务延伸包括基于智能化产品进行远程在线实时监控、故障诊断、预警和维护等。

性、生产和消费同时性等传统属性，极大地促进了制造业与服务业的关联性和协同性，加快了制造业服务化进程。尤其是随着传感器、芯片、软件、存储等技术的持续更新以及物联网（IOT）的快速发展，手机、电视、汽车、穿戴设备（如衣服、鞋子、帽子、手表）等越来越多的生活用品成为智能化的网络终端，这一方面使得制造企业能够通过硬件产品与内容服务的有机融合，为客户带来动态化个性体验，另一方面也使得制造企业能够通过监测、整理和分析产品使用过程中的数据，为客户提供实时化、智能化的产品增值服务（见表8-5）。

表 8-5 部分企业基于产品效能提升的增值服务模式

类型	典型企业	服务模式
产品全生命周期服务	三一集团	通过在产品设备中安装运动控制器（SYMC），并借助自主研发的 ECC（企业控制中心）系统，实现对产品设备的运行监测、远程售后维护、运行预警、参数修改、技术升级等服务，有效提高产品设备的运行和维护效率
	东方电气	提供发电设备现场检修、事故抢修、维修加工、备品备件管理等实时化在线服务；实时反馈用户信息，发展预警技术，提供远程监控、测试和诊断设备等服务
	沈鼓集团	采用机组监测诊断技术，对用户机组实时监测和分析，提供运行状态评估、故障预警与分析、维修建议、指导现场问题处理等服务
实时响应的个人数字化服务	TCL、创维	从传统硬件生产商到硬件+软件+内容提供商的转变
	乐视、小米	凭借自身数字内容资源的优势开始向智能电视制造领域进军
	汉王科技	以"汉王电纸书"终端产品为载体，依托"汉王书城"内容平台，通过建立数字版权认证机制，与国内外内容提供商展开广泛合作，合作沿用二八分成比例模式

资料来源：课题组整理。

基于产品交易便捷化的增值服务。在网络交易蓬勃发展的背景下，制造企业正通过多元化的金融服务、精准化的供应链管理、便捷化的电子商务为客户提供更富有竞争力的产品和服务。**一是多元化的金融融资服务。**随着工业产品从卖方市场转向买方市场的时候，生产企业为了解决消费者一次性巨额支付等问题，许多企业借助信息化手段在产品流通销售、消费及使用阶段提供包括分期付款、赊销等方式金融服务，降低了购买者一次性固定设备资金投入，提高了资金使用率和收益率，促进产品市场规模的快速扩张。**二是精准化供应链管理服务。**制造企业通过搭建互联网平台整合上下游资源，建立产供销各方的物流、信息流和资金流协同一体的运作体系，提供面向客户的库存管理、零部件管理、实时补货和物流配送等服务，对客户交付需求实时响应，一方面通过开辟服务项目增加了企业的收入，另一方面也通过优化的业务运营提高了合作伙伴的效益。**三是便捷化的电子商务服务。**随着信息技术在市场交易环节的广泛应用，面向客户的便捷化电子商务服务成为企业竞争力提升的重要来源。制造企业通过建立面向客户的电子营销体系，实现经营管理系统与制造单元、分销渠道信息系统的集成，通过质量异议全程跟踪和客户订单全程跟踪，强化了从工厂到客户的全过程服务，提高客户要求响应速度，提升客户满意度。2016年，装备制造业、消费品行业开展网络精准营销的企业比例分别为8.1%、8.0%，其中汽车整车制造行业达到8.9%（见表8-6）。

表8-6 部分企业基于产品交易便捷化的增值服务模式

类型	典型企业	服务模式
多元化的金融融资服务	沈阳机床	与神州数码、光大金控等多家公司合作，研制出了融合工业化、信息化、网络化、智能化、集成化特点的i5智能机床，并借助SESOL数据云平台实现对全国所有i5机床的联网及其运行状态的实时监测、加工任务的管理、加工能力的在线发布，为中小企业提供"无负担、无首付、无利率"的"0元购机"融资租赁服务，降低了机床使用门槛
	中联重科	为全球客户提供中联重科生产工程机械销售提供融资租赁服务，有效提升了业务响应速度和服务效率
	中航工业	主营民用飞机、机电、运输设备等资产的融资租赁(包括直接融资租赁、回租赁、转租赁、杠杆租赁、联合租赁)及经营性租赁，租赁资产的残值处理及维修
精准化供应链管理服务	徐工集团	建设了工程机械全球物联网，结合工程机械一机一册电子发布物（PDS）和手机APP等技术，为用户提供主机档案等应用程序，并基于此为用户提供备品备件的在线订购服务，从而拓展后市场业务

续表

类型	典型企业	服务模式
精准化供应链管理服务	双汇实业	供应链管理系统覆盖连锁店、加工基地、区域配送中心等环节，实现企业采购、销售、生产、物流、财务等流程协同和集成化管理
	中鼎集团	以加强公司与上下游伙伴之间协作为核心建立供应链协同平台，实现产品生命周期所涉及企业跨地域协同合作，构建企业物流、资金流和信息流闭环控制机制
便捷化的电子商务服务	宝钢集团	组建了欧冶云商，全面整合宝钢集团旗下东方钢铁、东方付通、宝信软件等服务资源，拓展钢铁交易、加工配送、支付结算、金融投资、大数据分析等服务
	中国石化	实现石化总部、各分（子）公司与供应商三方信息实时互动，生产所需材料与设备全部实现上网采购，范围从物资采购扩展到运输、报关、保险等物流服务采购

资料来源：课题组整理。

基于产品整合的增值服务。 "中国制造2025"的总体思路提出，以加快新一代信息技术与制造业深度融合为主线，以推进智能制造为主攻方向。智能制造生态系统竞争是产业竞争的制高点，构建开放、共享、协作的智能制造产业生态系统也是制造强国建设的重要内容。从实践来看，制造企业面对的客户需求在很多时候并不是单一的产品，而是产品组合及其协调运转所带来的某种功能，制造企业在多大程度上能为客户提供产品的集成及全面解决方案，正成为企业提升竞争力、满足客户需求、赢得市场竞争的重要手段和途径。就制造企业而言，一体化的安装、集成化的专业服务正成为制造企业扩展业务的重要模式（见表8-7）。

表8-7 部分企业基于产品整合的增值服务模式

典型企业	服务模式
陕鼓集团	确立了"从出售单一风机产品向出售个性化的透平成套机组问题的解决方案和出售系统服务转变，从产品经营向品牌经营转变"的"两个转变"发展战略
石化盈科、启明信息、宝信软件、徐工信息	从制造业总公司中剥离重组，成为行业智能制造系统解决方案提供商

资料来源：课题组整理。

（四）服务型制造发展新趋势

越来越多的制造企业围绕产品全生命周期的各个环节，不断融入能够带来商业价值的增值服务，实现从提供单一产品向提供产品和服务系统转变，服务型制造发展正呈现一些新趋势。

一是转型主体的广泛性。服务型制造不是始于今天，但对于制造业而言从来没有像今天这样广泛、深入和彻底。服务化转型正在演变成制造领军企业的共同战略和群体行为，制造业领军企业大多已成功转型为服务型制造业。服务业务收入已占世界 500 强中制造企业总收入的 25%，其中 19% 的制造企业服务业务收入超过总收入的 50%。根据对主要国家制造业上市公司的分析，美、德等国服务型制造企业的比例已超过 50%，而中国不到 1%。

二是服务业态的多元化。今天的消费者要找到一种既不含服务活动也没有植入任何服务关系的制成品已非常困难，服务和产品如影随形，服务以各种形态融入了产品全生命周期的各个环节。信息化不断丰富服务手段和形态，服务变得有形化、可存储、可贸易。服务如水，水的形态既可在固体、液体、气体之间转换，也可以随地形走势变化调整自己的存在形式，服务可以以各种形式融入产品设计、生产过程、流通交付、维护管理、价值提升，有价值创造的可能就有服务形态的出现，这也给我们认识和把握服务型制造的规律带来了新的挑战。

三是服务渠道的在线化。以移动互联网、物联网、云计算、大数据等为代表的新一代信息技术与制造业融合的广度不断扩大、深度不断增强，提升了制造业的资源配置效率，优化了企业的生产组织和运营管理方式，构建了智能化的现代制造体系，催生了平台经济发展，为服务型制造的在线化、网络化、协同化发展创造了条件，为基于用户需求的长期在线服务提供了可能。众包设计、网络协同研发、基于工业云的供应链管理、网络精准营销等新模式、新业态不断涌现,加速推动制造业价值链向微笑曲线的两端延伸。

"十三五"期间,随着部分服务型制造领先企业的经验与成果普及推广,我国制造业服务化转型的速度将不断加快,服务形态将不断丰富,预计到 2020 年,我国制造企业远程在线服务普及率将超过 45.6%,产品全生命周期管理与服务、网络精准营销普及率均将超过 20%。

四、个性化定制

2016 年,李克强总理两度提及个性化定制,李克强总理指出,"所谓 C2B,就是消费者提出要求,制造者据此设计消费品、装备品","鼓励企业开展个性化定制、柔性化生产,增品种、提品质、创品牌"。个性化定制是智能制造的重要发展方向,是一种以用户为中心、数据驱动生产的制造新模式,是各国智能制造等新战略、新理念的重要组成,是企业提升竞争力的重要抓手,个性化定制正向全行业、生产制造全过程拓展。总体看,个性化定制处于起步探索阶段,展望未来,随着智能产品的发展,消费者正成为深度参与生产制造全过程的产消者,规模化生产方式将加快向个性化定制生产方式转变,前景广阔、潜力巨大。

(一)个性化定制的特点和内涵

个性化定制是传统工业过渡到智能制造阶段的重要标志,利用互联网平台和智能工厂建设,将用户需求直接转化为生产排单,开展以用户为中心的个性定制与按需生产,有效满足市场多样化需求,解决制造业长期存在的库存和产能问题,实现产销动态平衡。个性化定制的特点和内涵主要体现在以下三个方面。

一是以用户为中心。如今，随着全球经济一体化趋势的逐步形成，产品生命周期不断缩短，顾客追求个性化的欲望越来越强烈，以用户为中心的企业竞争更趋激烈，企业的外部环境发生了巨大变化：统一市场向多元化市场转变，需求变得不稳定；过去的卖方市场变为买方市场，客户越来越挑剔，已经不满足接受厂家提供的多样化产品；技术更新加快，产品开发周期、生命周期缩短，市场不确定性大大增强。所有这一切动摇了以前生产模式赖以生存的基础，企业迫切需要一种新的生产模式来满足顾客对低成本、高质量、个性化的产品的渴求。同时，随着现代信息技术的迅速发展及其在制造领域的广泛应用，一种以最大限度地满足顾客需求为目标的全新生产模式——个性化定制生产模式迅速发展。

二是数据驱动生产。当感知无所不在、连接无所不在，数据一定无所不在。海量数据的分析、集成、应用能够总结经验、发现规律、预测趋势、辅助决策，拓展人类认识世界和改造世界的能力。数据正成为一种新的资产、新的资源和新的生产要素，数据的及时性、完整性和准确性，数据开发利用的深度和广度，数据流、物质流和资金流协同水平和集成能力，数据流动的自动化水平，决定着企业资源优化配置的效率，决定着企业的生产方式。没有数据流动的自动化，就难以实现个性化定制。个性定制的本质是在企业内部建立了一个数据自动流动的生产体系，在企业研发、测试、生产、物流、管理、服务等环节，在企业横向、纵向和产品全生命周期数据集成过程中，实现没有人为干预的数据互联、互通、互操作，解决定制化过程中的不确定性、多样性和复杂性。

三是基于范围经济的制造范式。企业规模扩张涉及两个重要的基本概念，即规模经济与范围经济。规模经济是指在既定条件不变的情况下，企业因为规模的扩大而导致单位产品成本递减的一种经济现象，这可以认为是与大规模生产模式相适应的经济理论前提。范围经济理论则认为企业扩大所提供商品或服务的种类会引起经济效益增加，这种经济效益来源于多品种生产能力降低市场的不确定性、增大销售产品的概率，这个理论为突破规模经济局限、进行个性化定制生产奠定了理论基础。

（二）个性化定制的发展现状

个性化定制作为一种新型制造模式，正成为各国智能制造等新战略、新理念的重要组成，正成为企业发展智能制造、提升核心竞争力的重要抓手，国内外企业均在积极探索这一新型生产方式，个性化定制正向全行业、生产制造全过程拓展，但整体上仍处于起步探索阶段。

1. 从国家战略看，大力发展个性化定制，是各国智能制造等新战略、新理念的重要组成

德国工业 4.0 强调从大规模生产向个性化定制转型。"工业 4.0"给生产过程带来了极大的自由度与灵活性，通过在设计、供应链、制造、物流、服务等各个环节植入用户参与界面，新的生产体系能够实现每个客户、每个产品进行不同设计、零部件采购、安排生产计划、实施制造加工、物流配送，极端情况下可以实现个性化的单件制造，问题的关键是，设计、制造、配送单件产品是盈利的。在这一过程中，用户由部分参与向全程参与转变，用户不仅出现在生产流程的两端，而且广泛、实时参与生产和价值创造的全过程。实现真正的个性化定制将是一个漫长而艰辛的过程，这一进程只有起点没有终点。

美国国家标准与技术研究院 NIST 认为智能制造的一个重要特征就是个性化定制。2016 年 2 月，美国国家标准与技术研究院 NIST 工程实验室系统集成部门，发表了一篇名为《智能制造系统现行标准体系》的报告。这份报告总结了未来美国智能制造系统将依赖的标准体系。这些标准横跨产品、生产系统和商业这三个制造生命周期的主要维度。美国国家标准与技术研究院 NIST 认为智能制造要解决的问题就是：差异性更大的定制化服务；更小的生产批量；不可预知的供应链变更和中断。这说明，成功的制造商不得不适应快速变化，同时通过优化能源和资源的使用，满足消费者的个性化需求。

"中国制造 2025"和"互联网+"等国家战略高度重视个性化定制。中国制造 2025 强调，"发展基于互联网的个性化定制、众包设计、云制造等新型制造模式"。《国务院关于积极推进"互联网+"行动的指导意见》强调，"发展大规模个性化定制。支持企业利用互联网采集并对接用户个性化需求，推进设计研发、生产制造和供应链管理等关键环节的柔性化改造，开展基于个性化产品的服务模式和商业模式创新。鼓励互联网企业整合市场信息，挖掘细分市场需求与发展趋势，为制造企业开展个性化定制提供决策支撑。"《关于深化制造业与互联网融合发展的指导意见》指出，支持企业利用互联网采集并对接用户个性化需求，开展基于个性化产品的研发、生产、服务和商业模式创新，促进供给与需求精准匹配。

2. 从企业实践来看，个性化定制成为企业推动智能制造变革的重要方向，国内外企业积极探索这一新型生产方式

国外企业围绕个性化定制生产模式正在进行战略转型。越来越多的企业认识到，产业竞争已不仅是技术、产品、人才和管理的竞争，也是生产组织方式的竞争，国外一些企业通过个性化定制这一新型生产方式巩固、提升或再造企业的核心竞争力。德国工业 4.0 的典型代表——德国埃尔斯特集团（Elster Group）认为最能体现工业 4.0 本质的就是"高度定制化极小批量生产"。2009年，美国摩托车制造商哈雷探索基于智能工厂的个性化定制化生产模式，生产一辆摩托车的周期已从 21 天缩短到 6 小时，股价在五年大幅增长。

国内企业积极探索个性化定制模式培育企业新型能力。自 2014 年以来，工业和信息化部分两批遴选了 1100 余家企业开展国家级贯标试点,指导各地开展省级贯标试点，并培育和完善第三方咨询、培训、评定服务体系。实践表明，两化融合管理体系正在成为引导企业战略调整、业务转型、组织变革、新型能力培育的重要抓手，一批试点企业在个性化定制、精益管理、风险管控、供应链协同、市场快速响应等方面的竞争优势已初步显现。个性化定制正成为互联网时代企业的一种新型能力，一种对客户需求深度挖掘、实时感知、快速响应、及时满足的能力，这种能力是企业竞争优势的重要组成。在我国，服装、家具等行业正在兴起以大规模个性化定制为主导的新型生产方式，青岛红领、韩都衣舍等一批服装生产企业通过构建新型生产模式实现了逆势增长。2016 年，文教、工美、体育和娱乐用品制造业实现大规模定制化的企业比例高达 15.0%，汽车、家具、印刷、电子信息制造业等行业实现大规模定制化的企业比例在6%～10%，运输设备、冶金工业等较低，仅为 3%左右（见图 8-9）。

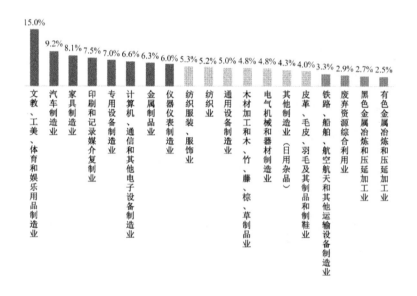

图 8-9　离散制造业各行业实现大规模定制化的企业比例

3．从推进进程看，个性化定制正向全行业、生产制造全过程拓展，但整体上仍处于起步探索阶段

从行业属性看，个性化定制正向消费品行业、装备行业等全行业拓展。家电、服装、家居等消费行业个性化定制的重点是建立客户体验中心、在线设计平台、电子商务平台，形成动态感知、实时响应消费需求的大规模个性化定制模式，2016 年，消费品行业开展个性化定制的企业比例为 6.1%。飞机、船舶等装备行业个性化定制的重点是建立基于网络的开放式个性化定制平台，提升高端产品和装备模块化设计、柔性化制造、定制化服务能力，2016 年，装备行业开展个性化定制的企业比例为 4.4%。2016 年消费品及装备行业开展个性化定制的企业比例如表 8-8 所示。

表 8-8　2016 年消费品及装备行业开展个性化定制的企业比例

行业门类	总体情况	重点行业情况	
消费品行业	6.1%	服装	7.3%
		家电	6.1%
装备行业	4.4%	汽车	10.3%
		机械	4.0%

数据来源：基于中国两化融合服务平台（http://www.cspiii.com）七万余家企业两化融合评估数据计算。

从定制内容来看，个性化定制正从"产品"向"产品+服务"、"系统解决方案"拓展。随着万物互联时代的到来，传统产品将被具有感知、存储和通信功能的智能产品所取代，消费者正成为深度参与生产制造全过程的产消者（Prosumer），传统的大批量集中生产方式加快向分散化、个性化定制生产方式转变。智能化必将带来服务化，一方面，智能产品是需求感知平台，采集分析客户的使用数据，另一方面，智能产品是客户服务平台，为消费者提供精准化、个性化的服务。同时，个性化定制正在向系统解决方案拓展，一些智能工厂系统解决提供商正探索根据客户需求为客户建设定制化的智能工厂，个性化定制的内涵从工业品定制扩展到了工厂建设。

从发展阶段看，个性化定制仍然处于起步探索阶段。越来越多的企业认识到开展个性化定制是智能制造的重要趋势，是提高企业市场响应速度和应变能力的重要手段，是培育企业互联网时代背景下新型能力的重要抓手。但是，个性化定制的落地仍有一些难点，一方面，我国智能制造基础比较薄弱，需要企业对工厂进行智能化进行改造，制造生产工艺水平也需要加强，企业缺乏勇气和资金对生产线进行智能化改造；另一方面，大部分制造企业对市场需求不够敏感，对个性化定制的市场前景不确定，不善于充分利用互联网寻找用户痛点，难以进行个性化定制生产。

（三）个性化定制的发展趋势

未来传统产品将被具有感知、存储和通信功能的智能产品所取代，消费者正成为深度参与生产制造全过程的产消者（Prosumer），传统的大批量集中生产方式加快向分散化、个性化定制生产方式转变，并呈现以下三个发展趋势。

从推进主体看，制造企业和互联网企业将加速跨界融合。当前，消费者个性化需求越来越大，产品推陈出新速度不断加快，对产品外观、功能要求越来越高。越来越多的制造企业意识到互联网在未来发展中的作用，同时互联网企业也认识到，制造业是"互联网+"的主战场，只有双方跨界合作，才能获得优势互补、合作共赢的发展格局。制造企业和互联网企业的跨界合作将充分利用互联网实时感知消费需求的优势，推进设计研发、生产制造和供应链管理等关键环节的柔性化改造，发展大规模个性化定制。

从组织方式看，自组织将成为企业开展个性化定制的新组织架构。在这个去中心化的互联网时代，在这个大规模制造向个性化定制转变的时代，不仅企业的生产线正在变，企业的科层制也正在变，听得见炮声的一线业务人员正在成为决策的重要力量，自组织代替科层制成为企业新的组织架构，企业成为组织的能力中心。"企业能力平台+自组织"将成为互联网时代一种全新的组织景观，决策单元小型化、自主化、灵活化成为趋势，根据个性化定制市场需要，企业内部可以组建新的团队、自动配置各类资源、自动优化调整运行机制。

从技术趋势看，基于3D打印的新型"小手工作坊"将快速发展。3D打印等新技术会带来传统生产和组织管理模式的革命性变化，有利于资源更优地配置和创造性技术的发展，拓展大众创业、万众创新的空间。随着 3D 打印技术的快速发展和不断成熟，依托互联网和 3D 打印等新技术的新型"小手工作坊"将快速崛起，它不再是传统意义上的个人单打独斗，而是与外部广泛联系的一个社会化单元，其产品更加个性化、定制化，但创意和制造往往来自全社会的协作。同时，可以预测，在 3D 打印行业企业将加快建设共性服务平台和线上线下展示中心，在线提供快速原型、模具开发和产品定制等服务。

附录一

信息经济数据测算方法

本书在《2014 中国信息经济发展报告》和《2015 中国信息经济发展报告》中"信息经济规模测算"的方法的基础上，通过搜集全国和各省最新的投入产出表及基础统计数据，对信息经济总量进行了测算。

（一）信息经济增长核算框架

将生产要素分为 ICT 资本和非 ICT 资本，即 ICT 资本（ CAP_{it}^{ICT} ）和非 ICT 资本（ CAP_{it}^{NICT} ）。采用如下增长核算框架：

$$OTP_{it} = HA_{it} f(CAP_{it}^{ICT}, \ CAP_{it}^{NICT}, MID_{it}, \ LAB_{it})$$

其中， LAB_{it} 表示劳动力、 MID_{it} 表示中间产品、 HA_{it} 表示希克斯中性技术进步、 OTP_{it} 表示总产出、i 表示个体、t 表示时间。在对各种类型的生产要素进行加总之后，可以得到单个投入指数的生产函数。

（二）信息经济增长核算步骤

在对个体 ICT 资本存量的测算上考虑以下步骤。

1. 生产性资本存量测算

在"永续存盘法"基础上，考虑时间-效率模式，即资本投入生产能力随时间而损耗，相对生产效率的衰减不同于市场价值的损失，在此条件下测算出生产性资本存量。

$$K_{i,t} = \sum_{x=0}^{T} h_{i,x} F_i(X) I_{i,t-x}$$

根据 Schreyer（2004）对 ICT 资本投入的研究，$h_{i,x}$ 为双曲线型的时间-效率函数，反映 ICT 资本的相对生产率变化，$F_i(x)$ 是正态分布概率密度函数，反映 ICT 资本退出服务的状况。

$$h_i = (T - x)/(T - \beta x)$$

其中，T 为投入资本的最大使用年限，x 为资本的使用年限，β 值规定为 0.8。

$$F_i(x) = \int_0^x \frac{1}{\sqrt{2\pi \times 0.5}} e^{\frac{(x-\mu_i)^2}{0.5}} dx$$

2. 定义 ICT 投资

为了保证测算具有国际可比性，同时考虑中国的实际情况，本书剔除了"家用视听设备制造"、"电子元件制造"和"电子器件制造"等项目。中国 ICT 投资统计框架如附表 1 所示。

附表 1　中国 ICT 投资统计框架

分类	计算机	通信设备	软件
项目	电子计算机整机制造 计算机网络设备制造 电子计算机外部设备制造	雷达及配套设备制造 通信传输设备制造 通信交换设备制造 通信终端设备制造 移动通信及终端设备制造 其他通信设备制造 广电节目制作及发射设备制造 广播电视接收设备及器材制造	公共软件服务 其他软件服务

3. 确定 ICT 投资额

在选择投资额计算方法时，采用筱崎彰彦（1996、1998、2003）提出的方法。其思路是以投入产出表年份的固定资产形成总额为基准数据，结合 ICT 产值内需数据，分别计算出间隔年份内需和投资的年平均增长率，二者相减求得转化系数，然后再与内需的年增长率相加，由此获得投资额的增长率，在此基础之上计算出间隔年份的投资数据。具体公式如下：

$$IO_{t1} \times (1 + INF_{t1t2} + \gamma) = IO_{t2}$$

$$\dot{\gamma} = \dot{IO} - \dot{INF}$$

其中，IO_{t1} 为开始年份投入产出表基准数据值，IO_{t2} 为结束年份投入产出表基准数据值，INF_{t1t2} 表示开始至结束年份的内需增加率(内需=产值-出口+进口)，$\dot{IO}$ 为间隔年份间投入产出表实际投资数据年平均增长率，$\dot{INF}$ 为间隔年份间实际内需数据的年平均增长率，$\dot{\gamma}$ 表示年率换算连接系数。在此，ICT 投资增长率=内需增长率+年率换算连接系数(γ)。

4. 确定折旧率

确定硬件、软件和通信设备的使用年限和折旧率。我们仍采用美国的 0.3119，使用年限为 4 年；通信设备选取使用年限的中间值 7.5 年，折旧率为 0.2644；由于官方没有公布软件折旧率的相关数据，同时考虑到全球市场的共通性，我们选择 0.315 的折旧率，使用年限为 5 年。

5. 确定 ICT 投资价格指数

以美国作为基准国。

$$\lambda_{i,t} = f(\Delta \ln P_{i,t}^{U} - \Delta \ln P_{K,t}^{U})$$

其中，$\lambda_{i,t}$ 为美国 ICT 资本投入与非 ICT 资本投入变动差异的预测值序列；

$\Delta \ln P_{i,t}^{U}$ 表示美国非 ICT 固定投资价格指数变化差；$\Delta \ln P_{K,t}^{U}$ 表示美国 ICT 价格指数变化差。对价格差进行指数平滑回归，获得 $\lambda_{i,t}$，然后将其带入下式即可估算出中国的 ICT 价格指数。

$$\Delta \ln P_{i,t}^{C} = \lambda_{i,t} + \Delta \ln P_{K,t}^{C}$$

6. 测算信息经济总体规模

计算 ICT 的实际投资额，测算中国 ICT 的总资本存量和地区资本存量，加总网络基础设施、硬件与软件、新兴产业及信息经济应用部分得到中国信息经济总体规模。

与前两年报告相比，我们在增长核算框架的基础上，通过采集不同国家、不同行业的面板数据以及投入产出表，根据各行业间的投入产出关系，剥离出信息通信产业对其他行业的融合渗透程度，进而得到融合型信息经济规模总量。

由于数据等方面的问题，在本研究模型中，融合型信息经济和效率型信息经济无法加以区分。按照计量经济学的一般理解，我们所采用的控制变量中尚不能包含效率型信息经济变量，因此，测算结果中融合型信息经济实际上包含了部分效率型信息经济的成分，两者之间有较大重叠度。目前，我们尚不能确定融合型信息经济和效率型信息经济重叠程度。但根据 Greenwood（1997）、Hercwertz（2003）、Gordon（2009）、Hill（2015）等对于资本体现式信息技术进步贡献的研究，我们可以推断融合型信息经济包括了 30%～80%的效率型信息经济。

附录二

主要数据

附表1 2015年主要国家信息经济规模及结构

国家	信息经济规模 （亿美元）	基础型信息经济规模 （亿美元）	融合型信息经济规模 （亿美元）
美国	102094	15219	86875
德国	19223	2725	16498
英国	13773	1567	12206
日本	19601	2280	17321
韩国	7021	992	6029
以色列	816	233	583
瑞典	1827	322	1505
法国	7604	998	6606
中国	32087	6846	25241

数据来源：课题组测算。

附表2 2015年中国省域信息经济规模及结构

省份	信息经济规模（万元）	基础型信息经济规模 （万元）	融合型信息经济规模 （万元）
广东	22408	10275	12133
江苏	20981	9844	11137
山东	18396	3739	14657
浙江	14839	2998	11841
上海	10940	3060	7880
北京	9816	3162	6654

续表

省份	信息经济规模（万元）	基础型信息经济规模（万元）	融合型信息经济规模（万元）
福建	9015	1788	7227
辽宁	8982	1794	7188
湖北	8019	1432	6587
重庆	7966	1123	6843
四川	7052	2031	5021
河北	7021	587	6434
天津	6760	1153	5607
河南	6739	1320	5419
江西	4925	553	4372
湖南	4575	827	3748
吉林	4169	374	3795
陕西	3777	764	3013
黑龙江	3540	226	3314
云南	3470	218	3252
贵州	3442	270	3172
广西	3430	642	2788
安徽	3334	857	2477
内蒙古	2163	159	2004
新疆	1995	188	1807
山西	1929	307	1622
甘肃	1000	133	867
宁夏	633	48	585
青海	446	45	401
中国	1862590271	477798895	1384791376

数据来源：课题组测算。

附表3　2015年各行业信息经济规模

行业	信息经济规模（万元）
纺织工业	6451606
装备制造业	61519613
冶金工业	21800570
化学工业	18146126
石化工业	6104437
轻工业	15076508

续表

行业	信息经济规模（万元）
食品工业	9611041
建材工业	11384698
金融业	149945713
批发零售业	110567949
建筑业	51690182
房地产业	73379938
交通运输服务业	38339834
能源的生产与供应业	19343265
住宿和餐饮业	8596454
租赁和商务服务业	30123957

数据来源：课题组测算。

附表 4　2016 年重点行业信息经济发展

指标		原材料			装备			消费品			
		原材料行业整体	大型钢铁	石化	装备行业整体	汽车	机械	消费品行业整体	医药	服装	家电
总体水平	信息经济总量（亿元）	6820.3	1076.7	610.4	6152.0	614.3	5537.6	3878.3	382.7	645.2	381.8
	两化融合发展水平（分）	50.2	55.3	55.0	51.4	55.8	49.5	49.2	51.8	47.7	62
	互联网化转型发展水平（分）	32.8	35.0	35.5	31.4	33.2	29.8	33.1	34.5	30.9	40.8
	智能制造就绪率（%）	5.0	19.0	6.9	5.3	8.4	4.7	4.4	5.1	4.4	3.8
发展阶段	达到集成提升及以上阶段的企业比例（%）	15.5	33.2	21.1	19.3	23.2	18.2	15.4	18.6	15.3	38.2
数字化、网络化、智能化水平	数字化装备	生产设备数字化率（%）	48.0	51.0	53.6	38.7	44.8	37.7	43.6	45.6	39.7	38.8
		关键工序数控化率（%）	60.0 (38.8)	75.4 (70.5)	68.8 (42.1)	37.3 (29.1)	52.3 (43.4)	32.4 (26.5)	41.5 (30.2)	47.4 (32.7)	38.8 (31.6)	31.3 (23.9)
	工业软件	数字化研发工具普及率（%）	49.7	60.6	53.7	77.4	81.8	76.4	54.9	53.3	62.2	85.2
		ERP 普及率（%）	48.5	69.6	55.0	58.7	80.0	56.7	49.2	58.5	44.4	73.3

续表

指标			原材料			装备			消费品			
			原材料行业整体	大型钢铁	石化	装备行业整体	汽车	机械	消费品行业整体	医药	服装	家电
数字化、网络化、智能化水平	工业软件	PLM 普及率（%）	10.3	13.7	11.9	19.7	47.7	17.4	12.6	12.3	14.5	25.6
		MES 普及率（%）	17.4	42.2	20.7	20.3	40.0%	18.3	14.4%	15.0	16.5	26.7
	设备互连	数字化生产设备连网率（%）	45.5	53.0	52.3	31.5	47.4	28.6	35.9	35.1	35.8	32.1
	云平台	云平台应用率（%）	28.9	33.3	33.5	35.7	52.3	35.2	33.6	34.6	35.6	44.2
	企业间业务协同	电子商务普及率（%）	45.8	51.5	50.8	55.2	60.8	54.9	56.4	52.5	58.1	75.0
		实现产业链协同的企业比例（%）	6.8	4.6	9.1	5.8	6.5	5.8	8.1%	10.2	5.8	10.2
		开展网络化协同设计或制造的大型企业比例（%）	—	—	—	47.4	52.8	45.4	49.3	—	46.4	57.4
新模式培育		开展远程在线服务的企业比例（%）	—	—	—	21.1	37.4	21.9	17.3	—	19.0	29.2
		开展网络精准营销的企业比例（%）	—	—	—	8.1	8.9	8.4	8.0	—	8.2	11.4
		开展个性化定制的企业比例（%）	—	—	—	4.4	9.2	4.0	6.1	—	7.3	6.1

数据来源：基于中国两化融合服务平台（http://www.cspiii.com）七万余家企业两化融合评估数据计算。
其中：1.对于"关键工序数控化率"，括号内的数值是算数平均值，反映该指标企业平均水平；括号外的数值是按照规模的加权平均值，反映指标国家（行业、区域）的综合水平。2."开展网络化协同设计或制造的大型企业比例"以及新模式培育涉及的三个指标仅针对离散型行业计算。

附录三

关于工业物联网的调研

由于认识到物联网在工业领域的巨大价值潜力，德勤对中国 156 家制造业企业进行调研，探究企业工业物联网应用的现状、趋势和挑战。我们的受访企业来自制造业不同领域，包括物联网解决方案用户和解决方案供应商。半数以上的受访者为企业的首席执行官、首席财务官、首席运营官、首席信息官或首席技术官。其余受访者则为主管信息技术、财务、运营以及其他跨部门管理工作的总监或主管（见附图 1～附图 3）。

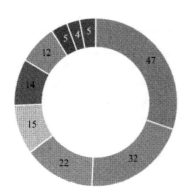

- 电气设备/自动化设备制造
- 机械设备制造
- 汽车及零部件制造
- 信息技术
- 化工
- 制药及医疗设备制造
- 能源及矿业
- 消费品制造
- 其他

附图 1　受访企业所在行业

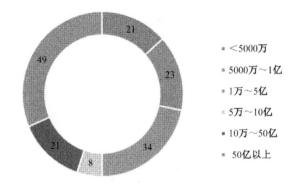

附图2 受访企业2015年销售所在区间（以元计算）

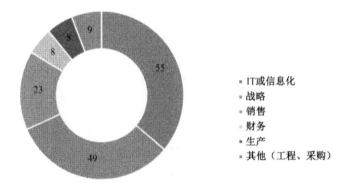

附图3 受访人所在部门职能